번역시의 운율

연세대학교 근대한국학연구소

이성일 연세대학교 영문학과 명예교수
조재룡 고려대학교 불어불문학과 교수
한지희 경상대학교 영어영문학과 교수
김영봉 단국대학교 동양학연구원 선임연구원
김형태 연세대학교 국학연구원 연구교수
손종흠 한국방송통신대학교 국어국문학과 교수
김명복 연세대학교 인문예술대학 학장, 영문학과 교수
윤덕진 연세대학교 인문예술대학 국어국문학과 교수
박애경 연세대학교 국어국문학과 교수
박재민 관동대학교 사범대학 국어교육과 조교수

번역시의 운율

초판인쇄 2012년 2월 1일 **초판발행** 2012년 2월 10일
엮은이 연세대학교 근대한국학연구소 **펴낸이** 박성모 **펴낸곳** 소명출판 **출판등록** 제13-522호
주소 서울시 서초구 서초동 1621-18 란빌딩 1층
전화 02-585-7840 **팩스** 02-585-7848 **전자우편** somyong@korea.com **홈페이지** www.somyong.co.kr

값 21,000원

ISBN 978-89-5626-657-2 93810

번역시의 운율

The Rhythm of Poems in Translation

연세대학교 근대한국학연구소 편

소명출판

머리말

2010년 여름과 겨울 두 차례에 걸쳐 '번역시의 운율'이라는 주제로 세미나를 열었습니다. 연세대학교 원주캠퍼스의 근대한국학연구소 주관이었습니다. 세미나 기획은 원주에 있는 김명복(영문과 교수, 인문예술대학 학장), 윤덕진(국문과 교수, 당시 근대한국학연구소장) 두 사람이 머리를 맞대었습니다. 김교수는 주로 영문과를 대상으로 영시 번역 경험이 풍부하고 이론화에도 업적이 많은 연구자를 물색하고 윤교수는 한국고전시가 연구자이기 때문에 동료 연구자 가운데에서 발표 토론자를 구하였습니다.

평소 두 사람은 시가 연구에 있어 운율의 중요성을 깊이 인식하고 간간히 토론도 벌이던 차제에 본격적인 논의의 마당을 한번 펼쳐보자는 데에 뜻을 모았습니다. 우선, 김교수가 가르침을 받기도 하였으며 한국시가 영역 작업에 오랫동안 헌신해 오신 이성일 선생을 모셔서 전체 세미나의 기조를 잡는 가르침을 받고자 하였습니다. 세미나 형식은 기조 발표로 했습니다만 이선생이 다른 발표자와 대등한 위치에서 토론을 희망하시고 실제로 토론에 적극적으로 참여하시기도 했기 때문에 논문은 편집상에 다른 발표자와 구별 없이 싣기로 했습니다. 이선생님은 번역이란 축자적 말뒤집기가 아니라 원시를 충분히 이해한 번역자가 도착언어의 특성에 맞춘 재창작을 한 것이어야 한다는 시 번역의 금과옥조를 다시 확인시켜주셨습니다. 아울러, 한국시가의 운율을 영역 과정에서 살려낼 수 있는 방안에 대한 실제 사례로서 몇몇 작품의 경우를 들어 두었습니다. 이선생은 시조나 가사의 경우 4음보격을 그대로 살리는 영역을 시도함으로써 원사의 운율을 최대한 보존하는 방안을 모색하였습니다. 이선생의 번역 대본을 따라서 읊조리노라면 마치 미국인이 한국 노래를 흥겹게 부르거나 반대로 한국 사람이 영시를 유창하게 낭송하는 듯한 환각에 빠지는 것이었습니다. 시 번역의 대상은 말이 아니라 운율이어야 한다는 사실이 뚜렷하게 확인되는 체험을 하였습니다.

조재룡 교수는 기획 도중에 우연히 알게 된 분이었습니다. 번역과 운율의 문제를 다루는 세미나를 기획한다는 말을 들은 최유찬 교수(연세대 국문과)가 당시 조재룡 교수가 주발표자인 모임에서 그 문제에 대한 주간세미나를 가지고 있다는 정보를 주었습니다. 즉시, 조재룡 교수의 발표지를 입수하여 검토한 뒤에 꼭 모셔야 된다는 생각이 들었습니다. 조교수는 프랑스에서 앙리 메쇼닉께 사사하고 돌아와서 리듬시학에 관한 소개서를 내었으며, 최근에는 한국 근대시 초기의 운율 이식문제를 집중적으로 다루는 논문을 여러 편 낸 바 있습니다. 두 차례의 발표 토론 과정에서 조교수가 제안해 주신 근대시기의 운율 문제는 다른 기회에 꼭 다루어보도록 하겠습니다.

한지희 교수는 한국시의 번역 현장에서 가장 치열한 활동을 벌이는 분입니다. 이번 발표에서도 고은 시를 대상으로, 문화 전체를 번역하는 모험으로서의 번역이 어떻게 전개되는가를 직접 보여 주셨습니다. 한교수를 통해서 타자로서의 모국어 시가 세계인의 눈에 어떻게 비춰질 수 있는가를 깊이 성찰하는 기회를 가질 수 있었습니다.

김영봉 교수는 한시 전공자로서 이해로서의 번역의 문제를 풍부한 사례를 통해 제시해 주셨습니다. 번역을 통한 전달이 적확하기 위해서는 원시에서의 의미를 깊이 이해한 바탕 위에서 한국어 운율의 특성을 최대한 살려서 말을 옮겨야 한다는 주지가 여러 군데에서 확인되고 있었습니다.

김형태 교수는 한시 번역 전범으로서의 『두시언해』가 넘어섰던 번역의 난문제를 사례로써 제시하고, 각기 언어적 바탕이 다른 한일 두 나라 간 한시 수창의 사례를 통하여 번역과정에서도 불변하는 공유항이 무엇인가를 살펴보았습니다. 김교수의 관심은 서로 다른 언어 체계 사이에서 번역의 필요성을 따져보는 데에 있습니다. 앞으로 같은 주제의 또 다른 논문이 이어질 것을 기대해 봅니다.

제1부 '번역시와 운율의 문제'에 가담한 위의 분들은 실제 번역 체험을 바탕으로 번역론에 아우르는 운율론을 모색하였다고 한다면, 제2부 '한국시가 운율의 본질과 그 적용'에 참여한 분들은 운율의 본질을 애초부터 탐구한 나머지 실제 적용에도 합당한가까지를 확인해 본 경우입니다. 손종흠 교수는 『속요형식론』(2010), 『한국시가의 미학』(2011)에서 연달아 관념으로서의 운율이 아니라 실제로서의 운율을 대두시켜 한국시가 운율론에 하나의 전환점을 마련하고 있는 중입니다. 실로 오랜 만에 운율이란 비적 체험이지 미적 관념을 내용으로 하는 것이 아니라는 사실이 손교수에 의하여 환기되었습니다. 손교수가 제시한 실제 단위로서의 명이나 구 같은 개념이 잠시 낯설더라도 우리 시가의 사정에 비추어보면 볼수록 적절하게 활용되리라고 기대합니다.

김명복 교수의 '영어의 리듬(Rhythm)과 한글의 리듬'은 한국 운율론이 한계로 안고 있는 방법과 대상의 괴리 문제를 해소할 수 있는 중요한 단서를 제공하는 글입니다. 시인이기도 한 김교수가 평소 의아해 한 대로 한국시는 산문 리듬과 운문 리듬을 혼용하다가 결국 소리길을 잃어버리고만 형국입니다. 지금 한국 시인들의 시를 통하여 흥겨운 리듬을 느낄 수 있는 경우란 거의 없다고 할 수 있습니다. 김교수가 파악하신대로 한국시에서 산문의 의미 중심 리듬에 이끌리는 부분을 사상하지 않고는 올바른 시의 소리를 되찾을 수 없을 것입니다. 마지막에 김교수가 제시하신 윤동주의 「서시」는 제바른 소리길을 찾아가는 지표가 될 만하며 앞으로 김교수가 정연한 이정표를 제시해 주실 것을 믿어 의심치 않습니다.

윤덕진 교수는 가사 전공자로서 가사를 노래 부르는 흥취로서의 운율미란 무엇인가를 모색하였습니다. 노래의 범위를 합악되는 데에만 제한하고 묵독 대상으로서의 시만이 율독 가능하다는 규범시학의 운율론은 향유 당시의 실정에서 벗어났을 뿐만 아니라, 변환 가능한 운율 단위를 고정적인 체계에 매어두고 있기 때문에 발전적인 운율론의 기반이 될 수 없다는 반성적 논의입니다. 앞으로 가사를 넘어서 율문 전체에 적용될 수 있는 운율 이론의 산출을 기대합니다.

박애경 교수는 우리 시가의 특수성의 핵심인 시와 노래의 결합태에 관한 새로운 시각을 제공하여 주셨습니다. 시－한문 / 노래－우리말 표기 체계의 이중성에서 비롯된 분화는 한 쪽이 의미와 심상의 세련된 결합을 보인다면, 다른 쪽은 소리의 굴곡을 통한 직정적인 토로 효과를 보이면서 시가라는 한 단위 안에서 서로 밀고 당기는 노릇을 해온 것이 우리시가 발전의 실상이라는 살핌에 바탕하고 있습니다. 이 논의는 근대시가의 분출하는 동력을 해명하는 데에도 유효하다는 것이 필자와 함께 가질 수 있는 생각입니다.

박재민 교수는 새로운 세대의 향가 연구자로서 이미 정확한 고증을 거친 향가 해독을 완결지어 학계의 중망을 얻고 있는 분입니다. 향가 전체를 조망할 수 있는 체계로서 설정하는 운율론은 향가 텍스트의 특수한 국면에 대한 깊은 이해가 가능한 박교수와 같은 분에 의하여만이 가능한 일이라고 하겠습니다. 이번 작업에서 돋아 올린 향가 해독의 받침대를 거쳐서 박교수의 시각이 전체 시가사를 관망하는 데에까지 미치기를 바랍니다.

이와 같이 실제 이론 양면에 거친 번역과 운율의 문제에 대한 논의는 발표자들의 창의적인 제안이 앞서 있지만, 이에 호응하는 토론자들의 뒷받침이 없었다면 더 발전적인 논의로 나가는 통로를 쉽게 발견하지 못하였을 것입니다. 두 번의 세미나 과정에서 발표자와 토론자가 상호 교체되면서 더 성숙한 논의로 나아갈 수 있었고, 그 밖에 김유경 교수(연세대) 최정선 교수(동덕여대) 박경우 교수(연세대) 김진희 교수(아주대) 이현우 교수(성균관대)같은 분들이 토론에 참여하여 유익한 문제 제기를 해주셨습니다.

이 책이 연세대학교의 근대한국학 연구총서로 간행될 수 있도록 허락해 주신 김영민 소장을 비롯한 관계자들께 감사드리며, 세미나 진행서부터 실제 출판 과정에 이르기까지 애를 쓴 이유미 박사와 김혜은 조교의 노고에 치사를 드립니다. 아울러 바쁜 출판 업무 중에도 잘 가다듬은 책이 나올 수 있도록 배려한 소명출판의 관계자들께도 깊은 감사를 드립니다. 모쪼록 이 작은 책이 한국시가 운율의 재정립에 작은 기여가 되었으면 하는 바람을 남깁니다.

2011년 12월

연세대학교 근대한국학 연구소에서 사룀

● 차례 ●

제2부 한국시가 운율의 본질과 그 적용

제1부
번역시와 운율의 문제

시의 번역에서 운율의 이식은 가능한가?

우리 고전시가 영역의 경우

이성일

1

우선 '번역'이라는 문학행위에 대해 많은 사람들이 가지고 있는 그릇된 개념이 이 문학행위에 큰 저해 요인으로 작용하고 있다는 사실을 지적하고 싶다. 문학을 보는 시각은 대체로 다음과 같다. 작품을 쓰는 사람의 몫인 창작 행위, 쓰인 작품을 읽고 반응하는 독자들의 몫인 작품 수용의 과정, 그리고 작자와 독자 사이에서 나름대로 중개자의 역할을 자임하고 나서는 평론가—또는 문학 교실 안에서 주어진 작품을 어떻게 받아들일 것이냐 나름대로 해설자의 역할을 맡은 문학 교수—가 들려주는 작품에 대한 해설 및 평가, 대략 이렇게 삼자가 존재함으로써 문학이 그 생명을 유지한다고 보는 것이 보편적인 생각이다. 그렇다면 '번역'이라는 문학 행위가 점유할 자리는 어디에 있는 것일까?

많은 사람들은 '번역'이라는 문학 행위의 본질이 무엇이냐는 질문을 받았을 때, 한 문학 작품을 그것이 쓰인 언어로 부터 다른 언어로 탈바꿈 시키는 행위, 그 이상도 이하도 아니라고 생각한다고 서슴없이 대답할 것이다. 이것이 '번역'에 대한 통념이다. 그리고 번역은 '제2의 창작'이라고 하며, 번역이라는 문학 행위가 나름대로의 존엄성을 갖는 것으로 그것을 짐짓 두호하는 듯한 말을 하지만, 그 저변에 깔려 있는 생각은, 번역을 창작의 하위에 놓거나, 아니면 창작에 부차적으로 따르는, 가외의 문학 활동에 지나지 않는다고 보는 고정 관념이다. '제2의'라는 수식어 자체가 벌써 번역이라는 문학 행위의 정체성을 부정하는 것이다. 나는 '번역'을 굳이 '창작'과 구분지어 다루고 싶은 마음이 없다. 왜냐면 '번역'은 창작과, 비평과, 독자로서의 수용과, 작품 해설, 이 모두를 포괄하는, 종합적 성격의 정체성을 갖는 문학 행위라고 나는 생각하기 때문이다.

왜 번역하는가? 어떻게 보면 바보처럼 들릴 수도 있는 이 질문은, 실상 번역이라는 문학 행위의 존재 가치를 재확인하는 과정에서 반드시 짚고 넘어가야 할 과제이다. 작가나 시인이 원작을 쓸 때 그가 염두에 두는 독자는 그가 사용하는 언어를 모국어로 하는 사람들이다. 그런데 왜, 외국어문학을 공부하는 사람들은 — 모두는 아니지만 — 원작을 다른 언어로 탈바꿈하여 놓고 싶은 마음이 드는 것일까? 우리가 귀에 못이 박이도록 듣는, '번역은 반역이다'라는, 번역활동에 대한 회의감을 드러내는 말에도 불구하고, 외국어문학도들은 번역활동을 계속하니 말이다.

어떤 연유에서 번역이라는 문학 행위가 출발하든, 나는 한 문학작품에 대해서 어느 외국어문학도가 갖고 있는 애정을, 달리는 어떻게 표현할 방법이 없기 때문에 번역에 매달리는 것이라고 단정적으로 말하고 싶다. '나 혼자만 원어로 읽고 있기에는 너무도 좋은 작품이다. 원작이 외국어로 쓰인 것이든, 아니면 모국어로 쓰인 것이든, 원작 그대로를 읽을 수 없는 사람들과 이 작품을 함께 즐기고 싶다.' 이런 생각이 많은 사람들로 하여금 번역이라는 무모한 모험을 감행토록 만드는 것이고, 이는 마음의 가장 깊은 곳에 자리하는 욕망에서 출발하는 것이므로, 그야말로 용서받아야 할 행위이고, 문학의 영속성을 가능하게 하는 동인이라고 본다. 고대영어를 공부한 사람만이 『베오울프』를 읽을 자격이 있고, 라틴을 공부한 연후에라야만 『에이네이드』를 읽을 기회가 허락된다면, 고전은 그 생명을 지속할 수 없는 것은 확실한 사실이 아니잖은가?

번역이라는 문학 행위는 두 가지로 나누어 생각해 볼 수 있겠다. 그 첫째는, 외국어 작품을 우리말로 옮기는 행위, 즉 '안으로 향하는 번역'일 테고, 다른 하나는 우리 작품을 외국어로 옮기는 행위, 즉 '밖으로 향하는 번역'일 것이다. 이 둘 중에, 외국어문학을 공부하는 사람들에게 더 중요한 건 어느 것일까? 이에 대한 답은 자명하다. 그 두 가지 행위는 서로 성격을 달리하는 것이 아니기 때문에 구태여 구분지어 논할 문제가 아니다. 한국인이 외국문학 작품을 읽고 있는 동안에는, 그가 의식하든 안 하든, 이미 '번역'이라는 문학행위가 이루어지고 있는 것이고, 이를 잘 정돈된 문장으로 정리해 놓았는가는 논외의 문제이다. 읽어가는 도중에 우리의 의식세계가 그것을 수용하고 있다는 사실 자체가 이미 '번역'이라는 문학행위가 우리의 의식 속에서 진행되고 있다는 것을 입증한다. 그렇다면, 우리의 문학작품을 외국어로 옮겨 보려는 노력을 할 때, 우리의 의식 세계에서 전개되는 정신활동은 어떻게 보아야 할까? 피상적으로 볼 때, 우리의 의식이 작용하는 양상이 상충하는 것처럼 보이는 이 두 가지 문학행위가, 본질적으로는 동일한 것이라고 주장하고 싶다. 좀 비속한 표현을 빌리자면, 앞서 말한 두 방향의 번역활동은 '버선 뒤집기'와 다를 바가 없다는 생각이다.

외국어문학을 공부하는 사람의 숙명은 모국어와 해당 외국어 사이를 끊임없이 오가는 정신활동으로부터 벗어날 수가 없다는 사실이다.

그리고 '안으로 향하는 번역'이건, '밖으로 향하는 번역'이건, 번역자의 의식세계를 지배하는 것은 두 언어권을 아우르는 동질의 '소리' — 메시지의 본질과 말의 음악의 등가치 — 를 찾아내려는 노력이라고 보아야 한다. 그런 의미에서, 외국문학의 우리말 번역과 우리문학의 외국어 번역은 각기 다른 언어 구사의 능력을 필요로 하는 별개의 분야라고 보는 시각을 버려야 한다. 자국어와 해당 외국어 구사에 능하여야 할 뿐만 아니라, 두 언어권의 문학전통에 푹 젖어본 경험이 있는 자만이 '안으로 향한 번역'이든 '밖으로 향한 번역'이든 해낼 수 있는 것이고, 이 양자는 별개의 문학 활동이 아니라, 그 본원에 있어서 동일한 문필의 정신의 지배를 받는 것이다.

2

번역에 있어서 가장 중요한 것은 두 말 할 나위 없이 정확한 의미의 전달이다. 그러나 이에 못지않게 중요한 것은 원작에서 감지되는 '말의 음악'을 번역문이 반향하도록 하는 것이다. 산문의 경우에도 그러하지만, 운문의 경우에 더욱 그러하다.

원작의 언어와 번역의 목표가 되는 언어가 동일한 언어군 — 이를테면 영어와 독일어 — 에 속하는 것일 경우에는, 원작에서의 어순이 번역에 최대한 반영 되도록 함으로써 원작에 가까운 행의 효과를 이루어낼 수 있다. 그리고 원시에서의 운율은 번역문에 자연스럽게 반향하게 된다. 그러나 우리말로 쓰인 작품을 영어로 번역하려 할 때, 원작에서의 어순이 번역문에 그대로 나타날 수는 없다. 우리말과 영어는 본원적으로 속성을 달리하는 언어이므로, 번역에서 흔히 이상적인 것이라고 생각하는 어순의 일치를 시도하는 것 자체가 불가능하다. 그렇다면 원시에서 감지되는 운율이 번역문에 반영되도록 할 수 있는 것인가? 필자가 그동안 우리의 고전시가, 특히 시조와 가사문학을 영역하여 오는 과정에 깨닫게 된 바를 언급함으로써 번역에서의 운율의 이식의 문제를 고찰해 보고자 한다.

여말(麗末)의 석학 길재(吉再, 1353~1419)의 시조 한 편은 우리 모두에게 잘 알려진 것이다.

> 오백년 도읍지를 필마로 돌아드니
> 산천은 의구하되 인걸은 간 데 없다
> 어즈버 태평연월이 꿈이런가 하노라

'Sic transit gloria mundi'의 상념을 군더더기 없이 읊어낸 시조 한 편이다. 이 노래는 시조의 정형성을 고스란히 드러내는 작품이기도 하거니와, 어디 한 군데 말을 바꾸거나 줄일 수 없도록 정련된 발화(發話)이다. 이를 어떻게 하면 영어라는 이질적 언어로 재현해 낼 수 있을 것인가?

원시는 시조가 갖는 운율의 성격을 모범적이라 할 만큼 잘 보여준다.

> 오백년 / 도읍지를 / 필마로 / 돌아드니
> 산천은 / 의구하되 / 인걸은 / 간 데 없다
> 어즈버 / 태평연월이 / 꿈이런가 / 하노라

음절수를 보면, 3—4—3—4 (초장) / 3—4—3—4 (중장) / 3—5—4—3 (종장)으로 되어 있다. 이는 각 행마다 네 번의 '소리때림'이 있다는 말이다. 그리고 각 행은 앞의 두 '말묶음'과 나중의 두 '말묶음'이 대칭적 평형을 이루면서 진행되고 있다. 이는 영시에서 'on-verse'와 'off-verse'가 대응하면서 각 행에 평형성을 부여하는 것과 유사하다. 이 말의 율조를 어떻게 하면 영어라는 이질적인 언어로 재현해 낼 수 있을 것인가?

우리말에서의 음절수와 영어 번역에서의 음절수를 일치시키려 함은 아무 의미도 없거니와 가능하지도 않다. 결국은 원시에서 감지되는 네 번의 '소리때림'을 번역시행에 살려내는 것이 중요하다. 그러나 '소리때림'이라 해서, 음절수를 헤아려 가며 리듬을 재현시켜 보려는 시도는 무의미하다. 단어들이 모여 형성되는 행의 '걸음걸이'가 원시의 그것을 반향하면 족한 것이다. 필자는 위 시조를 다음과 같이 영역해 본다.

I turn my horse to where a royal town stood for five hundred years.
The scenery remains the same, but the men of worth are no more.
Alas, I wonder whether the bygone days had been only in a dream.

물론 이 번역은 영시에서는 유례를 찾기 어려울 정도로 매 행이 길다. 굳이 운율의 성격을 규정한다면 'iambic octameter' — '약강팔보격' — 라고나 할까? 그러나 중요한 것은 영시의 운율에서 문제가 되는 통상적인 의미에서의 '걸음' — 즉, 음절의 규칙적인 강약의 배합으로 인해 형성되는 'foot' — 이 아니라, 몇 개의 단어로 이루어지는 호흡상의 단위를 역시에서의 '걸음걸이'로 보아야 한다는 사실이다.

I turn my horse / to where / a royal town stood / for five hundred years.
The scenery / remains the same, / but the men of worth / are no more.
Alas, / I wonder whether / the bygone days had been / only in a dream.

길재와 같은 시대를 살았던 원천석(元天錫)의 시조 한 편도 앞서 읽은 시조와 동일한 정서와 생각을 담고 있다.

홍망이 / 유수하니 / 만월대도 / 추초이로다 [3-4-4-5]
오백년 / 왕업이 / 목적에 / 부쳤으니 [3-3-3-4]
석양에 / 지나는 객이 / 눈물겨워 / 하더라 [3-5-4-3]

As rise and fall is time's making, autumn grass grows on the palace ruin.
While five-hundred years' kingly glory drifts on a herdsman's pipe tune,
A passerby plodding in the sunset cannot but shed listless tears.

원시에서의 음절수가 영역에서 그대로 되풀이되지는 않았지만, 원시의 각 행이 갖는 짧은 호흡의 휴지에 근거한 소리의 때림을, 영역에서도 각 행이 호흡의 짧은 휴지를 네 번 갖도록 함으로써 살려내었다고 생각한다. 각 행에서 네 박자가 형성되는 것은 단어들 사이에 다음과 같은 호흡의 휴지가 있을 수 있기 때문이다.

As rise and fall / is time's making, / autumn grass grows / on the palace ruin.
While five-hundred years' / kingly glory / drifts on / a herdsman's pipe tune,
A passerby / plodding in the sunset / cannot but shed / listless tears.

시조 한 수만 더 번역해 보겠다. 이이(李珥)와 성혼(成渾)의 제자로서 임진왜란 때 의병장으로 전사한 조헌(趙憲, 1544~1592)의 작품이다.

池塘에 비 뿌리고 楊柳에 내 끼인 제 [3－4－3－4]
沙工은 어디 가고 빈 배만 매였는고 [3－4－3－4]
夕陽에 짝 잃은 갈매기는 오락가락하노매 [3－3－4－7]

Rain-streaks sweep on the stream, and willows droop in the fog.
Where did the ferryman go, leaving his boat moored to the bank?
A lone gull that has lost its mate flies to and fro in the sunset.

역시에서의 리듬이 각 행 네 박자임을 굳이 표시하면 다음과 같다.

Rain-streaks / sweep on the stream, / and willows / droop in the fog.
Where did / the ferryman go, / leaving his boat / moored to the bank?
A lone gull / that has lost its mate / flies to and fro / in the sunset.

다음은 정형시인 시조와는 달리, 산문의 형태로 쓰여진 가사(歌辭)를 영역함에 있어 운율의 이식이 이루어지는 양상을 살펴보겠다. '산문'으로 쓰였다고는 하지만, 가창을 염두에 두고 지은 긴 '노래'이므로, 율조가 없을 수 없다. 실상, 가사의 필사본들을 보면 행의 구분이 없이 산문처럼 주욱 잇대어 써내려갔지만, 후세의 학자들이 음절수를 헤아려가며 행 구분을 하여 놓은 사실은 가사에도 엄연히 운율이 존재한다는 것을 입증한다.

좀 길기는 하지만, 정철(鄭澈, 1536~1593)의 「관동별곡(關東別曲)」의 마지막 부분을 읽어보자.

적은 덧 밤이 들어 풍랑(風浪)이 정(靜)하거늘
부상(扶桑) 지척(咫尺)에 명월(明月)을 기다리니

서광(瑞光) 천장(千丈)이 뵈는 듯 숨는고야
주렴(珠簾)을 고쳐 걷고 옥계(玉階)를 다시 쓸며
계명성(啓明星) 돋도록 곳초 앉아 바라보니
백련화(白蓮花) 한 가지를 뉘라서 보내신고
이리 좋은 세계(世界) 남대되 다 뵈고저
유하주(流霞酒) 가득 부어 달더러 물은 말이
영웅(英雄)은 어데 가며 사선(四仙)은 긔 뉘러니
아무나 만나 보아 옛 기별(寄別) 묻자 하니
선산(仙山) 동해(東海)에 갈 길이 머도 멀사
송근(松根)을 베어 누어 풋잠을 얼핏 드니
꿈에 한 사람이 날더러 이른 말이
그대를 내 모르랴 상계(上界)의 진선(眞仙)이라
황정경(黃庭經) 일자(一字)를 어찌 그릇 읽어 두고
인간(人間)에 내려와서 우리를 따르는다
적은 덧 가지 마오 이 술 한 잔(盞) 먹어보오
북두성(北斗星) 기울여 창해수(滄海水) 부어내어
저 먹고 날 먹여늘 서너 잔(盞) 기울이니
화풍(和風)이 습습(習習)하여 양액(兩腋)을 추켜 드니
구만리(九萬里) 장공(長空)에 저기면 날리로다
이 술 가져다가 사해(四海)에 고루 나눠
억만(億萬) 창생(蒼生)을 다 취(醉)케 만든후(後)에
그제야 고쳐 만나 또 한 잔(盞) 하잣고야
말 지자 학(鶴)을 타고 구공(九空)에 올라가니
공중(空中) 옥소(玉簫) 소리 어제런가 그제런가
나도 잠을 깨어 바다를 굽어보니
깊이를 모르거니 가인들 어찌 알리

명월(明月)이 천산만락(千山萬落)에 아니 비친 데 없다

한 행씩 보면 시조의 그것과 다르지 않다. 시조에서와 마찬가지로, 매 행은 네 번의 소리때림이 있는데, 이는 두어 서너 음절이 한 매듭을 이루면서 들려주는 말의 음악이다. 줄기차게 이어가는 이 구성진 가락과 박자를 영어로 재현할 수 있을 것인가? 대답은 '그렇다'이다. 우리말에서처럼 음절의 수가 아니라, 영어 단어들의 모임이 호흡의 한 단위를 이루면서 행이 이어져 나가면 되는 것이다. '가사'는 엄격한 정형시가 아니라, 비교적 자유스럽게 행을 전개해 나가면서 말의 구성진 장단을 즐기는 창작기법을 기조로 하는 문학 형태이므로, 번역에서도 비교적 자유스런 행의 전개와 호흡을 즐길 여유가 있다. 영시에서 많은 시인들이 즐겨 쓴 '약강오보격무운시(blank verse)'와 그 형태가 유사하다는 생각이 들기도 한다. 다만, '약강오보격무운시'에서는 대략 열 음절이 모여 한 행을 이루지만, 필자가 여기서 말하고자 하는 것은, 번역에 있어서 음절의 수가 아니라 단어들이 결합하여 이루는 말의 걸음을 박자 맞추어 들려주어야 하는 것뿐, 그 밖의 아무런 제약을 받지 않는다는 사실이다.

The waves calm down as the night approaches soon.
As the sunrise-tree hides in the dark, I wait for the bright moon;
The blessed light, though hidden, is already spread wide.
After folding the pearly screen, I sweep the jade-stairs again,
And wait till the Dawn-break Star begins to flicker.
Who has sent me a twig of the white lotus-flower?
I wish it were granted that I show this fair scene to the whole world!
Holding a cup overflowing with wine, I ask the moon:

"Whither fled the heroes? And who are the four hermits?
Where can I meet any of them to enquire of their past lives?"
What a long journey over the East Sea to the Mount of the Hermits!
I fall into slumber, resting my head on a pine's root,
When a man appears in my dream and says to me:
"I know you well. You were once a god in the Upper World.
How did it happen that you misread a letter in the Celestial Book,
And now, fallen to this earthly world, you envy us?
Stay awhile, and drink a bowl of this wine."
Tilting the Dipper, he pours out the ocean for us to share;
We take turns till I have tipped the bowl three or four times.
A soft breeze blows on me, and I lift my arms—
I could almost fly up into the air to float a million miles.
"Take this wine with you to spread all over the world,
And make all the inhabitants on this planet drunk;
Then we shall meet again and drink together once more."
Words done, he, riding on a crane, floats far into the air;
The tune of his jade flute lingers on—Was it yesterday, or the day before?
Waking up from my dream, I look upon the sea:
When I don't know its depth, how can I know its width?
The whole world looks tranquil, bathing in the moonlight.

우리시를 영역할 때 각운의 문제는 어떻게 처리하느냐는 질문을 가끔 받고는 한다. 그런데 각운은 실상 영시에서도 다분히 작위적인 것으로 받아들여진다는 사실을 기억할 필요가 있다. 고대영어로 쓰인 작품들에서 두드러지게 나타난 양상은 각운이 아니라 두운이었다. 영어는 본래 첫 소리 — 모음이든 자음이든 — 의 반복을 통한 두운을 지향하는 언어적 속성을 가지고 있다. 각운은 11세기에 들어와 앵글로 노먼어가 영어와 접목되면서 로만스어문학의 영향으로 유입된 외래의 시작 기법이었다. 셰익스피어를 비롯한 많은 극작가들이 작품을 쓸 때, 대사의 대부분은 '무운시'로 쓰고, 특별한 효과를 염두에 두었을 때에만 각운을 맞추어 쓴 원인은, 약강오보격으로 진행되면서 각운 따위는 신경 쓰지 않는 것이 일상적 대화에 가장 가까운 것이었기 때문이다. 따라서 우리시에는 있지도 않은 각운을 번역시에서 — 더구나 각운 자체가 시 전통의 주된 운율 기법이 아닌 영어시에서 — 시도한다는 것은 필요치도 않거니와, 우습기조차 한 노릇이다. 다만, 우리말과 영어에서 자주 나타나는 공통된 언어적 특성인 두운을 살리는 것은 바람직할 뿐 아니라, 필요하기도 한 것이다. 그러나 두운이 의식적인 노력에 의해 인위적으로 만들어지는 것이 아님은 원시에서와 마찬가지로 역시에도 해당된다는 사실을 밝히고자 한다. 한국어와 영어는 공히 두운을 지향하는 언어적 속성을 갖기 때문이다. 앞서 살펴 본 필자의 영역에서도 두운의 예가 적잖이 나타난 것이 이를 입증한다.

3

마지막으로, 우리문학의 외국어 번역을 하기 위해서는 어떤 자질과 능력을 갖추어야 할 것인지 언급하려 한다.

영문학계의 원로 한 분은 기회가 있을 때마다 이런 말을 한다. 즉, 우리 문학의 외국어 번역은 번역의 목표가 되는 언어가 모국어인 사람들에게 맡겨야 하고, 또 그들만이 바람직한 번역의 결과물을 내 놓을 수 있다고. 이런 말을 들을 때마다 필자는 답답한 마음을 금할 수 없다. 번역의 목표가 되는 언어가 모국어인지 아닌지는 중요한 사안이 아니기 때문이다. 우리말이 모국어라 해서 누구나 우리말로 읽을 만한 산문이나 시를 쓸 수 있는 것은 아니지 않은가? 마찬가지로, 이를테면 영어를 모국어로 하는 사람이라 해서, 다 영어로 된 산문이나 시를 쓸 수 있다는 보장이 없다. 문제는 원작을 얼마나 정확하게 읽어낼 수 있으며, 번역의 목표가 되는 언어의 문학전통에 얼마만큼 조예가 있고 또 거기에 동화되어 있는가이다. 어떤 언어의 '원어민'이라 해서 바람직한 번역을 해낼 것이라는 막연한 기대는 금물이다. 실제로 우리문학의 영역에 종사하는 영어 '원어민'들이 내 놓은 번역 작품을 보고 실망한 적이 무척 많았고, 경우에 따라서는 대경실색케 하는 원문의 오독도 많이 접하고는 한다. 우리말과 문학에 친숙할 뿐 아니라 번역의 목표가 되는 언어의 문학전통에 깊이 몰입해 본 경험이 있는 자만이 읽을 만한 우리말 외국어 번역을 할 수 있다. 언어는 악기와 같은 것이라서 정확하게 탄주할 수 있는 기예를 습득한 자만이 창작이건 번역이건 시도할 자격이 있는 것이다.

근자에 와서 상당수의 대학교에 소위 '통번역대학원'이라는 명칭을 가진 훈련소 비슷한 것들이 만들어졌고, 많은 사람들은 거기서 공부하는 학생들이 앞으로 우리 문학을 외국어로 번역 소개하는 일에 큰 역할을 할 것으로 기대를 하는 듯하다. 그런데 도대체가 '통역'과 '번역'은 전혀 상호 관련이 없는 분야라는 사실을 인식할 필요가 있다. '통역'은 기술이다. 그리고 제한된 시간 안에 한 사람이 하는 말을 다른 말로 옮겨야 하는, '동시성'을 그 생명으로 하는 것이므로, 요령 터득을 위한 수련과 연습을 통해 습득할 수 있는 '기술'에 불과하다. 마치 비행학교에서 비행기 조종술을 배우는 것처럼. 그러나 번역은 기술이 아니다.

그리고 '통역'처럼 정해진 시간의 제약을 받는 것도 아니고, 또 받아서도 안 된다. 마치 연습과 훈련을 통해 번역의 '기술'을 습득할 수 있다고 생각하는 것 자체가 문학에 대한 모독이다. 문장 하나, 시 한 행을 앞에 놓고, 몇 시간, 아니 며칠이 걸리더라도, 마음에 와 닿는 행이 머리를 때릴 때 까지 고심하는 과정이 번역이다.

우리 문학을 외국어로 번역하고자 하는 사람은 우선 자신이 해당 외국어의 문학작품들을 많이 읽고 공부한 사람이어야 한다는 사실을 자각해야 한다. 이는 산문의 경우에는 그리 절실한 문제가 아닌지도 모르겠다. 그러나 시의 번역에 있어서는 해당 외국어의 시문학에 푹 빠져 본 경험이 없는 사람이 이를 시도할 때, 그저 '말 만들기' 장난에 그칠 가능성이 크다. 번역 작품이 한 편의 시로 읽혀지기 위해서는 해당 언어권의 시문학 전통과 맥을 같이하여야만 하기 때문이다.

‘운문’의 ‘운문’으로의 번역은 가능한가?

번역시의 귀납적 양감과 그 친화력에 대하여

조재룡

모든 이들이 시보다는 시에 대한 제 생각을 번역하고 있을 뿐이다.

앙리 메쇼닉[1]

1. 시 번역 주위로 떠돌아다니는 미지의 행성들

번역시는 충분히 제 자신을 감추지 못해, 이질감을 드러내며 일종의 결함처럼 보이기 시작할 때, 비로소 시적 활동을 개시하는 기이한 특성을 지니고 있다. 원문의 통고나 하달, 저 보란 듯 똑같다고 말하는 당당한 복제나 최대한의 닮음을 이상향으로 삼는 모사(模寫)가 아니라, 원문과 자잘한 균열을 만들어내고, 그 틈 사이에 ‘친화력’이 스며들 공

1 H. Meschonnic *Poétique du traduire*, Verdier, 1999, p.259.

간을 확보하면서 원문(시에 다름 아닌)에 대한 무한한 해석의 가능성을 재현하기 위해 한 걸음을 뗄 때, 번역시는 비로소 시를 체험해볼, 구체적이고 경험적이며, 개별적인 방식이 된다. 그러나 이것이 번역시의 전부를 말해주는 것은 아니다.

원문의 비밀을 벗겨내고, 더러 그 허물도 들추어내, 원문이 꽁꽁 감싸쥐고 있는 단단한 무엇, 우리가 흔히 '시적'이라고 부르는 무언가를 솎아낼 힘이 그것의 번역에서, 번역을 통해 누출된다고 할 때, 번역시에 저 불길한 운명처럼 예고되어 온 불완전성이나 열등함, 부차성이나 모자람조차, 이 태생적 결함이나 미욱함에서 파생된 것이 분명한 언저리, 바로 "거기서 비롯하는 낯선 매혹"[2]으로 변하게 되는 것을 어쩌면 번역시에서 목격하게 될지도 모르기 때문이다. 번역시만의 고유한 가치, 아니 그 성취의 조심스런 가능성 역시, 번역시의 이 낯선 매력과 원문 사이에, 그러니까, 친화력을 타진해 볼 때 한결 농후해진다. 번역시로부터 추정해볼 친화력이나 번역시의 이 낯선 매력은 저마다 알고 있다고 굳게 믿고 있는 원문, 그럼에도 좀처럼 단일한 의미에 붙들려 매어있는 법이 없는 저 원문, 번역시의 제 귀가 빠져 나온 최초의 그 잠든 형상을 흔들어 일깨우는 하나의 가능성이자 결정적인 계기이기도 한 것이다.

딱딱한 틀 안에 갇혀 있는 '운문'이라고 해서 예외는 아니다. 주물로 찍어낸 듯 반듯이 정렬된 운문의 다른 말로의 번역은 유독 그 틀을 제대로 옮겨와야 고결한 성취에 도달하게 될 것이라는, 일면 일방적인 대입과도 닮아 있다 할 단순한 논리에서 자유롭지 못한 것이 사실이다. 기계적 치환의 메커니즘이 한껏 활개를 치는 데 필요한 근거는 '운문' 중에서도 '정형시'(이 둘이 같지 않으니, 다시 살피기로 한다) 주변으로 완벽하게 갖추어져 있는 것으로 보인다. 운문이 전통의 전폭적인 비호

2 황현산, 「완전소중 시코쿠—번역의 관점에서 본 황병승의 시」, 『창작과비평』, 2006 봄호, 359면.

아래, 정해진 형식을 고수하려 애써온 글이라는, 그래서 그 권위는 말할 것도 없고, 특징마저 명징하다고(명징해야 한다고) 말해온 일각의 통념은 운문의 번역도 원문을 견고히 둘러치고 있는 바로 이것을 곧이곧대로 따라야 제 도리를 다할 것이라는 신념 서린 말들을 하나씩 불러 세우면서, 번역이론이나 시학에서조차 구구절절 옳다며, 제 우위를 점하거나 척진 자리를 확인해왔다.

개중에는 음절의 규칙성(자수율)이나 라임(각운)의 운용, 수사법이나 구조의 격자에 이르기까지, 원문이 갖추고 있는 온갖 종류의 외형적 요소들을 베껴 내는 일에 턱없이 의지하자며, 근본주의적 태도를 저버리지 말아야한다는 권고를 태연히 늘어놓는 경고도 있다. 지고지순한 형식의 틀과 그 지평선 위로 번역의 유토피아를 사뿐히 올려놓고자 하는 논리들은 그럴듯해 보이는 자명성에도 불구하고 실현 가능성을 따지자면, 오히려 엄벙덤벙 실패가 예견된 길로 접어들어, 논의 자체를 무의로 돌려 버리는, 그다지 놀랍지 않은 수순을 밟고 만다. 그러나 꺼내어 펼쳐 보일 카드가 적지 않으니, 반복되는 실패와 절룩거리는 성과에도 불구하고, 매번 그 변명거리는 궁색하지 않다. 시 번역의 생리적 난해성을 적어 감춘 말랑말랑한 카드로 부족할 것 같으면, 보다 강력한 두 번째도 마련되어 있다. **시–번역이란–애당초–불가능한 것!** 이렇게 굵은 글씨로 또렷이 새겨 놓은 조커 한 장만을 달랑 집어 들어도, 벌여놓은 논의의 판세는 거의 무효가 될 형국을 바라보게 되고 만다. 게임은 이 때 종결되거나, 적어도 파토를 선언하게 된다. 그러니까, 번역 불가능성을 핑계 삼아 고즈넉이 체념의 넋을 내려놓기 전에, 운문의 번역 가능성을 타진해보고자 한다면, 애당초 판을 다시 짜야만 하는 것이다.

2. 세 가지 종류의 운문

'운문'의 '운문'으로의 번역은 가능한가라는 애초의 물음은 따라서 복잡해 보이는 운문이나 운율 개념, 시와 리듬에 드리워진 항간의 이론적 지평을 바라보게 하는 것이 한편으로 사실이지만, 무엇보다도 먼저, 시를 바라보는 다양한 관점들, 그러나 때로 충돌하는 논리들이 하나로 모여, 얽히고설킬, 그럼으로 인해서, 이론의 탈을 쓴 이 저마다의 주장들이 한바탕 불려 나와 너부러지고 말 혼돈의 전시장을 만들어내며, 한편 이렇게 번잡해진 형세를 펼쳐 보이는 것만으로도 이미 물음의 가치가 확보되고도 남음이 있는 것도 사실이다. 운문의 한 종류에 속하게 될 정형시를, 운율의 한 갈래이자 역사적 가치를 제외하고는 그 유효성에 있어서 폐기될 날을 묵묵히 기다리고 있는 율격을 그 중심에 놓고서 논지를 전개해보아도 결국 봉착하게 되는 물음은 시의 특성, 아니, '시를 시이게 해주는 힘'에 대한 매우 원론적인 의구심이다. 즉, 이 같은 우문은 시가 무엇인가라는, 단박에 답을 청해들을 수 없음에도 물음 안에 이미 그것을 제기한 의미나 가치마저 함께 스며들어 있는 어떤 시도를 끌어낸다. 줄줄이 딸려 나오는 물음들이란 예를 들어, 대개는 이런 것들이다.

검색에도 인색하지 않은 인터넷의 백과사전에서 요약하고 있듯, "운율(韻律)을 지닌 글"이라고 운문을 단정해버릴 때, 운율이 정해진 음절수의 규칙이나 박자보다 훨씬 광범위한, '글의 조직이나 조직된 문장들의 운동성'을 의미하는, '리듬(rythme)'과 같은 개념과 맞닿아 있다고 한다면, 이 간단명료한 정의에서 빗겨서 있는 글은 그러나 또 무엇이란 말인가? 율격이 상정하고 정형시가 말하는, 단순하기 그지없는 순환이나 규칙성의 메커니즘으로 단박에 운율 개념을 환원하는 게 실상 불가능하다고 할 때, 우리에게 '운문'은 또 무엇이란 말인가? 다잡아 '운'을 맞추고, 음절을 규칙적으로 조작해내며, 음성의 조화를 공들여 조율해낸, 이른 바, 작시법에 충실한 정형시를 다른 말로는 어떻게 옮겨와야 하는가? 번역에서나 비평에서나, 율격을 헤아리는 목적이 그것을 직접 확인하고자 함에 놓여있다고 할 때, 그러나 현대시는 물론 정형시조차, 이런 계산을 필요로 하는 것은 결코 아니라고 한다면 논의는 어떻게 되는가? 율격이 감추고 있는 속살에서 역설적으로 제 존재됨을 확인하는 게 오히려 운문이자 정형시라고 한다면? 번역에서 형식과 구조를 그대로 살려내는 것이 불가능하다고 할 때, 그럼에도 불구하고 운문의 번역은 왜 시도되는 것이며, 이 때, 시 번역의 가치를 우리는 어디에서, 또 어떻게 물어야 마땅한가?

마지막 물음에 잠시 귀를 기울일 때 우리는 운문의 번역이 번역의 방법론을 고안해내고자 하는 입장에서는 저버릴 수도, 그렇다고 단박에 확신할 수도 없는 '뜨거운 감자'일 수밖에 없었다고 말해둘 수 있다. 실로 문학번역의 난점을 꼽는데 빠지지 않고 등장하는 단골메뉴로가 바로 운문번역이기도 하였다. 운문의 '율격'을 곧이곧대로 제 작업에서 살려내야 한다고 철석같이 믿고서, 번역불가능성을 실감하는 극단의 시련을 안겨준다며, 불만 어린 사념을 토로하는 허우대 멀쩡한 번역가를 마냥 탓하고 있을 수만도 없어 보인다. 이 외에도 문제는 여럿이다. 게 중에는 운문이 하나가 아니라는 문제가 있다. 따져보면 우리 문학도 그렇겠지만, 프랑스 시에서도 '운문(vers)'은 대략 세 가지 정도의 시(시구) 형식을 지칭하며, 이들은 서로 간에 크고 작은 입장 차이로 분화되는데, 근접성과 역사적 상관성에도 불구하고, 지시하는바 역시 상이하다고 할 만큼의 선연한 편차를 지닌다. 세 가지 운문은 어림잡아, 이런 것이다.

우선 '정형시(구)(vers métrique)'가 있다.

정형시(구)는 ① 음절의 규칙성과 각운의 조화에 바탕을 둔 시(구)이며 ② 그 통사의 운용도 정형률에 맞추어 의미 단위와 결부된, 즉 '그룹'을 형성하게끔 구성된 시(구)이자 ③ 대표적인 예로 알렉상드랭 시구 열 네 개로 이루어진, 따지자면 육행시(알렉상드랭 시구 여섯 개로 이루어진)와 팔행시(알렉상드랭 시구 여덟 개)의 결합을 의미하는 소네트를 비롯한, 정해진 형식에 따라 가지런히 구성된 대다수의 시(구)를 의미하며 ④ 특징은, 구조, 즉 앙상한 뼈대만을 헤아린다면, 가히 전자계산기나 컴퓨터로도 짓는 것이 가능하다.[3]

두 번째로 '자유시(구)'(vers libre)가 있다. 자유시(구)는 ① 규칙적인 음절수와 각운의 조화에 바탕을 둔 시(구)이자 ② "이질적 정형시구"로 구성되며(를 뜻하며) ③ 정형률을 '내적으로 자유롭게' 이용한 시구들로 구성되거나, 그것이 한두 개 섞여 든 시이며 ④ 대표적인 예로는 기존의 [6음절 / 휴지기 / 6음절] 형식의 전통 알렉상드랭 시구를 [4음절 / 4음절 / 4음절]로 변형한 시구(빅토르 위고의 경우)나, [4음절 / 8음절] 혹은 [8음절 / 4음절]로 변화시켜(보들레르의 경우) 정형시의 틀 내에서 파격적 구성을 선보인 시(구)이자 ⑤ 그럼에도 불구하고 전반적인 그 구조의 파악에 있어서는, 정형률의 법칙을 앞 다투어 고려해야 하는 시(구)이다.

마지막으로 '자유-시(구)'(vers-libre)가 있다. 자유-시구는 ① 정형시의 규칙성과 전통적인 형식에 지배를 받지 않으며 ② 미리 결정된 그 어떤 정형시구의 사용에 있어서도 자유로운 시구이자 ③ (프랑스의 경

---

3 소네트의 경우, 그 구조는 ① 육행시와 팔행시의 결합일 경우 : {{s6 + c1 + s6} × 6 or 6v{v × 6}} + b + {{s6 + c1 + s6} × 8 or 8v{v × 8}} = {s168 + c14}, or, {6v{v × 6} + b + 8v{v × 8}}로, ② 팔행시와 육행시의 결합일 경우 : {{s6 + c1 + s6} × 8 or 8v{v × 8}} + b + {{s6 + c1 + s6} × 6 or 6v{v × 6}} = {s168 + c14} or {8v{v × 8} + b + 6v{v × 6}}로 '약기'될 수 있다. 여기서 s = 음절(syllabe), c = 휴지(césure), v = 시구(vers), b = 한 줄 바꿈 여백(blanc)을 가리킨다.

우) 1980년대 귀스타브 칸(Gustave Khan)이나 프랑시스 비엘레-그리펭(Francis Vielé-Griffin)의 시도에서 활성화되어 오늘날에 이르기까지, 가장 대표적으로 애용되어 온 시(구)이며 ④ 특징은 각각의 '줄' — 라인(line)이라고 해도 좋을 — 이 하나의 단위, 즉 시구를 이루며, 제 분석의 기준을 상정한다. 게 중에는 아폴리네르나 김수영, 데스노스나 기형도처럼, 행갈이의 다양한 전략 덕택에 통사 운용에 있어서 파격을 선보인 경우가 상당수에 달한다.

자! 운문이 이렇게 셋이고, 그 구조가 또한 이러하니, 운문의 번역 문제는 이제 어디로 향해야 하는 걸까?

3. 이데아의 총아인가, 진흙의 자식인가?

운문 번역에 대한 저마다의 생각은 세 가지 종류의 운문을, 아니, 각각의 그 특징을 헤아리지도, 진지하게 숙고하지도 않는다. 프랑스에서건, 한국에서건, '운문 = 정형시'라는 등식에 우리 모두 익숙해져있기 때문이다. 엄밀함을 강조하고자 하는 측에서는 운문을 운문으로 번역해야 한다고 앵무새 마냥 반복할 뿐이며, 이도 저도 성에 차지 않거나 그나마 이 모든 걸 성가다고 여기는 경우, 불가피함을 내세워, 쿨~하게 번역해도 좋다는(즉, '산문'의 형태로) 암묵적인 견해를 따르면 또 그 뿐이다. 누가 타박하겠는가? 자유로운 정신으로 번역에 임하겠다는데.

따라서 합의되어 온 그간에 논의가 노출되어 있지 않은 것도 아니다. 시가 제 정체의 젖줄을 마련하거나, 온갖 의심으로부터 모면 받을 지점을 확보하는 것은 소위 '어렵다'거나 '난해하다'는 타자들의 수사에 둘러싸이게 될 때일 터인데, 여기서 주목해야 할 것은 아이러니하게도 시가 제 시다움을 주장하려는 바로 그 때, 운문이 항상 정형시와 등가의 가치를 확보해 왔다는 사실이다. 그러니 우선, 동·서양, 너나 할 것 없이, '운문'이 실로 문학의 폭넓은 활동 전반을 아우르고 있다는 사실을 새삼 적어두는 일이 필요하다.

이렇게 호메로스의 서사시는 말할 것도 없이, 그리스 고대 비극의 정수를 보여준 아이스킬로스나 소포클레스의 작품을 비롯하여, 프랑스 고전주의를 대표하는, 극작품인데도 실로 각운마저 딱딱 맞아떨어지는 코르네유나 라신의 희곡들, 그 이면에 소설의 서사적 혈류가 면면히 흐르고 있는 제임스 조이스의 『율리시스』나 푸슈킨의 『예브게니 오네긴』, 셰익스피어의 희곡 작품에서 거개가 자유시의 형태로 선보여 왔던 우리 현대시에 이르기까지, 매우 다양한 글들이 운문이라는 이름으로 불려왔다.

장르를 살펴보아도 복잡한 사정은 매한가지다. 비극이나 희극, 우화나 연애시, 서정시-서사시-참여시, 장시-단시, 20세기 초 다다이스트들의 실험시나 음성시에서 초현실주의자들의 그것에 이르기까지, 심지어 폭을 정형시로 제한해 놓아도, 단가나 하이쿠, 한시에서 말하는 오언절구나 칠언절구, 향가나 시조, 사설시조나 잡가에 이르기까지, 아니 그 테마와 역사를 따져 묻더라도, 무훈시-농경시-목가시에서, 찬가-발라드-연애시, 고발시-익살시-풍자시에 이르기까지, '운문'이라는 단일한 명칭 아래에, 종류조차 미처 헤아릴 수 없을 정도의 다양한 문학작품들이, 너무나도 다양한 문학 장르 여기저기에 혼재되어 있는 것이다. 평범한 이야기를 여기에다 굳이 반복해 놓은 까닭은 **운문 번역의 문제도 맥락 전반을 헤아려 접근해야 하며, 이렇듯 장르의 경향과 특성, 그것의 작품 됨에서 자유로운 번역이란 존재하지 않는다는 사**

실을 미리 말해두기 위해서이다.

그러나 운문 번역에서 소위 '론'의 꼬리표를 달고 출몰해온 주장들과 그들이 한바탕 쓸고 지나간 시절의 성정을 되돌아보면, 형식을 고수하자거나, 내용을 옮기는 데 충실해야 한다는 식의, 오로지 두 가지 저울추를 향해 그 해법의 측위가 기울여 있으며, 이와 같은 사실은 이제 삼척동자도 알만한 상식이 되어버렸다. 그러니 번역의 방법론이 천 가지 만 가지를 말하는 것은 아닐 터이다. 직역-의역, 형식-의미, 문자-정신, 구조-내용, 원문중심-역문중심, 문학성-가독성, 충실성-창조성, 딱딱함-유려함, 이국화-자국화, 출발어-도착어, 들이대기-길들이기, 이타성-정체성, 낯섦-친숙함, 운문-산문, 시-소설 등 오로지 두 가지, 오로지 두 개의 견고한 대립이 제 날을 벼려 놓은 작두 위에 올라서 자명함을 외쳐대는, 바로 이와 같은 방법론만이 우리에게 덩그러니 주어져 있을 뿐이다. 서로 상통하는 항을 한데 묶어 이 이분법의 커플인

- 직역-의역, 형식-의미, 문자-정신, 구조-내용, 원문중심-역문중심, 문학성-가독성, 충실성-창조성, 딱딱함-유려함, 이국화-자국화, 출발어-도착어, 들이대기-길들이기, 이타성-정체성, 낯섦-친숙함, 운문-산문, 시-소설

을, 연결점(-)을 살짝 푼 다음, 다시 이렇게

- 직역-형식-문자-구조-원문중심-문학성-충실성-딱딱함-이국화-출발어-들이대기-이타성-낯섦-운문-시

- 의역-의미-정신-내용-역문중심-가독성-창조성-유려함-자국화-도착어-길들이기-정체성-친숙함-산문-소설

로 조합해놓으면, 서로 간에 내통하는 그 공모의 이데올로기와 그것이 지향하는 정서의 편폭을 파악하는 데 있어서 보다 효과적일 것이다.

요리조리 조합해보아도, 각각의 제 보편성을 지향하는 이 두 가지 번역방법은 요지부동의 말뚝이기도 하다. 그럼에도 이 보편성을 자임해온 둘 가운데에서 어느 한편을 임의로 선택하거나 두 팔 벌려 환대할 수 없는 까닭은, 다양한 운문이 역사 속에서 걸어온 저 길, 운문이 생산되어 온 다난하고 다채로운 역사적 궤적을 돌아보고자 하는 바로 그와 같은 순간, 운문이라는 가지런한 명칭 안에 겹겹이 축적되어 있던, 그러나 가지런하다고 결코 말할 수 없는 글들이 비로소 제 다양하고도 번잡스런 모습을 드러나기 시작하기 때문이다.

운문이라는, 한결같은 외피를 뒤집어쓰고 있는 이 저마다의 글들은, 공통된 그 불림에도 불구하고, 제 각각이 상이한 가치를 추구하며, 서로 다른 힘을 바탕으로 작동할 수밖에 없는 것이 또한 명백하니, 바로 운문번역의 문제를 따져보고자 한다면, 이 자명한 사실 앞에다 문제 전반을 소환해놓아야만 할 것이다. 따지고 보면, 텍스트의 종류나 심지어 그 수만큼이나 다양하게 변주되는 것이야말로 번역의 방법이다. 번역이 추구해야 하며, 번역에서 헤아려야 하는 것은, 텍스트의 역사성이라고 눈감고 질끈 말해 두어도 좋을, 바로 이 다각도의 지평과 텍스트가 제 고유성을 확보해 나가는, 천차만별일 어떤 경로가 아닐 수 없다.

모든 문학작품이란 모름지기 그것이 선보인 최초의 장소에서 제 작품 됨을 보장받을 권리가 있다는 당연한 사실에 덧붙여야만 하는 것이 한 가지 더 있다면, 번역도 이 권리에 귀를 기울일 필요가 있다는 말 정도가 될 것이다. 오로지 운문으로 적혀 있다는 자명한 사실에 그만 눈이 멀어, 고대 그리스의 서사시를 무조건 운문으로 옮겨와야 한다는, 그러나 이론적으로는 그리 그릇되어 보이지 않을 항간의 주장은, 텍스트와 태생적으로 얽혀있는 역사의 속내와 문학의 변화과정에서 스며들게 된 '감정'을 과감히 털어버리고서 오로지 오늘날의 문화지평에 서서 그것을 주시한 하나의 관점을 반영할 뿐이다.

이 개별적인 관점이 제 옳음만을 고집할 때, 작품의 정수가 영웅의 모험적 서사에 놓여 있다고 여겨, 운문을 이야기의 형식으로 번역하여 작품 고유의 비장미나 플롯의 묘미를 살려내고자 한 번역가의 주관적이고도 창조적인 시도를 그 연유를 채 따져보기도 전에 무조건 그릇된 선택이라고 타매할 위험도 함께 생겨난다. 번역의 가치를 취하하려 드는, 위험천만한 편견들이 활개를 펼 확률도 이와 같은 단호한 사견에서 배가되고 만다. 두 가지 중 하나를 선택하라고 종용해온, 이분법에 근거한 번역 방법론의 아이러니는 번역이 저 찬란한 이데아의 총아가 아니라 그 모양조차 아직 만들어지지 않은, 낯선 진흙의 자식이라는 데서 발생한다. 번역가 최종철은 셰익스피어의 작품 개정판에서 이런 말을 꺼내든 바 있다.

가끔씩 시행의 숫자가 늘어남에 따라 생겼던 느슨한 문장들이 특히 운문 대사에서 압축되었기 때문에 대사의 함축성과 긴장감 또한 전체적으로 높아졌으리라고 기대한다. 그와 더불어 실제 공연 시간 또한 영어로 공연했을 때와 차이가 없으리라고 생각한다. 둘째, 이번 개정판에서는 초판에서 이미 시도했던 운문 대사 한 행의 길이를 최대 18자까지 늘려 잡는 관행을 정착시켰다. 이는 완숙기의 셰익스피어 비극이 보이는 다양한 사고와 감정의 압축을 우리말로 옮길 때 생기는 의미 팽창의 문제를 해결하는 한 가지 방법이었다. 물론 18자 시행이 배우의 호흡에 부담을 줄 수도 있다는 걱정이 없었던 것은 아니다. 셋째, 이번 개정판은 이미 강화되는 과정에 있었던 3 · 4조의 기본 운율을 더욱 강화하였다. 셰익스피어 극작품의 번역을 하면 할수록 원문의 '약강오보격 무운시(iambic pentameter blank vers)'의 음악을 우리밀로 살리는 일이 운문 번역의 요체임을 실감하게 되었다. 따라서 피치 못할 경우나 강조할 필요가 있는 경우를 제외한 모든 운문 대사에서 3 · 4조의 기본 운율을 지키려고 노력하였다.[4]

원문의 형식을 그대로 차용하는 대신, 우리말의 호흡에 맞추어 '다시' 번역을 진행하였으며, 더욱이 공연을 염두에 두었노라고 말해 둠으로써, 번역가는 예서 재-번역의 근거를 확보하고, 외국작품 수용의 가치도 함께 헤아리고자 하였다는 사실도 감추지 않는다. 그럼에도 번역에서 그 호흡의 운용을 실제로 따져 볼 때, 거개의 번역문이 공연의 대본으로 적절한 것인가 하는 의문을 낳지 않는 것도 아니다.

코딜리아 아버님은
저를 낳아 기르시고 사랑해 주셨기에
전 그에 합당한 의무로 보답하고자
복종하고 사랑하며 가장 존경합니다
언니들이 아버님만 사랑한다 말할 거면
남편들은 왜 있지요? 제가 만일 결혼하면
제 서약을 받아들일 그분은 제 사랑과
걱정과 임무의 절반을 가져갈 것입니다.
전 분명코 언니들처럼 아버님만 사랑하는
결혼은 절대로 않겠어요.

운문으로 담아, 원문의 '시적 가치'를 제 나름대로 번역에서 살려내었다고 해서 ―정확히 말해 원문의 오보격시행을 우리 문화에 익숙할 것이라 판단한 "3 · 4조"로 바꾸어 놓으려 시도한―, 번역이 저 말마따나 공연의 효과를 담보하고 나아가 효율적인 연출을 보장해주는 것은

4 역자 서문, 『리어 왕』, 민음사, 2005, 6면.

아닐 것이다. 여백이나 행갈이를 고려해, 소리를 내어 읽어나가다 보면 막연한 짐작을 벗어나 원문이 운문으로 씌어졌다는 사실이 보다 명확해지는 바로 그 만큼, 연극의 대사라면 응당 염두에 두었어야 할 '구술성'(oralité)의 적절한 배분이 도드라지는 것도 아니기 때문이다.

운문을 운문으로 번역하는 데 성공한 이 번역은 역자의 지적처럼 "대사의 함축성과 긴장감"을 고조시킨 것임에는 분명하지만, 그렇다고 한들 공연에서 "언니들이(4) / 아버님만(4) / 사랑한다(4) / 말할 거면(4) // 남편들은(4) / 왜 있지요?(4) / 제가 만일(4) / 결혼하면(4) // 제 서약을(4) / 받아들일(4) / 그분은(3) / 제 사랑과(4) // 걱정과(3) / 임무의(3) / 절반을(3) / 가져갈(3) / 것입니다(4)"라는 식의 호흡을 배우들에게 강요할 수는 없는 난감한 처지와 마주하게 될 것이다. 셰익스피어 자신이 염두에 두었노라고 했던 '말발굽의 리듬'은 대체 어디로 갔을까? 동일한 구절에 대한 김정환의 번역이다.

코델리어 훌륭하신 폐하,
폐하께서는 저를 낳아주시고, 길러 주시고, 사랑해 주셨습니다. 저는
의당 마땅히 돌려드리려는 것입니다, 이런 의무를요,
폐하께 복종하고, 폐하를 사랑하고, 그리고 공경하고 말입니다.
왜 언니들은 남편을 취하는 걸까요, 그들이
아버지를 완벽하게 사랑한다면서? 아마도, 제가 결혼하게 된다면,
제 결혼 선서의 손을 잡을 제 주인이 가져가는 것이겠지요,
제 사랑의 반, 제 보살핌과 의무의 반을.
그럼요. 전 결코 언니들처럼 결혼을 하지는 않을 거예요,
아버지를 완벽하게 사랑하려면.

"가장 시적인 대사를 곧장 가장 무대적인 언어로 절묘하게 제련"[5]했

다는 원문의 평가에 부합하고자 김정환은, 원문이 운문으로 되어 있다는 사실을 간과할 수 없노라 토로하면서도 무대 상연에 필요한 요소들을 제 번역문에 적절히 새겨 넣는 데 성공한다. 여기서 어떤 번역이 잘된 것인지를 묻는 일보다 훨씬 중요한 것은, 운문 번역에 있어서 실상 고정된 원문이란 존재하는가, 원문을 고정된 무엇이라고 여기는 것이 과연 번역에서 타당한 물음인가라고 한 번쯤 의심해보는 일이다. 번역은 결국 언어학에서 그렇게나 자주 말해온 기호나 코드의 명민한 전환을 제 속성으로 삼는 게 아니라, 텍스트의 역사성, 텍스트의 속내를 현란하게 빚어주는 맥락에 결부되어 매 순간 척지고 나타나는 상이한 특징들을 파악해야 하는 포괄적인 활동은 아닐까?

운문을 운문으로 번역해야 한다는 명제를 적극적으로 실천한 또 다른 예로 세세한 설명과 풍부한 정보를 곁들인 각주를 덧붙여 푸시킨의 작품 『예브게니 오네긴』을 우리에게 소개한, 빼어난 번역가, 최선을 꼽을 수 있겠다. 제 후기를 운문으로 적어두었다는 사실에서 미루어 짐작해보더라도, 원문이 운문으로 적혀 있다(되어 있다)는 이 부인할 수 없는 사실은 번역가에게는 제 작업에서 고려해야 할 으뜸 항목이자, 빠뜨릴 수 없는 핵심이다. 그 절박함과 번역과정에서 그 필요성을 얼마나 뼈저리게 절감했으면 이렇게 적어 놓았을까?

> 각설하고, '오네긴'을 번역하며 웬일인지
> 노다지 '각운'이 어찌나 신경이 쓰이던지
> 자나깨나 전전긍긍 아으 으아 신음하다
> 구구절절 우왕좌왕 어머머 어~쩌지 하다
> 다 그만둘까 한 적도 한두 번이 아니었다

---

5 역자해설, 『리어 왕』, 아침이슬, 2008, 188면.

예브게니 오네긴 연은 약강 4보격 14행으로
교대운, 병열운, 고리운, 차례 지켜 4행씩에다
쌍운 2행인데 얼기 설기라도 맞추자니, 억지로
한행 길이를 그야말로 두서너 마디에서
예닐곱 마디까지 들쑥날쑥 하게 해놓고
'교대운', '병열운', '고리운'을 차례 없이 줄 세우고
'쌍운'을 포기해도 무리였으나 시작한 일이어서
으쌰 가자 으쌰 가자 으쌰 으쌰 가자 가자
하며 쓰고 쓰고 하며 가자 가자, 가고 보자[6]

운문으로 된 원문을 운문으로 옮겨오는 과정과 그 고비 고비 젖어든 시름이나 고통을 여지없이 드러내고, 특징과 한계를 함께 고백하고 있는 이 기발한 후기를 앞에 두고서 우리는 과연 무슨 말을 할 수 있을까? 그런데, 어떤 번역가가 있어, 운문이라는 견고한 형식을 완전히 망각한 채, '산문'의 형태로 버젓이 옮겨 놓은 다음, 그것을 밝힌 가상의 역자 후기에서 이렇게 적고 있다면?

『예브게니 오네긴』은 시대의 권태와 암울한 정서, 도시의 스산한 정경과 멜랑콜리, 당시에 유행하던 '댄디'(dandy)에 턱없이 집착하는 젊은이의 총체적인 모습을 서술적으로 접근한, 거의 소설에 가깝다고 말해야 할 작품이며, 세상의 어느 곳에서도 쉬이 안정을 찾지 못하는 주인공의 성격을 환상적으로 그려낸 탓에, 비록 그 얼개는 운문을 따르고 있다 해도, 서사적-산문적인 요소가 방황이라는 테마와 함께 작품 전반에 범람할 정도로 녹아들어, 운문으로 옮기는 대신 서술의 묘와 그 아름다움을 살리는 데 집중했다.

6 역자후기, 『예브게니 오네긴』, 서울대 출판부, 2009, 428면.

운문의 형식을 저버렸다고 해서, '산문' 형식에 따른 이 가상의 번역을 위험천만의 길로 접어들었다며 타박할 수 있겠는가?

알려진 바와 같이, 『예브게니 오네긴』은 '소설적 운문', 혹은 '운문적 소설'이라고 할 만큼, 양면적 특성이 강한, 즉 운문이 자아내는 리듬감뿐만 아니라, 서사의 힘 역시 작품 전반에서 독특한 카리스마를 뿜어내는 작품이다. 그렇다면 번역에서 그토록 신경이 쓰였노라고 토로한 "각운"이나 "약강 4보격 14행", "교대운, 병열운, 고리운"이나 "한행의 길이" 못지않게, 우울과 권태를 기막히게 활용하고 막힘없이 '댄디'의 특성을 서술하여 동시대 젊은이의 총체적인 상(像)과 상(傷), "잉여인간으로 살아가던 당시 지성인들의 자화상"[7]을 담아내고 있는, 이 '소설적 특성'도 운문의 상투적인 특징에 버금가는, 번역에서 주된 관찰 대상이자, 번역가에게는 포기할 수 없는, 낯선 매혹이 울려나올 진원지는 아닐까?

4. 운문과 산문—유령의 껍질과 그 그림자의 관계

> 항상 시인이 될 것, 심지어 산문으로도.
>
> —샤를 보들레르[8]

시간과 공간, 그 역사적 정황에 따라 가변적이며 모호한 형태로 존재할 수밖에 없는 운문이 편협한 길로 내몰리게 되면, 운문은 단숨에

7 위의 책, 4면.
8 Ch. Baudelaire, "Hygiène" in *Œuvres Complètes I*, Gallimard, 1976, p.670.

정형시라는 단 하나의 장르에 안착하고 만다. 운문 번역을 둘러싼 그간의 논의 역시, '운문 = 정형시'라는 등식을 두루 수용한 상태(통념은 이렇게 무섭다)에서 진행되어 왔음을 부인할 수는 없을 것으로 보인다. 이에 관해서라면 그 논지의 핵심조차 우리는 훤히 알고 있다 ;

> 운문은 오로지 운문으로 번역할 수밖에 없으며, 또 그렇게 번역해만 한다.[9]

각운과 율격의 전통이 오늘날까지도 강하게 영향력을 발휘하고 있는 러시아의 시 연구자 입에서 나온 이 말은, 러시아 문화권의 시 인식 전반을 반영하는 지적이기에 "운문에 의해 운문을, 운문을 위해 운문으로 번역하는 것이 아니라, (원문의) 제약을 제약 그 자체로 번역해 내야한다"[10]며, 운문의 저 근본적인 틀을 번역에서 유지하는 것보다, 번역에서 반영해야만 하는 중요한 무언가가 따로 존재할거라 암시하는, 어지간해서 이론과 그것의 실험에 주저하는 법이 없는 프랑스 연구자의 입장과 한데 포개어질 때, 상충되는 지점을 만들어낸다. 전자의 지적처럼 운문이 정형시구의 집합물이라고 하더라도, 그러나 가지런한 정합이나 봉인에서 한 걸음 떨어져 나와 "의미와 소리, 내용과 형태의 결합"[11]을 시의 본원적 성격으로 환원하려는 곳에 이르게 되면, 번역을 바라보는 근본적인 문제들이 하나 둘 씩 터져 나오는 것은 어찌 할 수 없어 보는 것으로 보인다. 그리하여, 다음의 두 가지 지적은 필연적으로 동반되고 만다.

---

9 Efim Etkind, *Un art en crise, essai de poétique de la traduction poétique*, L'Age d'Homme, 1982, 276면.

10 앙리 메쇼닉, 앞의 책, 276면.

11 에핌 에트킨트, 앞의 책, 11면.

만약 우리가 음성과 구성을 간과한다면, 이 시에는 결국 아무 것도 남지 않게 될 것이다. (앞의 책, 12면)

한편의 시의 의미는 단어들에 의한 의미작용에서만큼이나 리듬과 음악적 직물에 의해 주어진다. (위의 책, 48면)

그렇다. 어디선가 숱하게 반복되어왔던 논리, 자주 보아왔던 바로 그 화법, 즉 이분법이다. 형식과 의미의 이분법, 운문과 산문의 이분법, 시와 산문의 이분법, 리듬과 내용의 이분법, 바로 그 이분법의 망령이 운문=정형시=시라는 논리를 통해, 번역을 빌미로 재림한다. 그럼에도 감히 이러한 주장의 대척점에 서지 못하는 것은, 그것이 무엇이건 간에, 무릇 번역이라면, 최후의 보루이자 최상의 이데아가 바로 원문이라고 여겨온 주장 강한 통념들이 여전히, 곳곳에서, 막강한 위력을 떨치고 있기 때문이다.

운문을 산문으로 옮겨오자는 몇 몇의 입장들은 즉각적으로 '운문을 운문으로 번역해야 한다'며 원문을 끼고서 윤리 아닌 윤리를 들이미는 앙칼진 비판의 칼날을 피할 길이 없는 숙명과 마주하게 된다. 프랑스에만 국한하자면, 이러한 입장들 가운데 가장 돋보이는 주장으로는 포스트 르네상스 시대의 산문번역과 운문번역 사이의 촉발되었던 논쟁의 예가 적당해 보인다.

운문으로 된 『일리아드』와 『오디세이아』를 산문 형식을 차용하여 번역해내면서 안 페브르 다시에(Anne Fébre Dacier)가 "산문은 운문이 말하는 모든 것을 정확히 말할 수 있으며, 운문은 산문이 말하는 모든 것을 말할 수 없다"고 주장한 바로 그 예. 운문으로의 번역을 '선취'하고자 했던 라모트 우다르(La Motte Houdar)에게 반기를 들며, 다시에 부인이 그 대척점에 서서 산문 개념에 대한 궁금증을 촉발시키며 새로운

'신구논쟁'에 불을 지폈을 때, 번역의 방법론 전반 주위로 제기된 인식의 전환점과 중요한 쟁점은 산문번역과 운문번역 사이의 단순한 취사선택의 문제보다 산문과 운문의 이분법을 의심하는 발판을 마련했다는 데에 놓여 있었다. 번역을 이분법으로 환원하지 않음으로써, 운문과 산문의 대립을 부정하는 문학, 아니, 대립의 허점을 고발하는 18세기 말의 '시적 산문(prose poétique)'이나 19세기 보들레르와 함께 활성화된 '산문시(poème en prose)'의 탄생은 이러한 번역의 논의에 빚진 바가 자못 크다. 그러니 운문과 산문을 갈라놓자는 저 골 깊은 대립이나 이 둘을 합해 놓은 '산문시'나 '시적 산문' 같은 신조어가 모순어법에 불과하다는 견해는 역사가 만들어낸 착각이나 착시의 효과에 불과하다. 그럼, 왜 착각이며, 운문 번역을 논하는 마당에 이런 논의가 왜 중요한 것일까?

5. 운문의 귀납적 양감

아래 길게 인용해 놓은 구절은 17세기 왕정 하의 프랑스에서 부르주아 계급의 신분 상승 욕구를 조롱 어린 비유와 특유의 '합리적' 사유로 빗댄 몰리에르의 작품 『부르주아 귀족』에 등장하는 대화이다. 청년 주르당과 그의 수많은 가정교사 중 한 명인 철학 선생 간에 주고받은 대화는, 하여 이렇게 교육을 목적으로 전개된다.

주르당 : 부탁이 하나 있소. 그러려면 내 선생께 속내를 털어놓아만 하겠지. 어느 귀하신 부인을 내가 사랑하고 있는데, 쪽지에 뭔가를 적을 수 있

도록 선생이 나를 좀 도와준다면, 그녀의 발치에 그걸 떨어뜨려 놓으려고.

철학 선생 : 물론이고말고요.

주르당 : 이 쪽지가 그녀의 환심을 살 수 있겠지요?

철학 선생 : 틀림없습니다. 그 여인에게 쓰고 싶은 글이 운문입니까?

주르당 : 아니, 아니요. 운문과는 전혀 상관없소.

철학 선생 : 그럼 산문만을 원하십니까?

주르당 : 아니지요. 나는 산문도 운문도 싫소.

철학 선생 : 둘 중에 하나여야만 합니다.

주르당 : 왜 그렇지요?

철학 선생 : 그 이유는, 산문이나 운문으로밖에는 표현할 수 없기 때문입니다.

주르당 : 오로지 산문이나 운문만 있는 것인가?

철학 선생 : 그렇습니다. 산문이 아닌 모든 것이 바로 운문이고, 운문이 아닌 모든 것이 바로 산문이기 때문입니다.

주르당 : 그러면 지금 우리가 하고 있는 말은 대체 무엇이요?

철학 선생 : 산문입니다.

주르당 : 뭐라고요? 내가 "니콜, 실내화를 가져오고, 취침모자도 좀 주게나", 이렇게 말하면 이게 바로 산문이란 말이요?

철학 선생 : 그렇습니다.

주르당 : 이런, 이런. 산문이 그건 건지도 모른 채 사십 년을 넘게 내가 산문으로 말해왔다는 거네. 이 사실을 가르쳐주다니, 나는 그만 깊은 은혜를 입게 되었구먼. 해서, 나는 그녀에게 보낼 쪽지에 이렇게 적고자 하네 : "아름다운 후작부인, 그대의 아름다운 두 눈이 사랑스러워 죽을 지경이라오." 쪽지가 세련되게 작성되고, 또 친절하게 전달되기를 바라는 마음이네.

철학 선생 : 그녀의 두 눈의 불꽃이 나리의 마음을 재로 만들어버린다고 써보시지요. 그리고 나리께서 밤낮으로 그 여인 때문에 고통스러워한다

고, 그게 큰 상처와도 같다고 한 번 적어보시지요.

주르당 : 아니, 아니, 아니. 난 그런 말을 죄다 원하는 게 아니라오. 내가 원하는 건 선생께 방금 말한 "아름다운 후작부인, 그대의 아름다운 두 눈이 사랑스러워 나는 죽을 지경이라오"일 뿐이요.

철학 선생 : 무언가 조금 더 늘어나야만 합니다.

주르당 : 아니라고 했잖소. 내가 쪽지에 적어보려는 건 오로지 이 말 밖에 없소. 거기에다 정확히 유행에 따르고, 좀 다듬어지면 된다오. 이 말을 그렇게 만드는 데는 여러 방식이 있을 테니, 어서 그걸 내게 좀 더 일러보시오.

철학 선생 : 첫째로 나리께서 말씀하신대로 "아름다운 후작부인, 그대의 아름다운 두 눈이 사랑스러워 죽을 지경이라오"라고 쓸 수 있습니다. 아니면, "사랑스러워 죽을 지경이라오, 아름다운 후작부인, 그대의 아름다운 두 눈이"이나 "그대의 아름다운 두 눈이 사랑스러워, 죽을 지경이라오, 아름다운 후작부인" 혹은 "죽을, 그대의 아름다운 두 눈이, 아름다운 후작부인, 사랑스러워 지경이라오", 혹은 "지경이라오, 그대의 아름다운 두 눈이, 죽을, 아름다운 후작부인, 사랑스러워."

주르당 : 그런데, 이 온갖 방식들 가운데, 어느 것이 최고요?

철학 선생 : 금방 말씀 드린 "아름다운 후작부인, 그대의 아름다운 두 눈이 사랑스러워 죽을 지경이라오"이지요.

주르당 : 깊이 연구를 한 것도 전혀 아닌데, 대번에 그걸 내가 만들었구먼.

철학 선생 : 거기에 빠져 있는 것은 아무 것도 없을 겁니다.[12]

작품에서 등장하는 "산문이 아닌 모든 것이 바로 운문이고, 운문이 아닌 모든 것이 바로 산문이다"라는 구절은 그것이 출현한 17세기나

---

12 Molière, *Le Bourgois gentilhomme* (Edition de Jean Serroy), Gallimard, 1998, pp.79~82.

그 이후, 아니 그 이전에도 두루 적용될 만큼의 보편적인 위력을 갖고 있어, 산문과 운문의 대립이 기실 이 양자 간의 구분이나 이분법의 범주에만 국한되는 것이 아니라, 삼단 논법의 오류를 통해 문학 전반에서 확대되고 재생산되는 수순을 밟아 나간다는 사실을 알려준다. 오류는 이렇게 정리될 수 있다.

> 산문은 시가 아니다. 시는 산문이 아니다. 산문은 운문이 아니다. 운문은 산문이 아니다. 시는 운문이다. 운문은 시다.[13]

운문 번역의 문제의 핵심은 바로 여기에 놓여 있다. '운문 = 시', 뒤집어 말하자면, 시는 오로지 운문이어야만 한다는 논리적 오류가 번역에서도 그대로 답습되어 나타난다는 데 논의 전반의 심각성이 자리하는 것이다. 운문 번역론으로 명성을 얻은 에트킨트가 운문을 운문으로(즉, 정형시를 정형시로) 번역해야 한다면서 번역에서 옮겨올 구체적인 요소로 지적해놓았던 "음성과 구성"이나 "리듬과 음악적 직물"은 정형시의 필수 불가결한 구성물로 이해되어 왔던 무엇이며, 물론 이것은 전통에서 물려받은, 문화적으로 고정되어 나름의 위력을 지니고 있는 클리쉐에 다름 아니다. 문제는 이 경우, 번역가의 임무란 원문의 미적 효과를 보장하는 외재적 요소에 불과할 각운과 음절수의 규칙성을 말 그대로 옮겨오는 데 바쳐질 뿐이라는 데서 발생한다. '운문에서 운문으로의 번역'은, 더도 덜도 아닌, 바로 이것을 의미한다. 운문 번역의 정답처럼 군림하는 이러한 주장은 그러나 운문의 함량을 적절히 계량하여 대입한 결과로부터 연유한 커다란 착각, 즉, 아래와 같은 도식을 그대로 답습한 효과일 뿐이다.

---

13 H. Meschonnic, *Critique du rythme, Anthropologie historique du langage*, Verdier, 1983, p.401.

이 a, b, c를 나는 언어의 유별난 속사들, 불필요하지만 장식적인, 정형시구, 각운, 혹은 관례적 이미지 같은 것이라고 말해 두겠다.

시 = 산문 + a + b + c
산문 = 시 − a − b − c[14]

이 기이한 방정식은 앞의 몰리에르의 구절을 패러디로 감아내며, 운문과 시가 무분별하게 동일시되어 온 시의 이해 과정과 전통적 기조 전반을 조롱하기 위해 바르트가 제기해본 장난에 불과할지도 모른다. 그러나 여기서 우리는 그 이면에 감추어진 끔찍하고도 단순화된 시의 역사, 시에 대한 혼란스런 인식과 그것의 걷잡을 수 없는 파장을 목도하게 된다. 죽을 운명에 처한 소크라테스가 저와 같은 운명에 처했다는 이유로, 개가 되고 마는 지경을 이 도식은 잘 보여주고 있기 때문이다. 운문의 한 갈래지만, 정형률에서 극단적으로 빗겨선 '자유시'에서조차, 그러나 율격의 망령은 배후를 떠돌아다니기 일쑤였으며, 근대 수학의 아버지를 탄생시킨 국가답게, 숫자에 대한 프랑스의 집착은 규칙과 또렷한 분절음, 정형률과 수사법에 대한 강박관념으로 되살아나, 시 전반에 대한 이해를 단순한 도식으로 대치하며 천연히 그 전통을 이어왔기(이어왔다고 생각했기) 때문이다. 운문 번역의 제반 문제들도 바로 이러한 전통과 단단히 얽혀 있어, 운문에서 시의 특성을 헤아리고자 하는 귀납의 양감을 체감하지 못하는 곳에 정박하고 만다.

---

14 R. Barthes, *Le degré zéro de l'écriture*, Seuil, 1953, p.35.

6. "그것에 忠實하면 美를 잃고 아름다우면 忠實하지 않은 것"

번역론이 처음으로 몸을 내밀었다고 해도 좋을 1920 · 30년대 해외문학파 전후로 전개된 우리의 사정도 별반 다름없는 논리로 뒤발되어 있다고 말해야 할지도 모른다. 그것이 운문이라도 된다면, 원문을 두고 붉어져 나오는 번역 방법이란, 실상 앞서 살펴본 서양의 그것과 별반 다르지 않기 때문이다. 명민한 번역가나 시인들조차 운문과 마주하면, 귀납으로 그 성취의 가능성을 타진해볼 불확실한 감각 대신, 명료한 연역의 가르침을 택해왔다.

그 예는 적지 않다. "呼吸과 잘 調和된"[15] 번역을 주장했던, 번역의 창조적 특성에 심혈을 기울인 탓에 '의역'의 화신처럼, 그리하여 저평가되기도 하였던 김억조차, 운문 번역에 관해서는 그 동안 고수해온 입장과는 사뭇 다르다 할 방식, 즉, 정형률을 떠다 나르는 일에 무게를 실어준다. 그의 상징주의 시 번역(특히 베를렌 번역)과 한시 번역이 그렇다. 김억의 베를렌 번역에서 가장 큰 특징 가운데 하나는, 원문을 비틀고 변형시키는 희생을 감수하면서라도 형식의 기조를 옮기는데 초점을 맞추는 것이었다.

> Car elle me comprend, et mon coeur, transparent (12)
> Pour elle seule, hélas! cesse d'être un problème (12)
> Pour elle seule, et les moteurs de mon front blème, (12)
> Elle seule les sait rafraîchir, en pleurant (12)

—「Mon rêve familier」 일부

---

15 김안서, 「詩形의 音律과 呼吸」, 『태서문예신보』 제14호, 1919.1.13.

살틀한사람이러라, 내가슴을알아주어라, (17)
이리하야 맘은언제든지 써날줄을 몰아라. (17)
눈물을가지고, 나의 빗쌀업는니마의쌈을 (17)
씻처주는듯 내맘을싀원히慰勞헤주어라. (17)

—「늘 쉬는 숨」 일부[16]

김억의 한시 번역도 거개는 정형율의 틀에 맞추기 위해 오히려 창조적인 번역, 즉 정해진 틀 안에 넣기 위한 조작을 바탕으로 진행되었다. 오언이건 칠언이건 개의치 않고 7 / 5조(혹은 3 / 4 / 5조나 4 / 3 / 5조라 볼 수도 있지만, 별로 중요하지 않다)의 일관성을 유지한 번역은 바로 이렇게 탄생한다. 정지상의 「대동강」(왼편)과 김억의 번역(오른편)이다.

雨歇長堤草色多	날이 드니 언덕엔 새파란 불빛.
送君南浦動悲歌	그대는 떠나는가, 이맘 설으이.
大同江水何時盡	大同江야 말을날 어이 잇으리
別淚年年添綠波	해마다 예는눈물 물에 지거니.

사정이 이렇다고 한다면 김안서의 번역은 항간에서 입 모아 말해온 것처럼, '의역'이나 '창조역"에만 그 특징이 국한되는 것은 아닐 것이다. 오히려 운문을 운문으로 옮겨와야 할 필요성을 절감하여 김억은 운문이라는 틀을 유지한 상태에서, 아니 오로지 그 틀을 유지하기 위해만 창조적인 변형과 첨삭을 번역에서 감행했다고 보아야 할 것이다.

문화 번역의 가치에 주목하여 우리 번역문화 전반의 쇄신에 앞장섰던 김진섭 역시, 시를 번역하는 작업이란 "그것에 忠實하면 美를 잃고

16 김안서, 『廢墟 2』(1921.1.20), 박강수 편, 『岸曙金億全集 2-1 西歐詩譯集』, 한국문화사, 1987, 85면.

아름다우면 忠實하지 않은 것"[17]이라 지적하며, 원문의 저 틀을 염두에 두지 않을 수 없다고 촉구하며 '불충실한 미녀 번역'의 그 폐해에 대해 경종을 울렸는가 하면, 해외문학파의 일원으로 '역시론'(譯詩論)을 『조선중앙일보』에 분재했던 영문학자 정인섭은 시조의 영어 번역에서 고려할 사항을 다음과 같이 적어 놓기도 하였다.

> ① 시조는 정형시로 번역한다.
>
> ② 행수는 3행과 6행을 위주로 하되 6행을 연결하여 6행 1연으로 한다.
>
> ③ 각시조의 주요 각을 중요시한다. 시조 한 자를 반드시 영어 일음절로 계산할 필요는 없을지라도 조화된 각의 수를 보존하여야 한다.
>
> ④ 운은 정확하여야 한다.
>
> ⑤ 될 수 있는 대로 시조의 스타일에도 충실해야 한다.
>
> ⑥ 기타 영시의 관습성과 운율적 효과를 위해 필요한 요소는 될 수 있는 대로 이용한다.[18]

운문과 산문의 완벽한 대립, 이 대립의 각을 마주보며 양편으로 가지런히 갈라지는, 모세의 저 찬란한 두 갈래 길이 이렇게 번역에서 열린다. 번역이 원문을 규명하고자 모색된 방식은 동서양을 막론하고 이렇듯 단일한 두 곳을 바라보며 각자의 유토피아를 꿈꾼다. 한쪽이 프로크루스테스의 침대 위에다 고스란히 시를 올려놓고서, 난점을 호소해가며 운문에 최대한 다가서려는 시도로부터 빚어진 어정쩡한 결과물을 손에 쥔 채, 기꺼이 원칙을 지켜내었다고 목을 돋우며, 성공에 근접했다는 안도감을 담보로 번역가의 임무를 덜어내려 한다면, 운문 번역의 태생적 난점을 턱없이 강조하며 '시는 번역할 수 없다'는 단호한

17 김진섭, 「怪異한 현상－양주동 氏에게」, 『동아일보』, 1927.3.23～3.26.
18 정인섭, 「時調英譯論」(1)-(10)」, 『조선중앙일보』, 1933.10.1～10.12.

논리로 제 임무를 가뿐히 건너뛴 후, 중언부언 제약 없이 원문을 풀어 헤쳐 놓고서는 겸연쩍어하는 번역가가 그 대척점을 지그시 누른다.

정형시의 번역은 이 둘 중 오로지 한쪽에만 귀속되어, 서둘러 대가를 지불하고서는, 그래도 번역되었다는, 제법 추레해진 명예를 얻는 것이다. 기적에 가까운 성공을 확신하거나, 안타깝게 놓쳐버린 실패의 벼랑 끝에 서버린 번역이 운문을 그 빌미로 삼아, 이렇게 우리 앞에 매일 당도한다. 그리하여 시 없는 시 번역이, 번역 없는 번역주의를 경침삼아, 헛도는 회전문처럼 운문과 산문의 대립을 끊임없이 재생산해내고 만다. 이 때, 그러나 문제는 고스란히 독자에게 남겨진다. 작품이 생산된 맥락과 역사를 모두 제거해 버린 채, 원문은 망령이 되어 우리 곁을 떠돌아다니기 시작하는 것이다.

7. 운문이 감추고 있는 것, 시가 감추고 있는 것, 번역이 감추고 있는 것

산문과의 완벽한 대립의 틀 속에서 운문을 이해할 경우, 운문의 '외적 요소들'(정형율, 각운, 특수한 이미지와 어휘 등)은 결국 운문의 핵심이자 운문을 시이게 해주는, 움직일 수 없는 증거, 변할 수 없는 고정점이자 운문의 성립조건이 될 수밖에 없다. 그렇다면 번역은 이 부동의 요소만을 충실히 옮길 때, 소임을 다했노라 확신할 수 있을까? 이 경우, 운문을 운문으로 번역한다는 것은 '근사치의 운문'을 번역에서 고안해내는 것에 다름 아니다. 그러나 이 '근사치의 운문'이 시 번역의 성공을 보장해주는 것도, 더구나 시를 의미하는 것도 아니다. 그럼 원문은? 원문은 대체 시인가? 원문이 기실 도식에 가까운, 그저 단순한 '운문'에

불과하다면? 아니, 원문은 대체 무엇인가? 운문임을 표상하는 원문도 이렇게 제 자신을 감싸고 있는 형식적 특성을 제외하고는, 제 자신이 시인지 아닌지를 알 길이 막연하다고 한다면 어쩔 텐가?

운문으로 된 원문을 운문이게 해주는 요소들은, 밥상 위에 잘 차려진 갖가지 접시나 그릇과도 닮아 있어, 머리를 쥐어짜며 헤아려 보아도 기실 그 가짓수는 몇을 넘기기 어렵다. 각운, 음절의 규칙성, 상투적인 이미지, 수사법, 형식적 균형, 조화를 목적으로 한 음성의 세심한 배치 등 제 아무리 해박한 연구자라 해도, 여기에 한 둘, 혹은 서 넷을 보탤 수 있을 뿐, 그것도 대부분 세상에 두루 알려져 있는, 상투적이라 할 몇몇 특성들을 제외하면 찾아낼 것이 궁할 것이다. 그러나 그릇이나 접시가 담고 있는 내용물은 이런 도구들 안에 담겨 밥상에 오르기 훨씬 이전에, 이미 존재하고 있던, 보편적인 무엇이었다.

그러니까 애당초 물음은 이런 것이어야만 했다. 과연 이 파악 가능한 특성들을 잘 조합해 놓는다고 시가 만들어지는 것인가? 이렇게 뒤집어 놓고서 따져나가다 보면, 운문 번역에 드리워진 논리적 결함과 터무니없음은 한결 명확해진다. 규칙적인 음절의 배분과 박자만을 잘 다독거린다고 해서 한 편의 시가 우리 곁에 보란 듯 당도한다면, 시는 지하철 스크린 도어 위에뿐만 아니라, 세상의 도처에서 난무할 것이다. 유배지를 향하는 송강을 구해내고자 길목을 감시다가 지나가는 행인을 발견하고 송강을 인솔하는 무리인 줄 모른 채 내뱉은 고우영의 『수호지』에 등장하는 옆 그림의 대사도 시가 되기에 부족함이 없을 것이라는 주장도 가능해진다. 그러나 시는 가지런한 구조를 훑어 단숨에 파악될, 그와 같은 이해의 통로에서 나 알아달라고 저 보란 듯 가지런한 품으로 서있는 법이 없다. 아니, 시가 단일한 이해의 지평, 이렇게 고정된 형식의 틀 속으로 고스란히 수합되고 말 성질의 것이라면, 그것은 시도할 가치도, 그 필요조차 없는 것이다. 그러나 그렇다고 해도, 시가 이렇게 해석의 다양함, 거의 무한에 가까운 해석의 지평을 열어 제친다고 해서, 시의 해석 불가능성에 손을 들어준 후, 시의 '불가지론'을 향하여 무책임한 표정으로 사뿐히 걸음을 뗄 수도 없다는 데 바로 번역의 중한 역할이 놓여 있다. 몰리에르의 작품으로 다시 돌아와 보자.

제 연애편지의 글귀를 물어 온 부르주아 청년 주르당에게 열 두 음절 알렉상드랭 시구 하나를 요리조리 바꾸어가며, 야릇게 펼쳐 놓은 철학 선생의 예문을 여기 적어 놓는다.

"Belle Marquise, vos beaux yeux me font mourir d'amour"

이 시구는 ① 'Belle marquise'(세 음절) = '아름다운 후작부인', ② 'vos beaux yeux'(세 음절) = '그대의 아름다운 두 눈' ③ 'me font mourir'(네 음절) = '나를 죽을 지경으로 만들다' ④ 'd'amour'(두 음절) = '사랑으로', 이렇게 크게 보아 네 개의 통사구와 구조상으로 ①과 ②가 반구(hémistiche, 半句)를 하나, ③과 ④가 나머지 반구를 이루고, 그 사이에 휴지를 둔 이 두 개의 반구가 결합되어 전통 알렉상드랭 시구의 온전한 형식을 갖추게 된다. 이 네 개의 통사 그룹 각각이 독립된 하나의 의미 단위를 형성하는 것은 물론이다. 그런데 철학 선생은 이 네 구절의 순서를 바꾸거나, 더러 통사 그룹을 형성하는 낱말과 낱말 사이에 구절 하나를 생뚱맞게 끼워 넣어 적당히 비틀어 알렉상드랭의 열두 음절을 맞추어 놓고,

예측이 가능한 경우의 수를 조합해 '가짜 시구'를 몇 개를 만들어 놓은 다음, 운문의 구성과 그 원리를 주르당에게 알려주고자 노력한다.

시구 0 : Belle Marquise, vos beaux yeux me font mourir d'amour.
시구 1 : D'amour mourir me font, belle Marquise, vos beaux yeux.
시구 2 : Vos beaux yeux d'amour me font, belle Marquise, mourir.
시구 3 : Mourir vos beaux yeux, belle Marquise, d'amour me font.
시구 4 : Me font vos beaux yeux mourir, belle Marquise, d'amour.

이 네 개의 시구는 얼마나 가지런하고 또 반듯한가! 철학 선생이 뒤틀어다 조합하여 갖다 붙여놓은, 기실 프랑스어로 읽어내기에도 크게 부족해 보이는 이 1~4 가짜 시구의 순서와 구조를 말마따나 '그대로' 따라가, 우리말을 운문의 그 형식에 치중하여 억지를 부려 옮겨 보면 이런 참담한 결과를 낳는다.

시구 0 : 아름다운 후작부인, 그대의 아름다운 두 눈이 사랑스러워 죽을 지경이라오.
시구 1 : 사랑스러워 죽을 지경이라오, 아름다운 후작부인, 그대의 아름다운 두 눈이.
시구 2 : 그대의 아름다운 두 눈이 사랑스러워, 아름다운 후작부인, 죽을 지경이라오.
시구 3 : 죽을 그대의 아름다운 두 눈이, 아름다운 후작부인, 사랑스러워 지경이라오.
시구 4 : 지경이라오 그대의 아름다운 두 눈이 죽을, 아름다운 후작부인, 사랑스러워.

원문만큼의 가지런하고 반듯한 번역이, 운문을 운문으로 담아내며 바로 이렇게 탄생한다. 번역된 원문의 아바타 시구 1~4는 그 자구(字句)만을 따져보아도 제 아비의 형상을 훌륭히 본받고 있으니, 이 얼마나 훌륭한 번역이 아닐 것인가! 위의 '의사 시구' 네 개는 율격에 충실한 번역인 것이 한편으로 사실이지만, 어떻게 보자면, 번역기를 돌린 결과와 유사한 면을 지닌다.

무언가 빼먹은, 차마 번역이라고 말할 수 없는 번역이 '운문을 운문으로 옮겨야한다'는 이상적 제안과 그것의 강박적인 추종을 통해 이렇게 세상에 선을 보인다. 운문을 운문으로 번역한다는 것은 바로 이와 같은 '의사시구'를 번역에서 만들어내겠다는 의지를 반영한다. 여기서 무언가 빼먹은 부분을 복원해 내는 일이 고스란히 번역가의 몫으로 남겨지는 셈인데, 문제는 규칙적인 음절처럼, 운문 속에 존재하는 형식적 특성을 고집하는 대신, 이것을 제외한 그 '나머지'를 파악하는 일, 그리고 그것의 해석 가능성을 모색하는 데에서 번역의 성패가 좌우된다는 데 놓여있다. 운문을 운문으로 번역한 위의 예문을 다시 번역해보자.

시구 1 : 사랑스러워 죽을 지경이라오, 아름다운 후작부인, 그대의 아름다운 두 눈이.

시구 2 : 그대의 아름다운 두 눈이 사랑스러워, 죽을 지경이라오, 아름다운 후작부인.

시구 3 : 죽을 것 같소, 그대의 아름다운 눈동자 때문에, 오, 아름다운 후작부인이여, 그대 두 눈이 어찌나 사랑스러운지.

시구 4 : 미칠 지경이라오, 그대 아름다운 두 눈 때문에, 아름다운 후작부인, 그대의 눈동자가 사랑스럽소.

번역된 시구 3과 4는 지저분한 겉모습과 들쭉날쭉 늘어나버린 길이로 인해, 짜깁기를 해놓은 것 같은 인상을 줄 것이다. 그러나 바로 이 결함처럼 보이는 무엇이 '운문으로' 깔끔하게 번역된 저본에 스며들어, 원문을 폭로하는 기능을 수행할 참호를 파놓는다. 이 짜깁기와도 같아 보일 덧칠에는 시구 3과 4를 진정한 시구로 돌려놓으려 노력한 번역가의 손놀림이 스며들어 있기 때문이다. 바로 이 손놀림이 번역시의 결함을 야기하는 원인이자, 번역시의 운명인 동시에, 뛰어난 경우라면, 낯선 매력의 발산지이기도 한 것이다.

8. 번역시의 권력과 '운문의 산문성'

시보다 더 우월한 것이 번역된 시이다.

—황현산[19]

'형식을 중시한다', '대본으로 읽힐 것이다', '내용을 옮겨 오겠다', '운율에 무게를 두었다'등등, 그 숱한 전략이 또 무엇이건 간에, 문학작품

19 황현산, 「완전소중 시코쿠—번역의 관점에서 본 황병승의 시」, 앞의 책, 362면.

을 작품으로 의식하는 번역은 시(운문)를 둘러쳐 화려하게 빛내주는 액세서리들보다 기실 '작품성'을 옮겨오는 일에 열중한다. 번역가의 어깨 위에는, 최대한의 닮음을 이상적으로 바라보는, 운문의 운문으로의 번역이 아니라, 형식적 요소들이 차마 담지해내지 못한 무엇, 황현산이 "모국어 속의 외국어 성"[20]이라고 말해 둔 바 있는 무언가를 제 번역에서 길러내어야 하는 의무, 그것을 통해 원문이 감추고 있는 저 보편언어의 시원에 가닿고자 하는, 시쳇말로 '문학성'이라고 부르는 무엇을 발견해 내야하는 임무가 내려앉는다. 이 때 번역은, 앙리 메쇼닉이 지적한 것처럼, 원문에서 "일방적으로 취해오는 것이 아니라, (원문에) 무언가를 주는 것"[21]일수도 있다. 바로 번역의 이 '주는 행위'로부터 원문과 번역 사이의 친화력을 헤아리는 작업이 착수된다.

따라서, 이상하게 들릴지 몰라도, 운문의 성립조건인 이 형식적인 요건들을 덜어낸 후 운문 속에 남아있을 것이라 추정되는 또 다른 무엇에 오히려 번역의 성패가 달려있다고 말해야만 한다. 한 편의 운문에서, 우리가 알고 있는 상투적인 요소들이 아니라, 철학 선생의 말을 다시 빌자면, "운문이 아닌 모든 것", 즉 '산문'에서 되레 무언가를 찾아내어야 하는 것이다. '운문의 산문성'(prosâîté des vers)이라고밖에 달리 칭해놓을 도리가 없는 이 무언가를 번역에서 포착하는 작업이야말로 운문(원문)의 시적 가치를 보장해줄 유일한 가능성이기 때문이다. 시와 번역시 사이의 친화력은 이렇게 시와 번역시가 공히 기원하고, 가닿고자 하는 바로 이 '운문의 산문성'을 헤아리는 작업에 다름이 아닐지도 모른다.

운문의 "운문이 아닌 모든 것"안에 존재하는 이 '운문의 산문성'은 당장에야 낯설고 어색하겠지만, 그럼에도 번역에서 고안되어야 할 무엇,

---

20 황현산, 「번역과 시－외국시의 모국어 체험」, 『불어불문학연구』 제82호, 2010.6, 312면.

21 H. Meschonnic, *Pour la poétique II, Epistémologie de l'écriture, Poétique de la traduction*, Gallimard, 1973, p.421.

그리하여 역설적으로, 원문, 아니 원문 안에 갇혀있는, 따라서, 우리가 아직 알지 못하는 세계의 빗장을 풀어낼 열쇠에 가깝다. 번역시의 이기이하고도 낯선 것의 힘에 대해 타당성을 부여한 글에서 황현산은 이렇게 말한 바 있다.

> 번역시에서는 이 어색함도 권력이 될 수 있다. 번역이 강제하는 이 통사구조와 언어적 편차가 원문에서라면 모국어적 직관 내지 성찰의 부재로 가볍게 넘겼을 의미 내용을 주목해서 따지게도 하고, 단어가 불러오는 감각을 강화시키기도 한다. 중요한 것은 번역을 핑계삼아서만 이런 음조, 이런 정서, 이런 통사구조를 지닌 시가 한국어로 창안될 수 있고, 한국 시어의 역사에 끼어들 수 있다는 점이다.[22]

운문을 한편의 시로 승격시킬 가능성이 바로 여기에 놓여있다고 말하는 것은 번역시의 어색함, 이어붙인 것과 같은 번역시의 자국들, 번역시가 태생적으로 품고 있는 불안정성과 미완성의 흔적들이야말로 운문이 시라는 유토피아에 도달하기 위해 쏘아 올린, 그러나 그 모양새를 좀처럼 드러내지는 않은 포물선의 항적인 것이다. 성당(盛唐)시대의 시인 맹호연의 작품 「춘효(春曉)」를 앙리 메쇼닉은 프랑스어로 이렇게 번역해 놓은 바 있다.

春眠不覺曉	printemps	qui dort	ne sent	soleil	qui monte
處處聞啼鳥	partout	partout	des cris	d'oiseau	s'entendent
夜來風雨聲	la nuit	qui vient	le vent	la pluie	leur voix
花落知多少	des fleurs	qui tombent	qui sait	combien	combien[23]

22 황현산, 「완전소중 시코쿠—번역의 관점에서 본 황병승의 시」, 앞의 책, 359면.
23 H. Meschonnic, *Poétique du traduire*, Verdier, 1999, pp.179~183.

프랑스어를 모국어로 사용하는 독자들에게는 정령 낯선 시가 되겠지만, 여기서 우리는 번역가가 원문의 작품성을 어떻게 이해하고서 제 번역에 임했는지를 가늠해볼, 두 가지 중심축을 발견하게 된다. 단음절에 해당하는 한자를 근사치의 두 음절(묵음 e의 발음 여하에 따라 세 음절이 되기도 하지만, 두 음절로 읽힌다)로 담아내었다는 첫 번째 그것보다 오히려 무게는 여백과 더불어 번역문이 프랑스어 문법과 구문에서는 통용된 법이 없는 낯선 구조를 선보여, 프랑스어라는 모국어의 거울에 비추어 어색함을 뿜어내고 있음에도, 무언가를 사유하게 만든다는 데 놓여 있다. 다시 말해, 오언절구를 구성하는 한자와 한자 사이에 부재하는 접속어의 존재를 가정하고 또 그것을 주관적으로 표현해낸 '여백'은 한자와 한자 사이사이에 머금고 있는 '암시적인 가치'(프랑스와 줄리앙이 강조한 한시의 특성이기도 한)를 원문에서 읽어내게 끔 우리를 유도하는 것이다.

여기서 뿜어 나오는 낯설음은 독자에게는 당장 생경하겠지만, 원문의 시로서의 가능성을 차츰 좁혀 나가는데 있어서 그리 주저하지도 않는다. "번역시의 리듬 전체에 깨어졌다 수선된 도자기의 그것과도 같은"[24] 무엇, 모국어(프랑스어)의 잠재적 역량을 끌어내고자 전체로 촉을 켜며 육박해오는 이것은 결국 감추어진 상태로 원문 안에 웅크리고 있는 무언가를 흔들어 일깨운다. "운문이 아닌 무엇", 즉 '산문성'을 번역에서 체현해내는 작업이 곧 바로 운문이 감추고 있는 무언가를 각성시키고 폭로할 기폭제가 되고 마는 것이다. 친화력이란 이 낯선 것(원문이나 역문 모두에게)을 매개로 원문을 헤집고 침투해 들어가는 행위이며, 그리하여 얻게 되는 것은, 근사치로 주어지는 시의 특수성이다. 바로 이 근사치의 특수성에서 운문은 말할 것도 없고 번역시조차, 시로서의

---

24 황현산, 앞의 글, 359면.

제 가능성을 모색해 낸다는 데 (운문)번역의 독창성이 놓여 있다고 말해야 할 것이다.

이렇게 원문과 번역문 사이의 친화력은 두 텍스트의 낱말이나 형식적 특징의 유사성을 살피는 작업에 바탕을 두는 것이 아니라, 원문과 번역문 각각에 놓여 있는, 오히려 그것이 문학작품이라면, 아니 '시'라면, 간직하고 있을, 특수성, 즉 텍스트를 주관적으로 만들어주는 부분을 적극적으로 찾아내고, 원문에 되돌려주는 이상적이고 보편적인 힘임에 분명하다. 그럼에도 원문과 번역문 각각이 서로 다른 길을 걷고자 할 때는 결코 도달할 수 없는, 오로지 원문과 번역문이 서로가 서로를 보완해보려는 저 시도, 운문에 국한해서 말하자면, 오로지 '운문의 산문성'을 헤아려 양쪽 모두로부터 도달할 수 있는 무엇일 뿐이다. 운문의 아우라가 깨진 바로 그곳에서, 번역시는 이렇게 제 아우라를 창출해내는 것이다. 기존의 우리말 번역이다.

봄잠에 취해서 날 밝는 줄 몰랐더니
여기저기 들리는 새 우는 소리
밤새 비바람 소리 거세더니
꽃은 또 얼마나 떨어졌을까.

앙리 메쇼닉의 프랑스어 번역을 우리말로 다시 옮겨본다.

잠든　　봄날　　차오르는　　저 해를　　느끼지 못하네
도처에서　　도처에서　　새들의　　울음소리　　들려오고
도래하는　　밤　　바람　　비　　그 목소리들
떨어지는　　꽃잎은　　얼마인지　　얼마인지　　누가 알리요

어떤 번역이 자연스러움을 빙자하여 유려한 한국어를 조장하는가? 이 두 가지 번역 중, 우리말이라는, 편안한 한편 우리에게 길들여진 습관과도 같은 모국어의 거울에 비추어, 낯선 번역은 어떤 것인가? 과연 어떤 번역이 독자에게서 기이한 감정을 자아내며, 그것을 바라보는 우리에게도 제가 파악한 원문의 특성을 함께 봐달라고 독촉하는가?

9. 원문의 순수언어로 향하는 "모국어의 잠재력을 현실화"하는 번역

감탄하거나, 반대로 그 질을 흠잡는다 해도, 한 잔의 와인을 마실 때 우리는 좀처럼 포도를 그리워하지 않는다. 운문의 번역도 마찬가지다. 원문에 의존해 있으면서 동시에 원문과 독립적인 시도를 꿈꾸는 바로 그 순간, 기이하게도 번역은 제 고유한 성취를 향해 나아가며, 제 존재 이유에 발견하게 된다. 번역이 원문에게 무언가를 줄 수 있다는 제한된 의미에서 사용된 '독립적'이라는 이 말은, 번역이 매우 독창적인 활동이자 창조적 행위라는 의미도 담고 있다. 번역이 "자신이 탄생한 시점에서 '미리 결정된' 번역자들을 발견하지는 않을 것"[25]이라는 벤야민의 지적은 전통적으로 운문을 결정해온 인자나 요소들이 번역가의 당면 과제로 부각될 수 없다는 사실을 알려주기에 유효한 지적으로 받아들일만하다. 왜냐하면 운문을 규정해온 외형적 요소들이란, 결국, "미리 결정된" 것일 뿐이기 때문이다.

원문이나 번역이 도달해야 할 것처럼 벤야민이 말한 "순수의 언어"

25 W. Benjamin, "La tâche de traducteur" in *Œuvres I* (traduit de l'allemand par Maurice de Gandillac, Rainer Rochlitz et Pierre Rusch), Gallimard, 2000, p.263.

는 원문이 머금고 있는 잠재적 무엇일 뿐이며, 한편, 원문의 저 "행간마다 머금고 있는 잠재적인 무엇"[26]을 번역할 가능성은 따라서 운문이 대놓고 자랑하는 훤칠한 형상이나 껍질이 아니라, 오히려 그것이 속내에 감추어 두고 있는 무언가를 번역을 통해 재현해내는 고통스런 작업에 달려있다고 해야겠다. 이렇게 보자면 원문은 필연적으로 번역의 도움을 받을 수밖에 없다. 그러니까, 원인을 제공한 것이 원문일지라도, 메쇼닉이 말한 것처럼 무언가를 "주는 것", 원인을 제공한 당사자의 잠재력을 일깨워주는 것은 오히려 번역일 수도 있는 것이다. 그러나 이 잠재력을 일깨우는 일이 쉽게 성취될 성질은 아닌 듯하다. 왜냐하면 번역이 원문에게 도움을 주기 위해서는 조건이 따르기 때문이다. 다시 황현산의 지적이다.

> 시는 그 언어의 가공에도 불구하고 모국어가 베푸는 친밀감의 덫에 걸려 여전히 자연어와의 교착상태에 빠져 있다. 시를 이 덫에서 풀어내는 것이 다른 언어로의 번역일 터인데, 이때 번역자는 또 하나의 모국어로 함정을 파는 자유번역이 아닌, 자기 언어에 내장된 낯선 잠재력을 현실화시킬 때만 가능한 투명하고 충실한 번역에 의해 그 과제를 수행할 수 있다. 번역의 창조적 재능이란 외국어의 낯설음을 자기 안의 낯설음으로 끌어안을 수 있는 용기와 다른 것이 아니다.[27]

번역을 통해 밝혀지고, 반드시 번역에서만 나타나며, 번역될 때 비로소 제 모습을 드러내는 무언가를 우리가 상정하기 위해서는, 위의 지적처럼, 무엇보다도 먼저, 번역이 "또 하나의 모국어로 함정을 파는 자유번역이 아닌, 자기 언어에 내장된 낯선 잠재력을 현실화"시킬 줄

26 위의 책, 246면.
27 황현산, 앞의 글, 362~363면.

알아야한다. 물론 이럴 때 번역은 운문의 겉을 핥으면서 한없이 미끄러지는 대신 운문의 내부에 침투한다. 바로 이 순간, 원문을 능가할 번역이라는 가능성이 바로 원문과 번역시 사이의 친화력을 따져 묻게 해준다. 그러니까, 이해의 난해함을 호소하는 괴물과도 같다고 해야 할 시, 그런 시를 번역하기 위해서는, 번역가도 결국에는 괴물이 되는 수밖에 없는 것이다. 괴물의 형상 뒤에 숨어 있는 얼굴을 드러내는 일은 원문에게나 번역문에게나 동일한 과제로 남겨지기 때문이다. 번역해야 할 것은 바로 시, 시였던 것이지, 그 어떤 시기에도 운문은 아니었던 것이다.

번역시의 운명*

고은의 『만인보』 영문번역본에 대한 고찰

한지희

1. 들어가는 말

현재 한국문학이 세계문학계에서 차지하는 위치는 대다수의 학자들이 쉽게 예상할 수 있듯이 한국의 경제력에 비해 상당히 낮은 편이다. 그리고 이러한 현상을 분석할 때 가장 먼저 언급되는 이유는 번역의 어려움이다. 가령, 한국고유의 문화정서를 담고 있는 문학작품을 번역하는 경우, 대부분의 번역가들은 토속어의 번역이라든가 한국시의 고유한 운율체계, 고유한 형식미를 살려내기가 쉽지 않다고 지적하며 번역의 어려움을 토로한다.[1] 또 어떤 번역비평가는 "세계문학을 말하건 우리문학을 운위하건, 돌보아야 하는 것은 결국 번역이며, 번역이외에는 그 교류의 가능성을 타진할 수 없게 되어 버린다"고 주장하

* 이 논문은 2008년도 정부(교육과학기술부) 재원으로 한국연구재단의 지원을 받아 수행된 연구(2008A00650)이다. 또한 이 논문은 2011년 6월 『비교문학』 54집에 실린 논문을 일부 수정, 보완한 것임을 밝힌다.

1 심재기, 『한국속의 세계문학』, 연세대 출판부, 2007 참고.

고 현재 한국문학을 세계에 소개하는 데 있어서 "중요한 것은 (번역에 대한) 진단보다, 밀고 나가야 하는 임무"라고 역설을 하기도 한다.[2] 논자 역시 번역작업에 참여하고 있는 당사자로서 번역가가 당면하는 실제 어려움뿐만 아니라 번역비평가가 강조하는 '번역' 즉, "출판 시스템과 책의 선정 과정, 번역가의 양성을 모두 포괄한 공정"으로서 번역의 중요성을 잘 알고 있다.[3]

하지만, 한국문학을 세계문학으로서 소개하는 작업과 관련해서 번역의 문제를 논의하자면, 논자는 번역자체에 대해 고민하는 것 못지않게 현재의 번역공정에 대한 진단, 즉, 어떤 작가 혹은 어떤 작품을 선택하여 어떻게 소개할 것인가에 대한 그간의 논의를 재고할 필요성이 있다고 생각한다. 지금까지 한국문학작품의 번역수준 향상을 위해서 많은 노력이 기울여졌고 점차 그 성과가 드러나고 있지만, 한국문학을 세계문학으로 소개하는 작업에 근간이 될 비평적 시각과 담론 생성의 문제에는 비교적 조명이 덜 비춰졌고 상대적으로 소홀히 다루어졌기 때문이다. 가령 1980년부터 한국시와 소설을 번역하여 세계에 소개하는 작업을 해 온 안선재의 인터뷰는 그간의 번역공정에 어떤 맹점이 있었는지를 시사해준다. 그는 한국문학을 세계에 소개하는데 있어서 번역이 장애가 되지 않았는가라는 기자의 질문에 대해 "나는 한국 소설은 번역 안 돼도 괜찮다고 생각한다. 그것은 한국 독자를 위해서 쓴 것이다. 사회 배경과 역사를 모르기 때문에 한국문학에서 감동을 얻을 외국인은 거의 없다"라고 대답하였다.[4] 이어, 한국문학을 진단하며 "한국에는 텔레비전 드라마 같은 작품이 너무 많다. 적어도 문학작품

---

2 조재룡, 「토론문」, 연세대학교 근대한국학연구소 제26회 국내심포지엄 '번역시의 운율(2)' 발표논문집.

3 위의 글.

4 안선재, 「노벨상 탈락 '번역' 탓만 할 텐가」, 『뉴스메이커』 697호, 2006.10.31. http://newsmaker.khan.co.kr/khnm.html/khnm.html?mode=view&artid=13023&code=116

에는 상상력이 넘쳐나고 재미가 있어야 한다. 한국 작품은 우울하고 슬프다. 분단문학, 특히 6·25전쟁을 겪은 작가들이 그렇다. 현대문학 작가도 마찬가지다"[5]라고 지적하였다. 그의 답변은 한편으로 어떤 연구자들에게는 매우 과격한 발언으로 들릴 수도 있으나 다른 한편으로 논자와 같은 소개 작업을 하는 이에게는 매우 일리가 있다는 생각을 하게 한다. 무엇보다도 그의 의견에 수긍하게 되는 이유는 현재까지 외국에 소개된 한국현대시 번역 작품들은, 그가 지적하듯이, 서구문학 전통의 맥락에서 의미 생산을 이끌어낼 수 있는 혹은 서구의 독자와 비평가에게 익숙한 형태의 문학적 '상상력'과 '재미'가 넘치는 작품들이라기보다는 한국전쟁, 분단, 체제저항, 노동현실 등등의 우울한 현실을 담은 슬픈 작품들로 여겨지기에 충분하기 때문이다.[6]

두 번째로, 안선재의 의견에 수긍하는 이유는 번역된 한국문학작품을 읽는 해외 독자층이 매우 제한적이라는 사실 때문이다. 논자가 졸고에서 밝혔듯이, 현재 한국문학 번역 작품은 가장 많은 판매부수를 자랑하는 다국적출판사 세 군데에서 출판하는 세계문학선집 어디에도 실려 있지 않다.[7] 이 사실은 '세계문학' 혹은 비교문학을 강의하는 영어권 대학에서 번역된 한국문학작품이 강독되는 경우가 거의 없다는 점을 의미한다. 그렇다면 어떤 독자들이 영어로 번역된 한국문학작품들을 읽을까? 미국의 경우, 동아시아학 혹은 한국학 프로그램에서 한국학을 전공하는 학생들, 비교문학과 내에서 동아시아학 혹은 한국문학을 주전공 혹은 부전공으로 삼은 학생들, 한국 교포들, 한국어를 모르는 한국계 미국인들, 한국친구를 가진 미국인들, 기타 한국에 관심 있는 소수의 미국독자들을 들 수 있다.[8] 게다가 이들 중에서 한국문

---

5 안선재, 「노벨상탈락 '번역' 탓만 할 텐가」.

6 한국문학번역원 번역리스트 참조.

7 한지희, 「볼록거울 속의 자화상」, 『비교문학』 48, 2009, 269~303면.

8 2008년 2월 버클리대학, 노스웨스턴대학 한국학 담당 강사 인터뷰.

학을 전공하는 학생들은, 마치 미국문학을 전공하는 외국출신 전공자들에게 원전을 읽는 것이 당연하게 요구되듯이, 한국어를 제2 외국어로 선택하여 원전을 읽도록 권장된다.[9] 이렇듯 한국의 사회, 역사적 배경을 이해하고 번역된 한국문학작품을 읽는 외국독자의 수는 실제로 소수인 상황에서, 논자가 보기에도 적은 숫자나마 한국문학에 호기심을 가지고 번역된 작품을 읽고자 하는 독자들은 작품을 읽으며 그들에게 익숙한 문학 본연의 효용가치, 즉, '즐거움'과 '교훈'을 얻기를 기대하는 것 같다. 이에 반하여, 실제로 외국에 번역, 소개되는 한국문학작품들의 리스트를 보면 외국독자들의 그러한 기대치와 욕구를 충족시키기에 충분한 작품들이 선택되었는가 하는 점에 종종 의구심이 드는 경우가 있다.

이런 맥락에서, 그대로 의견이 옳다, 그르다 혹은 동의한다, 반박한다를 떠나서 논자는 그의 지적이 번역공정 중에서도 특히 한국문학을 소개하는 전략에 대해 생각할 거리를 제공한다고 여긴다. 그가 지적하듯이, 과연 한국현대시는 참으로 우울하고 슬픈 문학일까? 많은 수의 국내연구자들이 지적하듯이 한국시의 대표적인 정서가 '한'(恨)일까? 논자는 이러한 질문으로 시작하여 쓰게 된 이 글에서 1950년대부터 90년대까지 한국시의 전개에 대한 국내 연구자들의 논의들을 개관하고 한국시의 정체성이 어떻게 '한의 문학'으로 형성되어 왔는지를 검토하고자 한다. 이어, 이러한 한국시 담론의 지형에서 고은의 문학사적 위치와 그의 시가 평가되는 지점을 조명한 뒤, 고은의 『만인보』에서 시 두 편을 뽑아 번역공정에 있어서 작품선택의 문제를 고민해 볼 것이다. 이를 통해 논자는 한국시 혹은 한국문학의 정체성에 대해 돌아볼 수 있는 계기를 마련하고자 한다.

---

9 미국대학의 비교문학과에서는 학생들로 하여금 전공국가의 언어를 포함한 두 가지 이상의 외국어를 습득할 것을 자격요건으로 삼고 있다.

2. 1950년대부터 1990년대까지 한국시의 전개

2008년 '한국 근대문학 100년 연구총서 편찬위원회'에서 출판한 총 일곱 권의 연구총서들 가운데 한국시를 다루는 『논문으로 읽는 문학사』 5, 6, 7을 보면, 한국시를 대표하는 작가들과 그들의 문학작품은 일단 정치적 입장과 견해를 반영하는 사회적 앙가쥬망의 산물로 여겨진다.[10] 이 총서가 제공하는 한국시 담론에 의하면, 한국의 대표 시인들은 조국의 정치와 역사적 격변기를 배경으로 국가의 역사를 기록하고 민중의 목소리를 대변하는 국민문학을 생산해야 한다는 의무감을 개인적인 문학세계를 구축하고자 하는 욕망보다 더 크게 가졌던 것으로 분석되며, 그러한 윤리적 태도와 작가의식으로 인해 그들의 문학이 매우 자연스럽게 한국적 '한의 문학'을 형성하였던 것으로 여겨진다.

가령, 1950년대 한국시를 개관하며 박윤우는 「전후 한국시에 나타난 현실인식의 정신사적 연구」에서 "한국전쟁의 의미가 시의 창작 주체 및 시문학 전반에 어떻게 수용되었고 의식화되었는가의 문제"가 무엇보다 중요하다고 주장한다(167). 그리고 당시 "문인들이 감상주의적인 태도를 일관한 것도 상황에 대한 시적 대응 논리에 있어서 민족사에 대한 정당한 인식을 결여한 때문"이었다고 평가한다(168). 그가 예로 드는 시인으로는 박인환, 전봉건, 송욱이며, 그들이 전쟁의 체험으로 인한 "비극적 세계상"(174)과 "혼란, 무질서, 좌절과 같은 비합리적이고 부조리한 존재조건"(174)에 대한 "허무주의적" 반응들을 드러낼 뿐

---

10 한국 근대문학 100년 연구총서 편찬위원회, 『논문으로 읽는 문학사』 5~7, 소명출판, 2008. 현대시 전공 문학평론가 최현식에 의하면, 『근대문학 100년 연구총서』에 실린 글들은 국내 연구자들 사이에서 상당부분 공유되는 시각들을 반영하고 있다고 함. 따라서, 논자는 이 총서를 한국시의 전개를 개관할 수 있는 대표 학술서로서 분석대상으로 삼음.

만 아니라 그러한 허무주의적 성향을 "죽음에 대한 사유"(173)를 통한 초월에의 욕망, "몰가치한 일상"(177)을 드러내는데 치중하는 "무화된 현실인식"(177), 그리고 "현실의 모순에 대한 비판적 관심"(181)과 같은 "실존적 시각"(169)으로 넘어서려는 시도를 보이고 있다고 지적한다. 끝으로, 박봉우와 신동엽이 "자연적 서정"과 "민족적 전망"을 시적 장치로 택하여 분단현실을 극복하고자 하는 의지를 보여주었다고 짧게 언급한다(185). 결론적으로 박윤우가 개관하는 1950년대 한국시의 주된 정서는 허무주의이다. 작가들의 허무주의적 태도로 인하여 한국시는 "전쟁기 및 전후의 현실성을 실체로 의미화하는 데까지 이르지 못하는 한계"(186)를 지니게 되었다고 갈무리한다.

1960년대의 한국시는 송욱, 김수영, 김춘수로 대변된다. 남기혁은 「웃음의 시학과 탈근대성」에서 지젝과 바흐친의 비평이론에 기대어 "송욱과 김수영의 시창작에 나타난 웃음의 사유"(191)를 자세히 분석한다. 그는 송욱의 시의 "냉소적 주체는 언제나 우울"(196)하며 "웃음을 공유할 집단주체를 발견"하지 못한 "고독한 정신"을 증명한 목소리로 남는다고 한다(213). 김수영은 "구슬픈 육체"라는 표현을 통해 시적 주체를 냉소적, 자조적으로 바라보며 "조화와 총체성이 사라진 전후 현실"(202)과 그러한 "삶의 압박을 '우울'과 '설움'의 감정을 가지고 받아들인다"(213)고 지적한다. 이광호는 「자유의 시학과 미적 현대성」에서 김수영과 김춘수가 "한국 현대시의 미학이론 정립에 중요한 계기를 마련한 시인들"이라고 정의하고, 두 시인이 구현하는 창작방법론으로서 "무의미의 시학"을 조명한다(335). 그는 김수영에게 있어서 무의미의 시학은 "의미를 이루려는 충동과 의미를 이루지 않으려는 충동이 강렬하게 충돌하는 변증법적 과정으로 요약"된다고 설명한다(343). 이어 그는 "'대상을 무화시킨 것'으로서의 서술적 이미지의 시를 '무의미시'라고 규정"하는 김춘수에게 있어서 무의미의 시는 "현대시에서 경험하는 자유에 해당"한다고 설명한다(347). 하지만, "이미지의 의미연관을 의도적으로 교란하는 방식"을 사용한 김춘수는 결국 "허무의 아들로서 김춘수가 나아간 방향은 한국 현대시에서 의미와 대상을 소거함으로써 시가 억압적인 관념들로부터 해방되는 '자유'와 순수한 '허무'에 도달하는 것"(352~353)이라고 평가한다. 결국 남기현과 이광호의 평가와 분석에 의하면, 1960년대 한국시의 주된 정서는 여전히 우울함과 허무감이라고 할 수 있다. 비록 송욱, 김수영, 김춘수가 "억압적인 관념들로부터 해방되는 자유와 순수한 허무에 도달"하고자 하였지만(354), 그들이 웃음, 자유, 해방과 순수에 대한 욕망을 통해 표현하고자 한 것이 개인적인 슬픔, 설움, 허무감이었기 때문이다.

1970년대 한국시는 김지하, 신경림, 서정주로 대변된다. 이혜원은 「1970년대 서술시의 양식적 특성」에서 "1970년대의 시들은 장형화가 두드러지면서 우리 시의 양식적 확충을 가져왔다"고 지적하며 각별히 주목할 필요가 있다고 주장한다. 특히 그녀는 이 시기의 장형의 서정시들이 "그동안 서구 문학 양식의 수용에 의존했던 전 시기의 시들과는 다르게 우리의 문학 전통 속에서 적극적으로 새로운 양식의 가능성을 발견하려는 공통점"을 보인다고 한다(91). "판소리, 민요, 민담의 전통적인 구비문학 양식을 창조의 원천으로 삼아" "공동체적 정서와 상호교감을 바탕"으로 하는 이들 장형 서정시들은 과연 어떤 정서를 구현하고 있을까(91). 이혜원에 의하면, 김지하의 「오적」은 다양한 화법을 구사하는 풍자시이지만 "오적의 행태에 대한 묘사가 장황"하고 "풍자하는 데 비중" 둔 나머지 "그 결과보다는 비판의 과정"이 중시된 "허망한 결론"을 내리는 시이다(97). 이러한 허망한 결론이 내려진 것은 오적의 위세가 꺾이기 힘들다는 현실에 대한 "허탈감의 표현"이며 시인이 의도한 것은 오직 "오적의 실상에 대한 고발과 풍자"(97)라는 것이다. 이어, 그녀는 신경림의 『농무』와 『새재』는 "가난한 농민이나 소외

계층의 육성을 그대로 살려 그들의 삶을 재현"(99)한다는 점에서 진정한 의미를 지니며, 민요 특유의 "정한의 가락을 재창조"(104)하는 성과를 보여주었다고 평가한다. 서정주의 경우, 이혜원은 『질마재 신화』가 "폐쇄적이고 자족적인 공간을 형성"하고 있어 "근대적인 시간의식과는 다른 주관과 경험의 감각에 의거한" 시간이며 이는 그의 "반근대적 성향을 대변하는 것"이라고 분석한다(107). 이어 "질마재 사람들은 경쟁과 생산을 독촉하는 근대적인 시간의 자장에서 자유롭기 때문에 여유있고 낙관적인 삶의 태도를 견지할 수" 있다(108)고 지적하며, 서정주가 구현한 "질마재의 탈근대적 공간"이 한국 서정시의 "소재와 양식을 대폭 확충하였다"고 평가한다(108). 결국, 이혜원에의하면, 1970년대의 한국시의 주된 경향은 "민족 정체성과 공동체적 정서를 되살려보려는 움직임"이라고 할 수 있으나, 그 주된 정서는 여전히 슬픔과 우울함이 깔린 민중의 "정한"이라는 사실을 알 수 있다(111).

1980년대의 한국시는 황지우, 김광규, 고은, 정현종, 황동규, 최승호, 이성복, 기형도, 허수경, 유하, 황인숙, 이창기 등등으로 대변된다. 정과리는 「절정의 곡예사들」에서 1980년대 한국시는 광주로부터 시작하였다고 지적한다. 시는 "시를 읽을 줄 아는 사람들의 전유물에서 만인의 향유물로" 바뀌었으며, "'나는 파괴를 양식화한다'는 황지우의 유명한 발언은 80년대 전반기의 문학적 분위기를 축약하고 있었다"고 분석한다(172). 동시에 80년대 한국시는 "자본주의의 예기치 않은 성공에 많은 것을 빚지고 있다"고 지적한다(173). 그에 의하면, 거대소비사회의 "탈-문자문화"(173)적 성향과 맞서서, 시인들은 "반현실주의"(175)적인 성향을 보였으며, "정치적 폭압이 모든 문화적 꿈들을 말살하였을 때" 시는 그 자체가 투쟁하고 해체해야 할 현실 그 자체가 되었다고 본다(177). 하지만 그는 80년대 중반기 6월 항쟁에도 불구하고, 독자들이 "서서히 시의 지대로부터 철수"하여 『홀로서기』와 『접시꽃 당신』이 베스트 셀러가 되고 "시가 문화 영역에서 지배적 자리를 차지"하는 "특이한 한국적 현상"이 "가장 화려하게 증거"되었다고도 언급한다(181).

유성호는 「민중적 서정과 존재탐색의 공존과 통합」에서 박노해, 김용택, 고재종, 곽재구, 고정희, 김남주, 문익환, 이광웅, 오봉옥 등을 대표시인으로 꼽으며, 1980년대 시의 지형을 조명한다. 그에 의하면, 광주민중항쟁으로 인해 "우리 시는 강렬한 정론성을 띠면서, 지사적 열정과 혁명적 파토스를 결합한 분노의 목소리를 드러내게 된다"(185). 가령, 노동시, 농민시, 교육 현장시, 분단 극복의 시 등등이 "소외감이나 좌절"과 같은 "민정적 서정"을 담아내거나 "운동사적 내용이 시의 심층으로 수용되는 양상"이 보였다고 한다(185). 특히 그는 김남주를 "1970년대부터 줄기찬 저항성으로" 활동해 온 "한 시대의 가장 뜨거운 전사 시인"이라고 평가하고(197), "반외세, 통일 지향, 민주 지향의 언어들이" "한국 서정시의 가장 굵은 음역을 이 시기에 드리우게 된다"(198)고 극찬한다. 물론 이 외에도 유성호는 80년대 모더니즘 시가 "획일성, 익명성, 소비성, 이질성"(200)과 같은 도시적 경험을 소재로 삼아 "죽음과 폐허의 이미지" "오염과 낙태로 범벅이 된 도시의 음습하고도 어두운 이미지"를 드러내는 특징을 보인다고 지적한다(201). 그리고 "상투성, 평면성, 급진성, 관념성, 편향성, 미성숙성, 비시성" 등이 이 시대를 시를 평가하는 대표적인 시각이라고 갈무리 한다. 결국, 정과리와 유성호의 개관은 1980년대 한국 사회의 극과 극을 조망하며 1980년대 한국시의 주된 정서로서 개인적 감상주의와 사회적 선동주의를 제시한다고 볼 수 있다. 그러나 이 두 가지 극단적인 감정주의는 개인적 차원에서든 사회전체의 차원에서이든 한국시 전반에 깔려있는 주된 정서인 슬픔, 우울, 허무에서 벗어나지 않은 특징을 보여준다.

1990년대 한국시는 유하, 이원, 이성복, 박상순, 김혜순, 김언희 등으로 대표된다. 문혜원은 「1990년대 이후 모더니즘 시의 특징과 한계」에서 90년대 시인들의 도시적 경험은 "경이와 매혹 / 비판과 우울" 이라는 감정이 공존한다고 지적한다(347). 그들은 현실적인 대응력을 잃고 내면으로 빠져드는 "내면회귀적인 성향"을 보이며 그들의 시는 "주체의 과잉상태"로 인한 "개인적인 놀이 형태로 귀결된다"고 한다(352). 또한 모더니즘 시에서 "환상을 주체의 고립된 내면과 자아 분열을 표현하는 방식으로서 사용된다"고 한다(353). 하지만, 환상이 억압적 현실에서 불가능한 것들을 호출하여 주체의 상처를 치유한다고 하더라도, 그 현실과 환상이 절대적으로 분리되어 있는 "닫힌 환상"이라는 점에서 그러한 치유는 긍정적으로 여겨질 수 없다고 그녀는 지적한다. 즉, 그들의 환상은 "억눌려 있는 주체를 해방시키는 것이 아니라 끊임없이 자신을 트라우마에 얽매이고 그러한 강박상태를 시적인 원천으로 하려는 경향"을 보이므로, 그것은 "자신을 드러내지 않기 위한 필사적인 몸부림처럼 보인다"는 것이다(355). 결과적으로 문혜원은 그들의 환상은 대부분 "어두움과 혼란스러움, 엽기적이거나 그로테스크하고 파괴적인 형태"로 나타나며(357), 특히 최근의 젊은 시인들의 시에 "뒤틀린 화법과 자기 분열적 상황의 전시, 환상이라는 이름으로 행해지는 기행과 엽기의 상상력이 유행처럼 만연해 있다"고 지적한다(359). 결국, 90년대 한국시의 주된 정서는 50년대 허무주의적 슬픔, 60년대 무기력한 슬픔과 우울, 70년대 민중의 정한, 80년대 최루성 감상과 분노를 거쳐 결국 가장 파괴적인 형태의 우울, 즉, 자기 분열을 자초하는 엽기적인 정한에 도달한 것으로 여겨진다.

간략하게 정리한 대로, 『한국 근대문학 100년 연구총서』가 제시하는 비평적 시각과 논의를 따르면 한국시의 정체성은 매우 어둡고, 우울하며, 자기 파괴적인 '한'의 정서를 담은 문학으로 이해된다. 또한 총서는 한국시를 '한의 문학'으로 읽어 내는 것이 올바른 독서의 방법이라고 주장할 때 충분한 근거를 제시해 주고 있다. 하지만 동시에 총서는 한국 시인들을 정치적 성향이 짙은 예술가로서 제시하고 있어서, 일반적으로 문학의 정치성과 예술성을 분리하는 태도를 보이는 외국의 비평가와 연구자들이 비록 한국의 시인들이 국내에서는 영향력을 발휘할 수 있어도 국제적인 수준의 미학과 문학성에는 못 미치거나 비평적인 관심을 끌지 못하는 것으로 평가할 때 그들의 반응을 단순히 무지의 탓으로 돌릴 수 없게 만드는 근거가 되기도 한다.[11] 나아가 국내에서 그렇듯 당연하고 자연스러운 작가의 역사의식과 한의 정서를 담은 작품들을 선택, 번역하여 외국에 소개할 때, 그 작품들은 국내연구자들의 기대와는 달리 한국의 사회, 정치, 역사에 생소한 외국 독자들에게 작품의 의미를 파악하는 것뿐만 아니라 작품을 둘러싼 문학 외적인 의미까지도 이해할 것을 요구하며 종종 곤혹감과 부담감을 안겨주는 결과를 초래하기도 한다. 더불어 외국의 비평가들 그리고 안선재와 같은 외국출신 번역가들에게 한국의 작가들은 심미적 효과와 예술성보다는 정치적 입장을 우선적으로 고려하여 지루하거나 우울한 작품을 생산하는 수준에 머물러 있다는 인상을 주기도 한다.[12]

물론 한국시에 대한 개관서로는 총서 외에도 한국 현대시 100년의 역사를 정리, 기술하는 『한국현대시사』(2007)가 있다. 이 학술서의 경우, 논자들은 특히 50년대, 60년대, 70년대 한국시를 개관하며 "대상에 대한 진중한 탐구정신"과 "보편적인, 따듯한 감도의 힘"(278)을 느끼게 하는 서정주의 계열의 시인들에 대한 서술도 어느 정도 할애함으로써 한국시에 대해 보다 균형 잡힌 시각을 전달하고자 하는 노력을 보이기도 한다.[13] 하지만, 총서의 경우처럼 대부분 한국시 전반에 흐르는 슬

---

11 파스칼 카사노바가 *The World Republic of Letters*(Harvard University Press, 2004)에서 지역 작가들에 대해 제시하는 논평 279면 참조.

12 안선재, 「노벨상탈락 '번역' 탓만 할 텐가」.

13 논의의 흐름과 지면의 부족으로 이 글에서 이 부분을 정리하지 못하는 점에 대해 양해를 구함.

프고 우울한 정서를 지적하고 기술하는데 지면을 할애하고 있어, 이 개관서 역시 한국시를 '한의 문학'으로 형성하는 데 한몫을 하고 있다. 그렇다면, 현재까지 외국에서 가장 많이 번역되어 읽히고 있고, 한국의 대표시인으로 여겨지는 고은의 경우, 총서와 『한국현대시사』에서 어떤 계열에 속하는 작가로 여겨지고 있을까? 그의 문학이 구현하는 대표적인 한국의 정서는 어떤 것으로 파악되고 있을까?

3. 한국시사에서 고은의 위치

『한국 근대문학 100년 연구총서』와 『한국현대시사』라는 두 가지 대표적인 한국시 개관서가 그려내는 한국시의 지형에서 고은 시인은 매우 독특한 위치를 차지하고 있다. 일단 앞서 정리한 『한국 근대문학 100년 연구총서』에서 고은은 1970년대를 대표하는 현실참여시, 민중시의 맥락에서 그저 간략하게 언급되고 지나쳐진다.[14] 가령, 곽명숙은 「1970년대 나타난 호명과 주체의 의미작용 연구」에서 1970년대 시에는 '울음소리', '통곡', '씻겨지지 않는 울음', '아우성', '침묵' 등 '노여움'과 '한으로 응어리짐'을 표현하는 "기표들이 자주 등장한다"(119~120)고 주장한다. 그리고 다른 시인들과 마찬가지로 고은 역시 「호명」이나 「침묵에 대하여」와 같은 시를 통해 자신과 독자가 모두 당시의 부정적인 현실에서 각성된 자, 주체가 위치에 있기를 바라는 간절한 염원을

14 1960년대 저항시에서 고은은 언급되지 않고 있으며, 1980년대 시에서 고은은 생명사상이라는 맥락에서 "산문적 현실"을 "낙관의 경지를 여는 '훤한 세상'"(정과리, 178)으로 구현하는 시인으로서 한 줄로 기술되고 있다.

전달한다고 분석한다. 『한국현대시사』의 경우 고은의 시는 60년대, 70년대, 80년대 시에서 각각 언급되며 당시의 시대정신을 담고 있는 그의 개별시가 분석된다. 예를 들어, 송기한은 「민주화의 열망과 좌절(1961~1972)」에서 고은을 "민중시로의 도정을 모범적으로 보여"(385)준 시인으로 평가한다. 특히 고은 시에 나타나는 "누이"의 의미에 대해 상당한 분량을 할당하며 그가 보여주는 "방황과 상실감은 불가에서 말하는 '허무의식'으로 채색되곤 했다"(385)고 분석한다. 이숭원은 「산업화 시대의 시(1972~1979)」에서 1960년대 "우울한 허무주의"를 극한까지 밀고 갔던 고은과 1970년대에 "타고난 열정을 현실 참여와 체제 저항시"를 쏟아내며 "뜨거운 열기와 국토와 민족에 대한 절절한 호소"를 토로하였던 고은은 완전히 다르다고 평가한다(457). 그럼에도 불구하고 고은이 「새벽길」과 「화살」에서 보여주는 "과격하고 공허한 구호"(457)는 "시의 형식을 빌려 선동적 목적에 이용한 불행한 목적시에 해당하는 예"라고 아쉬움을 지적한다(459). 박현수는 「민중 혁명의 시기(1979~1991)」에서 고은이 "직접적인 진술보다는 평이한 문체로 민중의 삶을 절실하게 그려 내는 시풍으로 민중시의 새로운 경지를 보여주었다"고 평가한다(485). 특히 그는 1986년 『세계의 문학』에 연재를 시작한 『만인보』가 "구체적 역사 속에 놓은 개인을 통하여 개인을 넘어선 공동체의 문제를 서정적으로 다룬 연작 서사시"(486)이라고 그 의의를 서술한다. 이후의 시사에서 고은은 다른 시인들과 함께 그 이름이 거론되지만 더 이상 그의 시에 대한 평가와 분석이 이루어지지 않는다. 결국 이 두 가지 대표적인 한국시 개관서가 제시하는 한국시의 지형도에서 고은은 분명히 체제 저항시 혹은 민중시를 창작한 시인그룹에 속하고 있다. 그러나 현실참여시, 민중시의 계열에서 고은은 신동엽, 김지하, 신경림에 비해 그 대표성이 두드러지지 않는 것으로 여겨진다. 나아가 그의 시는 우울하거나 과격한 감정의 토로가 주를 이루고 있을 때가 많고, 문학적인 성과가 뛰어난 것으로 여겨지지는 않는다.

이에 반해, 개별 연구논문이나 단행본 학술서를 검토하면 고은에 대한 평가는 위에서 검토한 두 가지 한국시 개관서가 제시하는 평가와 다소 달라진다. 여전히 고은은 민중의 삶을 소재로 하는 민족시인이며, 그가 구현하는 주된 한국적 정서는 허무, 우울, 슬픔이다. 하지만, 개별 연구논문들은 고은의 민족시인으로서의 면모를 보다 긍정적으로, 그리고 고은의 문학세계를 보다 심도 있게 조명해내는 성과를 보여준다. 고은에 대한 1970년대 이후 1993년까지의 연구논문들은 신경림과 백낙청이 편집한 『고은문학의 세계』에 담겨있기에, 논자는 개별연구의 범위를1995년 이후 현재까지로 잡고, 국립중앙도서관과 국회도서관 데이터베이스를 검색한 결과 총 61건을 검색할 수 있었다. 그 결과를 기술하면, 고은문학 연구의 대표적인 연구자는 한원균으로서 그는 2011년까지 총 8건의 논문과 단행본 학술서를 출판하였다. 그의 연구는 고은의 시의 변천사를 기록한 『고은이라는 타자』(2011)에 결집되어 있으며, 그의 시각은 위의 개관서들에서 설명한 범주에서 크게 벗어나지 않는다. 고은의 초기시 및 중기시를 연구한 논문들은 21개 정도이며, 주로 낭만적 성격과 서정성, 이미지, 허무의식, 누이컴플렉스에 대한 논의를 전개하지만 역시 이들이 언급하는 낭만성과 서정성이 우울과 슬픔의 토로라는 기존의 논점에서 벗어나지 않는다. 『만인보』에 대해 다루는 논문은 7개로서 민족시인으로서 고은의 성과와 한계에 대한 논의가 주를 이루고 있다. 고은에 대한 학위논문은 9개인데 일반적인 작가론과 작품론으로서 특별히 관심을 끌만한 논의를 제시하지 않는다. 고은에 대한 논의를 담은 단행본 학술서는 총 5권으로, 한원균의 『고은이라는 타자』(2011), 송기한의 『고은－민족문학에의 길』(2003), 황지우 외 『고은을 찾아서』(1995), 신경림 외 『고은문학의 세계』(1993), 최원식 외 『고은문학앨범』(1993)을 들 수 있으며, 이중에서 고은의 문학

세계를 가장 잘 보여주는 학술서는 『고은문학의 세계』이다.

『고은문학의 세계』를 보다 구체적으로 살펴보자면, 이 학술서는 위에서 언급한 대로 고은의 시인으로서의 면모와 고은의 시세계에 대해 보다 긍정적이고 균형 잡힌 시각을 보여주고자 한다. 다시 말해서, 고은은 여전히 민족과 민중을 위한 시를 쓴 시인으로 규정되지만, 이제 그의 낭만적 허무나 비탄과 슬픔은 초기시에 제한되는 증상으로 규정되며, 그의 민중시, 민족시의 문학적 성취와 문학사적 의의가 이 책을 통해 보다 분명하게 제시된다. 가령, 이동순은 고은을 "행려자, 떠돌이, 나그네"(59)에 비유하며, 그가 창조적 열정을 잃지 않고 자신의 모습을 "끊임없이 물갈이하고, 탈바꿈"(37)해 나가는 양상을 초기, 중기, 『만인보』를 포함한 1990년대 시까지의 시를 통해 조망한다. 최원식은 고은의 30년에 걸친 시 역정을 역사적 사건의 맥락 속에서 파악하고 개별 시의 의미를 분석하며, "식민지의 가난, 광기, 출가, 떠돌이, 정치투쟁, 이 예사롭지 않은 일들로 점철된 그의 역정"을 돌아보며 결국 고은은 "초기시의 바로크도 아니오 중기시의 정치주의도 아닌" "화엄적 통일의 길"을 나선 "큰 시인"(84~85)이라고 고은을 자리매김 한다. 이경수는 고은의 초기시 중에서 특히 누이시편에 관심을 보이며 그의 유미주의를 분석하는데, 고은이 여성을 "보다 근원적인 생명의 원천"(104)으로 제시한다고 주장한다. 김주연은 고은의 70년대 시를 분석하며 그를 독일 낭만주의 시인 횔덜린에 비유하여 그의 문학적 성취를 조명한다. 염무웅은 최원식과 마찬가지로 고은의 시세계를 역사적인 맥락에서 파악하며, 한국인의 삶과 정서의 깊이를 잘 드러낸 민족시인이라고 격찬한다. 황정산은 고은의 후기시를 분석하며 그의 서정시인으로서의 면모를 조명하고자 하며, 백낙청은 고은시가 선시적 요소를 지니고 있음을 언급하고 있다. 이어 윤영천은 『만인보』를 자세히 분석하며 고은의 시적 성과와 한계를 균형감 있게 서술하며, 김영무 역시 『백두

산』의 시적 성과를 논하며 한양아 씨와 심청이라는 인물에 대한 고은의 창의적 상상력을 조명한다. 김재홍은 『만인보』와 『백두산』을 논의하며 고은이 한국문학사에서 통일지향문학의 한 이정표를 마련했다고 지적하며, 개인, 사회, 역사적 층위에서 그 의미들을 분석한다. 김병익, 장석주, 김명인, 한만수, 성민엽은 고은의 소설, 평론, 에세이 등을 조감하는데, 논문의 제목들에서 알 수 있듯이 '구도', '나그네', '허무주의', '사랑과 환멸', '민족문학론의 추구' 등등 이미 언급한 논문들에서 익히 다루어진 개념들과 주제들을 변주하고 있다.

확실히 개별연구논문들과 『고은문학의 세계』를 포함한 단행본 학술서들을 읽어보면, 한국시 개관서들과는 달리 고은이 "한국현대문학사상 최초의 대시인, 한국 최대의 민족시인, 비판적 리얼리즘의 최고봉, 하나의 정부 혹은 국가"(이경수, 91)라는 호칭을 들을 만큼 한국의 현실참여문학, 민중시계열을 대표하는 민족시인인 것으로 여겨지며, 그의 시는 한국적인 민중사상을 담고 있는 것으로 이해된다. 하지만, 다른 한편으로 그의 격상된 위치는 그의 시를 한국 사회, 역사에 대한 배경지식이 없으면 이해하기 힘든 시로 만들어 버리기도 한다. 그리고 고은은 앞서 언급한 대로 외국의 독자들에게 작품의 의미를 파악하는 것뿐만 아니라 작품을 둘러싼 문학 외적인 의미까지도 이해할 것을 요구하며 곤혹감과 부담감을 안겨주는 시인으로 다가온다. 가령, 『만인보』가 "일제 강점하에서는 물론 분단시대인 오늘날까지 지속적으로 유효한" "반봉건적 인간해방의식, 반계급적 사회해방의식, 그리고 반외세 민족해방의식"(김재홍, 239)을 근간으로 하고 있다는 글을 읽을 때, 논자와 같은 평범한 독자도 고은 문학의 무게감에 버거운 느낌을 갖게 되는데 하물며 외국의 비평가와 독자는 얼마나 거대한 지적 도전을 받을 것인가? 나아가, 고은의 시에서 한국 사회, 정치 그리고 역사적 배경이 이렇게도 중요한 요소라면, 그러한 요소를 담고 있지 않은 시는 번역될 가치가 없거나 감동을 주기 힘들 것인가? 한국 사회, 역사에 대한 지식이 없는 독자는 고은의 시에서 감동을 느끼기가 어려울 것인가? 이러한 질문에 답하기 위하여 논자는 이제 『만인보』의 영역시 두 편을 살펴보며, 국내연구자들이 고은문학의 정수로 상찬하는 민중사상이나 사회, 역사적인 요소들이 번역의 과정에서 사라지는 것은 번역문학이 당면하는 어쩔 수 없는 운명이며, 외국의 비평가나 독자에게 사실상 거의 무의미할 수 있다는 점을 예시하고자 한다. 그리고 바로 이 점이 번역시가 당면하게 되는 비극적 운명이라고 제시하고자 한다.

4. 번역시의 운명

지역문학을 세계문학으로 소개하고자 하는 지역의 연구자들에게 종종 서구의 학자들은 지역문학이 문학적인 자산을 축적하고 국제적인 인정을 받기 위해서는 전세계적으로 인정받는 언어들 중 하나로 반드시 번역되어야 하며, "국제적인 수준의 창작성과 현대성을 보여야 한다"는 주장을 한다(Casanova, 280~281). 하지만, 그들이 말하는 '주요' 국제어 번역의 중요성은 현 시점에서 매우 불안정한 지각변동에 처해있다. 19세기까지만 하더라도 전세계적으로 인정받는 주요 국제어는 영어, 불어, 독어, 이탈리아어, 스페인어를 들 수 있었다. 하지만 21세기 영어가 전세계에 걸쳐 의사소통의 주요수단으로 사용되고 있는 현실에서 영어를 제외한 기타 '주요 국제어' 번역되는 것은 이제 세계문학시장에서 더 이상 유의미한 영향력을 미칠 수 없는 실정이다. 댐로쉬(David Damrosch)에 따르면, 현재 많은 지역작가들의 작품이 일차적으로 영어로 번역되고 그 영영본이 각국의 언어로 재번역되는 추세이며, 이런 까닭에, 노벨상 수상자인 오르한 파묵조차 자신의 터키어 작품이 영어로 번역되는 과정에 깊은 관심을 가지고 지켜본다고 한다.[15] 또한, 영어로 번역된 지역작가의 작품들 역시 세계문학시장에서 어떤 존재감을 가지기 위해서는 작품성보다는 인지도를 얻을 수 있을 만큼 유통되기 위해서 소위 '빅3'라고 여겨지는 다국적 출판사에서 출판되는 것이 보다 결정적이기도 하다. 댄(Theo Dhaen) 역시 유럽의 출판사들조차도 작품의 출판부수와 유통기한을 줄이고 있어 미국에 본사를 두고 있는 다국적출판사들과 경쟁할 수 없는 상황이 되었다고 지적한 바 있다.[16] 그렇다면 이렇듯 영어가 전지구적인 위세를 떨치고 있는 현 시점에서 유럽의 작가들의 처지도 지역작가들과 별반 다를 바 없으며 세계문학시장에서 그들의 문학적 자산을 유지하기 위한 경쟁체제에 이미 들어와 있는 것으로 여겨진다. 나아가, 점차 중국시장이 부상하고 있는 상황에서 중국의 독자들의 수요가 증가한다면, 현재는 국제시장에서 거의 알려지지 않고 인정받지 못하는 중국어가 세계문학시장의 주요 국제어로서 위치를 점하게 될 수 있으며, 그럴 때에 서구문학이 중국어로 번역되지 않으면 세계문학으로서 존재감이 미미할 수 있는 미래를 상상해 볼 수도 있는 일이다. 결국 지역문학이 세계문학으로서 그 작품성과 존재감을 가지기 위해서는 영어나 혹은 아직까지는 불어로 번역되는 것이 중요하기는 하지만, 그간 서구학자들이 주장했던 것만큼, 번역자체에 '모든 것'이 달려있지는 않은 상황이 전개되고 있는 것이다.

나아가, 지역문학이 영어로 번역되어 세계문학계에 진입하는데 성공한다 하더라도 번역된 작품은 번역문학으로서 또 다른 차원의 어려움을 당면하게 된다. 지역의 문학작품이 번역되는 과정에서 독특한 미

15 2010년 12월 대전 한국영어영문학회 국제학술대회 라운드테이블 질의, 응답.

16 2010년 8월 서울 중앙대학교 세계비교문학회 세션 질의응답세션.

적, 언어적 감수성이 소실되는 경우가 비일비재하기 때문이다. 이러한 번역된 작가의 운명, 즉, 세계문학가로서 존재하기 위하여 지역성을 잃어버릴 수밖에 없는 운명을 받아들여야 하는 상황은 지역출신 작가에게 상당한 고민과 현실적인 갈등을 불러일으키기도 한다. 가령, 파라(Nuruddin Farah)는 다언어를 사용했던 자신의 경우를 들며 그러한 상황이 자신에게 일종의 정신분열증의 경험을 가져다주었다고 고백한다. 소말리아 출신으로 영어로 작품을 쓰는 파라는 어린 시절 집에서는 소말리어를, 자라면서는 아랍어로 코란과 다른 고전작품을 읽었으며, 암하릭어로 글을 썼다고 한다. 하지만 작품 활동을 하면서는 영어를 사용하였는데, 그 이유는 "언젠가 보다 넓은 세상으로 진입하는데 도움이 될"거라고 생각했기 때문이었다. 그래서 그는 비교적 빨리 국제적인 인지도를 얻을 수 있었지만, 모국어를 버렸다는 죄책감이 세계적인 명성을 얻고자 했던 열망만큼이나 강력했다고 토로한다.

> Writing is a minefield of betrayals. I betrayed my mother in becoming not an oral poet but a writer, and a writer in English, which is to say in a language incomprehensible to her; and not only that, but a writer of political texts, which prevented me from living in Somalia, nearher. So I thought I ought to write books that might be considered a monument to the memory of my mother……. I regret having written in English, I regret having not lived in Somalia, I regret that you, my mother, died before I could see you again. I hope that my work is good enough to serve as a eulogy to my mother.[17]

---

17 파라(Nurudin Farah), "Childhood of My Schizohrenia", *Times Literary Supplement* 23~29, November 1990, 1264면.

파라와 같은 비영어권 영어작가들이 느끼는 죄책감은 종종 "절도" 혹은 "서출의 비애"라는 용어로 정의되기도 하는데 이러한 중압감은 그들에게 영어가 모국어가 아니기 때문에 발생한다.[18] 인도출신 소설가 러쉬디(Salman Rushdie) 역시 영어를 자유롭게 사용하는데도 그 적절한 용법과 의미가 끊임없이 의심되는 위치에 놓여 있어 언어에 대한 진정한 소유권을 주장할 수 없기에 마치 임시거주자와 같은 불안감을 가지거나 "서자"로 취급되는 것 같은 느낌을 가진다고 고백한 바 있다.

> Those of us who do use English do so in spite of our ambiguity towards it, or perhaps because of that, perhaps because we find in that linguistic struggle a reflection of other struggles taking place in the real world, struggles between the cultures within ourselves and the influences at work upon our societies. To conquer English may be to complete the process of making ourselves free.[19]

파라와 러쉬디가 제시한 모국어를 버린 죄책감과 서출의 비애감은 번역된 작가들이 종종 느끼는 현실적인 갈등과 고민을 적절하게 반향한다. 잘 알려져 있듯이, 그들은 소말리아와 인도라는 지역 출신으로서 영국이라는 중심지에 대한 지역의 고유의 정치적 반감을 대변하거나 중심지와 차별되는 지역 고유의 정서를 영어로 담아내며 지역의 문화를 번역하는 과정에 참여하고 있다. 하지만, 이미 타자의 언어인 영어를 사용한다는 것 자체가 영어로 표현할 수 없는 지역의 정서를 배제할 수밖에 없는 현실을 상정하고 있기에 그들은 스스로의 번역작업

---

18 카사노바, 앞의 책, 262면.

19 러쉬디(Salman Rushdie), *Imaginary Homelands*, Random House Publishers India Pvt. Ltd., 2010, p.15.

에 언제나 만족할 수 없는 처지에 놓이게 되는 것이다. 영어를 자유롭게 사용하여 스스로 문화번역의 작업을 수행하는 작가들조차 이러한 미진함과 부적절함의 고통을 느낄진대, 번역가들에 의해 번역되는 비영어권 지역작가들은 그들의 독특한 문학적 특성이 번역 작품으로 탈바꿈하는 과정에서 소실되는 것을 보며 얼마나 더 극심한 비애감을 느낄 것인가? 영어나 불어와 같은 국제어로 번역된 작가로 태어나기 위해서 역설적이게도 자신의 고유한 민족정신, 섬세한 문화적 감수성, 그리고 독특한 문학적 스타일이 잔혹하게 절단되고 소실되는 것을 무기력하게 바라보아야 하는 지역작가는 마치 자신을 죽이고 몰개성적인 작가로 태어나는 되는 비극을 겪는 것이나 마찬가지일 것이다. 하지만 번역과정에서 일어나는 이러한 비극은 거의 모든 작가가 겪는 과정으로서, 지역작가들은 번역과정에서 그들의 모국어가 지니고 있는 언어적 차원뿐만 아니라 비언어적인 차원의 의미 즉 풍부한 어감, 상징성, 문화적 자산이 도착어의 무디고, 모호하며, 무미건조한 표현으로 탈바꿈되어 그 생명력을 상실한 평범한 묘사체로 교환되는 불공적 거래에서 어쩔 수 없는 경우가 많다. 각각의 언어체계가 그 고유한 문화적 전통, 역사적 경험, 사회적 기대 및 정치적 욕망까지도 담고 있기에, 출발어와 도착어 사이의 문화적 차이는 거의 번역이 불가능한 경우가 많기 때문이다. 더욱 허망한 것은, 잔혹한 번역의 과정에서 자신의 혁명적 에너지를 제거당하는 대가로 지역작가가 얻는 인지도라는 것이 매우 일시적인 것이어서, 그는 다음차례의 지역작가가 번역될 때까지 "허락된 시간 동안 무대 위를 걸어 다니다가 사라지는 그림자, 어설픈 배우"에 불과한 그저 그러한 작가로 남기 쉽다는 사실이다.

한국현대시처럼 세계문학계에 잘 알려져 있지 않은 경우, 민족문학과 민중사상을 구현하려는 작가의 열정적 에너지는 외국인 번역자의 교육받은 영어의 세례를 통해 문화적으로 걸러진 채 번역 작품 속에서

사그라질 가능성이 더욱 높아진다. 고은의 『만인보』에 실린 「우물」과 번역시 「The Well」을 대조하면, 고은이 번역과정에서 겪게 되는 비극이 조금 더 구체적으로 이해될 수 있다.

우물

집 안에는 우물이 있어요
길도 넘는 우물이 있어요
윽한 분례네 집
례 어머니 박꽃처럼 환한 분례 어머니하고
린 분례하고 오래 피는 옥잠화하고
두 식구 살고 있어요 꽃하고 세 식구 살아요
은 과수댁이라
한마디도 삼가고
여름 등물도 한 적 없어요
분례 어머니가
길 우물에 묵직한 두레박 내려뜨려
어올린 검푸른 물
물의 고요와 그 무서움
부름 가서
모금 마시고 나면 온몸 가시 돋아요 두근두근대어요

The Well

There's a well in the yard of that house,
a well more than ten fathoms deep.
In Pullye's snug family house,
Pullye's mother, bright as a gourd-flower,
and little Pullye, a lily-flower,
live together, just the two of them.
The mother a widow, young,
discreet in every word,
never dousing herself with water,
even in midsummer heat.
When I used to go on errands there,
if I took one sip of the blue-black water,
of that water's silence and the dread
that Pullye's mother,
letting down the heavy bucket,
drew up from her ten-fathom well,
my whole body would tremble, my heart would pound.
(94)

한국어 원문에서 드러나듯이 "우물"은 사춘기 소년의 성년식을 연상시키는 시이다. 특히 원문에서 두드러지게 드러나는 화자의 어린 아이와 같은 어투는 표현된 의미와 은폐된 비언어적 에너지 사이의 긴장을 형성하는 중요한 언어적 장치로서 기능한다. 예를 들어, '있어요', '살아요', '없어요', '두근대어요'와 같은 '–어요'체의 반복은 의미상으로는 분례어머니에 대한 화자의 공손함을 표현하고 있지만 동시에 분례어머니의 아름다움에 압도되어 버리고 만 사춘기 화자와 그에 저항하려고 입안으로 주문을 외우는 듯한 인상을 준다. 화자의 무의식적 끌림과 정신없는 상태는 이윽고 "그윽한 분례집 // 분례어머니 박꽃처럼 환한 분례어머니하고 // 어린 분례하고 오래피는 옥잠화하고"라는 행에서 'ㅂ' 소리를 반복하는 가운데 구체적으로 형상화된다. 사실상 소년 화자는 '그윽한 분례집'에 들어서는 순간 이미 젊고 아름다운 과수댁이 뿜어내는 성적에너지에 숨이 막히듯 긴장하는 모습이 역력하다. 독자들 역시 한국의 사회문화적 맥락에서 이 '분례'라는 이름의 여성이 표상하고 있는 성적인 이미지와 남녀관계의 역학관계에 이미 친숙하다. 이런 문화적 공감대에서 소년 화자가 이윽고 "분례어머니 박꽃처럼 환한 분례어머니하고"라고 말하며 'ㅂ' 의 소리를 나지막히 반복할 때, 분례어머니와 분례 앞에 서있는 사춘기 화자의 가슴 속에서 점차 몰아치는 거친 심장박동 소리와 그로 인한 숨가쁨이 자연스럽게 포착되고 그의 혼란한 심정이 공감될 수 있는 여지가 마련된다. 가령, 두 여인의 아름다움에 취해 황홀감을 느끼는 소년 화자의 심정은 두 여인을 "박꽃처럼 환한" 그리고 "오래피는 옥잠화"에 비유할 때, 그리고 이 두 꽃 같은 여인의 짙은 향내에 취한 소년이 자신이 무슨 말을 하는지도 모르는 채로 "단 두 식구 살고 있어요 꽃하고 세 식구 살아요"라고 두 문장을 연속적으로 말해버리는 실수를 저지르는 데에서도 드러난다.

이 소년 화자의 두근거림이 억누르고 있는 성적에너지는 한국 사회에서 남녀관계와 사랑에 대한 문화적 감수성의 맥락에서 이해될 때 그 강렬함이 더욱 부각되기도 한다. 즉, 소년 화자는 분례어머니가 그에게 주기 위해 우물로 가서 시원한 물을 길어 올리는 것을 바라보며 "한여름 등물도 한 적 없어요"라고 말하는데, 그 순간 그는 자신도 모르게 성적인 상상을 하는 속마음을 독자들에게 들키고 마는 것이다. 무엇보다도 한국의 문화적 전통에서 볼 때 우물은 남녀 간에 호감과 사랑을 주고받는 상징적인 장소로 여겨진다. 조선을 건국한 태조 이성계와 유화부인의 만남은 '우물가의 사랑'이라는 설화를 만들어냈으며, 그 이후로 시원한 물에 버드나무 잎사귀를 띄어 건네주는 행위는 성적 호감을 나타내는 비언어적 상징으로서 서양의 '첫눈에 반한 사랑'과 마찬가지로 문학작품에서 일종의 클리셰처럼 사용되어왔기 때문이다. 또한 우물가는 특히 한국에서 여름철 남자가 몸을 벗고 여자가 등목을 시켜주며 서로의 애정을 교환하는 장소로서, 물레방앗간만큼은 아닐지라도 남녀의 성적에너지의 교환이라는 의미가 강렬하게 연상되는 장소이기도 하다. 이런 성적인 에너지가 충만한 장소에서 소년 화자가 등물을 하는 분례어머니의 벗은 몸을 은밀히 엿보는 상상을 하는 것은 그 자체만으로도 화자의 가슴을 쿵쾅거리게 하기에 충분한 것이다. 이렇듯 '우물가'라는 공간에 대한 문화적 맥락이 이미 전제되어 있는 상태에서 독자들은 우물가에서 아름다운 분례어머니가 시원한 물을 떠주겠다고 호의를 베푸는 것 자체가 소년 화자의 가슴을 얼마나 설레게 할 수 있는지에 대해 충분히 공감을 할 수 있다.

하지만, 다른 한편으로 우물은 여성의 성기를 상징하는 표상으로서 소년 화자에게 거세공포를 일으키는 동시에 극복해야 하는 대상을 상징하기도 하다. 이미 프로이드와 라캉에 의해 잘 설명되었듯이, 소년은 남녀 성기의 차이점을 인식하고 거세공포증에 시달리지만, 스스로를 아버지와 동일시하며 아버지의 법에 순응하고, 이러한 공포를 성공적으로 극복하는 가운데 남성으로서의 정체성을 확립하며 남성중심적 사회에서 의미생산의 주체가 된다. 이어 남성적 자아를 획득한 소년은, 다양한 문화에서 거행되는 성인식에서 드러나듯이, 사춘기가 되면 거세의 공포를 일으켰던 그 대상을 정복하고 재탄생을 경험함으로써 어른으로 성장하는 성인식을 거치게 된다. 이러한 성인식에서 특히 소년이 물속에 침수되었다가 나오는 의례가 있는데, 이는 소년이 스스로의 성적능력에 대한 공포감을 극복하기 위하여 '여성적인 물' 속에서 죽었다가 살아나는 것을 의미하며, 이러한 '죽음의 의식'을 성공적으로 통과함으로써 어린 소년은 이제 당당한 어른으로서 살아가게 되는 것이다. 이 시에서도 마찬가지로, 우물과 우물물이 소년에게 불러일으키는 거세공포와 죽음의 예견은 소년 화자가 우물물을 "열 길 우물"에서 길어올린 "검푸른 물"이라고 표현하는 데에서 드러나고 있다. 소년 화자는 그가 분례어머니의 "열 길 우물"과 같은 성적매력에 강하게 끌리는 만큼 '분례'라는 이름의 여성이 지니는 사회적인 위치로 인한 사회적인 지탄(아버지의 법)이 두렵기만 하다. 하지만 한 바가지의 시원한 물로 그에게 건네지는 성적인 호의를 무시하는 것 역시 자신의 성적능력에 대한 의심을 일으킬 것 같아 불안하다. 어느 쪽이든 그는 이 우물물의 "고요와 무서움"을 극복하고 당당한 어른으로서 재탄생하는 경험을 해야만 한다고 느끼며, 분례어머니가 건네 준 물을 마신다. 물을 다 마심으로써 언어를 통한 상징적인 성년식을 치른 소년 화자는 이제 온몸이 가시가 돋는 듯이 따끔따끔 거리고 기분 좋게 가슴이 두근거리는 것을 느낀다. 신기한 듯 눈알을 반짝이고 있을 소년 화자를 남기고 시는 마감되지만 독자들의 마음속에는 이 화자가 더 이상 사춘기 소년으로만 남아있지 않을 것이 분명하다.

소년 화자의 개인적인 감성이 문화적인 맥락 속에서 의미를 부여 받으며 아름다운 분례어머니와 사춘기 소년 간의 긴장감이 팽팽하게 유지되어 있는 원문과 달리, 번역시에서는 이러한 감정의 섬세함, 풍부하고 아름다운 표현, 고유한 문화적 감수성의 독특한 문양이 전반적인 설명조의 어조와 묘사 속에서 문자 그대로 사라져 버린다. 무엇보다도, 형식적인 차원에서 원문의 'ㅂ' 소리는 영어의 'ㅍ' 소리로 치환되며 '분례'라는 전통적인 여인이 불러일으키는 은밀한 두근거림이 전달되지 않는다. 우선, '풀례'라는 이름은 발음상 '끌다'라는 의미를 지닌 'Pull'이라는 어휘를 연상시키며 저음의 부드러운 두근거림으로 형상화되는 소년 화자의 심리적 양상이 적절하게 전달되는 것을 방해한다.

> In Pullye's snug family house,
> Pullye's mother, bright as a gourd-flower,
> and little Pullye, a lily-flower,
> live together, just the two of them.

또한 화자의 어투 자체가 매우 객관적이고 중성적인 어조로 표현되고 있어 어린 아이의 말투가 살지 않을 뿐만 아니라, 소년 화자가 아름다운 젊은 과수댁 분례어머니를 보며 드러내는, 아마도 이 시의 핵심이랄 수 있는, 비언어적 시적에너지인 두근거림이 교육받은 이가 사용하는 표준영어 아래서 완전히 진압되어 버린다. 가령, '풀례' 어머니는 이름조차 그저 평범하기만 하고, 그윽한 여인의 향기가 가득 스며있던 집은 "꽃이 만발한(thick flowery scent)" "아늑한 가정집(snug family house)"으로 다가온다. 게다가 "풀례" 어머니는 "박꽃(a gourd-flower)"으로, "풀례"는 "백합(a lily-flower)"으로 표현되는데, 두 가지 모두 하얀 색 꽃을 피우고 있어 성적인 함의보다는 '깨끗함' 혹은 '순수함'이 보다 강조된다. 설상가상으로, "오래피는"이라는 표현이 생략되었고, "꽃하고 세식구 살아요"가

누락되어, "함께 살아요, 둘이서만(live together, just the two of them)"이라는 의미만 남아 있어, 이 두 여자가 표상하기로 의도되어 있는 성적인 에너지가 번역과정에서 거세된다.

나아가, 번역시는 '열 길 우물', '검푸른 물', 그리고 물의 '고요와 두려움'을 "ten-fathom well", "blue-black water", "silence and the dread"라고 직역하여 표현할 뿐만 아니라, 아래 예를 든 것처럼 영어권 독자의 이해를 돕기 위해 원문의 행들을 바꾸었다. 그 결과 소년 화자가 우물물을 마시는 행위가 먼저 드러나고, 이어 분례어머니가 우물에서 물을 퍼주는 행위가 드러나게 된다. 그런데 이러한 도치는 오히려 원문이 제시하고자 하는 소년 화자가 느끼는 심리적인 공포를 드러내는데 한계를 보이며 죽음을 통한 성년식으로의 의미확장이 이루어지기 힘들게 하고 있다. 현재의 번역시의 의미망에서는, 왜 소년이 검고 푸른 물을 마시는지 분명치 않으며, 문법적으로 전후 문장관계를 이해를 한 뒤, 다시 시의 의미를 파악하고자 하여도 열길 우물에서 길어 올린 물이라 검푸른 빛인지 혹은 바가지에 검푸른 이끼가 끼어서 검푸른 물이라고 하는지 혹은 물 자체가 특이한 빛깔의 약수물인지 정도의 추측만을 가능하게 하기 때문이다.

> When I used to go on errands there,
> if I took one sip of the blue-black water,
> of that water's silence and the dread
> that Pullye's mother,
> letting down the heavy bucket,
> drew up from her ten-fathom well,
> my whole body would tremble, my heart would pound (강조는 필자)

또한 왜 그 물의 고요와 두려움을 마신다고 하는지 역시 모호하게 남는다. 물이 고요하다는 것인지, 누가 두려워하는 것이지 명확하지 않기 때문이다. 더욱이 직설적인 번역이 불러일으키는 의미의 모호함과 더불어 "열 길 우물"이 의미하는 깊이의 강조와 분례어머니의 강렬한 성적 매력이라는 함의가 "ten-fathom"이라는 사실적인 묘사에서 소실되어, 맨 마지막 행에서 소년 화자가 "온 몸이 떨리고(would tremble)" "심장이 뛴다(would pound)"라고 말할 때, 그의 정서가 쉽게 공감되지 않는 결과가 빚어진다.

결과적으로, 직역에 근거한 설명체의 번역시는 사춘기 소년 화자의 어투가 비언어적으로 제시하는 심신상관적인(psychosomatic) 언어 리듬과 리비도적 에너지의 충만함을 효과적으로 드러내지 못하고 있다. 억제하고 싶어도 언어를 뚫고 무의식적으로 비어져 나오는 소년 화자의 심리적 반응들, 목소리의 떨림, 숨가쁨, 긴장한 몸, 바싹 마르는 입, 말더듬, 심장의 박동소리 등등의 비언어적인 양상들과 겸손하게 표현하려는 언어 간의 치열한 싸움과 긴장감이 사라진 번역시에서 이제 주인공은 화자가 아니라 독특한 한국이름을 지닌 "풀례" 어머니가 된다. 그녀는 딸과 함께 꽃이 만발한 아늑한 집에 사는 여인이며 그녀는 심부름 온 화자에게 언제나 집에 있는 우물에서 물을 퍼주는 정겨운 아주머니인 것이다. 그런 아주머니가 떠주는 물을 마시며 두려움을 느끼는 화자가 오히려 이상하게 여겨질 수 있다. 그나마 이 정상적으로 그려진 토속 여인 "풀례" 어머니의 모습에서는 '분례'라는 여인이 한국 사회문화에서 가지고 있는 함의들, 가령, 남자들에게 강간을 당하고, 폭력을 당하고, 버림을 받으며, 그야말로 가장 천한 인분처럼 아무도 돌아보기를 꺼려하는 비참한 삶을 살지만 그럼에도 불구하고 아름다운 꽃을 벗삼아 딸과 함께 삶을 이어가고자 하는 복잡한 정서의 구조가 의미화될 수 있는 여지가 거의 없어 보인다.

지금까지 「우물」의 예를 통해 지역작가 고은이 타자의 언어인 영어로 번역되어 세계작가로 존재하는 대가로 그가 표상하고자 하는 한국의 사회 · 역사 · 문화적 의미와 개인적인 문학적 특별함을 상실한 채 몰개성적인 지역작가로 태어나는 과정을 살펴보았다. 이러한 번역과정의 비극은 비단 「우물」에서만 발생하지 않는다. 「대기왕고모」, 「문개평」, 「임두빈이 어머니」를 비롯 윤영천이 인물시의 새로운 가능성과 "싱싱한 생활적 비유, 속담, 욕설, 육담, 별명, 지명, 민속적 풍물성"(190)을 보여준다고 상찬한 대부분에 적용되기 때문이다. 이렇듯 번역과정에서 국내연구자들이 고은문학의 정수로 상찬하는 민중사상이나 사회, 역사적인 요소들이 소실되는 것이 어쩔 수 없다면, "한국현대문학사상 최초의 대시인, 한국 최대의 민족시인, 비판적 리얼리즘의 최고봉, 하나의 정부 혹은 국가"(이경수, 91)라는 호칭이 단지 국내에서만 의미를 가질 뿐이며 고은이 국제적으로는 비평적 관심을 끌 수 없는, 즉 세계문학계에서 거의 의미를 만들어 낼 수 없는 문학 활동을 하는 것이나 마찬가지인 것일까? 다시 말해, 앞서 논자가 언급했듯이, 한국 사회, 역사에 대한 지식이 없는 독자는 고은의 시에서 감동을 느끼기가 어려울 것인가? 또한, 고은의 시에서 한국 사회, 정치 그리고 역사적 요소를 담고 있지 않은 시는 번역될 가치가 없거나 감동을 주기 힘들 것인가?

다행스럽게도 고은의 『만인보』 영역시를 읽어보면, 거기엔 비록 영어나 불어와 같은 타자의 언어로 번역되는 과정에서 원작이 지니는 사회, 역사, 문화적 요소가 소실하게 된다고 하더라도 외국의 독자로 하여금 독해의 의미화 과정을 성공적으로 이루어낼 수 있게 하는 요소가 분명히 존재한다. 그것은 바로 고은이 구현하는 '흥'의 예술로서, 인간다움에 대한 한국적 양식에 대한 통찰력과 그것을 보편적 인류애로의 승화시킬 수 있는 예술적 재능이 중심축을 이루고 있다. 안선재 역시 고은 시인의 문학을 평가해 달라는 기자의 질문에 다음과 같이 고은이 문학작품을 통해 구현하는 '흥'의 정서에 대한 언급을 한다.

> 고은 시인은 '진짜 시인'이다. 그냥 보여주기 위한 시가 아니다. 시 한편 한편에 한 사람의 인생이 압축돼 있다. 한 인간이 웃고 슬퍼하고 죽고……. 거기에는 '한'과 '흥'이 있다. 한에만 머물지 않는다. 한을 넘어가는 흥이 있다. 다른 예술로 변화시키는 흥이다. 남도 민요로, 판소리로……. 고은 시인은 '한으로, 흥으로 살겠다. 인간답게 살겠다'고 말한다. 그래서 희망 주는 역할을 하는 것이다. 그러나 한국현대문학에는 흥이 없다. 그게 한국현대문학 문제의 문제다. 그것(흥)이 없으면 어디서 나왔는지 모르는 무속 같은 것이 되고 만다.

위의 인용문에서 제시되듯이, 안선재는 국내연구자들이 정의하는 한국문학의 정체성, 즉, '한의 문학'을 언급하지만, 동시에 매우 중요한 짝패가 되는 정서 '흥'을 얘기한다. 한국문학을 사랑하는 외국인 독자로서 그는 한도 좋지만 그것이 '흥'의 예술로 변화될 때 문학을 읽는 즐거움을 느낄 수 있다는 것이다. 그래서 그는 단지 '한'에 머물지 않고, '한'에서 '흥'으로 넘어가는 맛을 아는 고은이야말로 '흥'을 모르는 다른 현대시인들과 달리 "진짜 시인"이라고 상찬을 하는 것이다. 비록 국내 연구자들은 안선재가 '단지' 번역가이며, 한국시의 깊은 맛을 모르기에 이러한 주장을 한다는 비판을 할 수도 있겠지만, 한국문학을 소개하는 논자에게는 그의 단순한 답이 한국 사회, 정치 그리고 역사적 요소를 담고 있지 않은 고은의 시가 (혹은 다른 작가의 작품도) 번역될 가치가 충분히 있으며, 한국 사회, 역사에 대한 지식이 없는 외국 독자가 충분히 그러한 번역문학작품에서 감동을 느낄 수 있다는 반증이 되어 준다. 실제로 「소경 분례」와 번역시 「Blind Pul-lye」를 병렬하여 읽어보면 그러한 점이 보다 쉽게 이해될 것이다.

소경 분례

잿정지 문종안이딸
세살 때 소경 되어
스물일곱살 먹어도 누가 데려가야지
늘 툇마루 걸레질이나 하며
늙은 부모 굽은 허리로 일 나가면
집이나 보는데
볼 것도 없는 집이나 보는데
그런 때 짓궂은 아이들 풍뎅이 잡아다
떡 하나 줄께 입 벌려봐
하고 풍뎅이 넣고 도망친다
또 그런 때 짓궂은 동네 어른 스며들어와
앞 못보는 분례 슬슬 건드린다
어찌 이렇게 잘도 생겼어 하고
젖가슴에 손 넣어 지랄하고
치맛단 들춰보다가
그것만은 찔끔 막는다
하지만 소리 한번 안 지르고
그런 짓 저런 짓 견디며 고요하다

그런 어른
그런 짐승 정신 차리고 돌아가면
그때서야 혼자 눈물 흘린다

Blind Pul-lye

Over in Chaetjonji, Mun Chong-an's daughter
Lost her sight when she was two.
She's twenty-six now, and nobody wants to marry her
She's all the time wiping the step
or guarding the house, while her elderly parents,
backs bent, are out in the fields.
She guards the house, but there's nothing to guard.
That's when troublesome kids catch a beetle,
and come in asking: "Would you like some cake?
Open wide!"
They pop up the beetle in her mouth and run away.
That's when bothersome neighbors sneak in
And slyly feel blind Pul-lye,
Remarking: "My, how pretty your are,"
Daring to lay a hand on her breast,
Exploring beneath the hem of her skirt,
While desperately she tries to avoid the worst.
Yet she never once cries out
But suffers this act and that
in silence.
Once those adults,
Those animals, rather,
Have come to their senses and gone back home

	and only then, alone, she weeps.
소경 눈에도 눈물 있어	Even blind eyes have tears.
눈물 한 방울 흘린다	She cries a single tear drop.
거미 내려와 곧은 거미줄 끝에 매달려 꼼작하지 않는다 (90)	A spider drops down
	and hangs immobile at the end of its thread.(176-77)

원작시 「소경 분례」와 번역시 「Blind Pul-lye」를 비교해 볼 때, 번역시가 누리는 행운은 무엇보다도 이 시가 주제의 면에서 온전히 분례를 주인공으로 삼고 그녀를 인간 삶의 비극을 체화하고 있는 생생한 패러독스로 제시하고 있다는 점에서 기인한다. 이 시에 등장하는 "잿정지"라는 마을의 이름이나 "문종안"이라는 이름은 지역색을 표상할 뿐 문화적으로 고유한 맥락을 함축하지 않는다. 나아가, 소경이라는 장애는 굳이 한국이 아닌 다른 지역에서도 경험되는 장애이므로 독해에 있어서 문화적으로 독특한 감수성의 구조를 요구하지도 않는다. 다시 말해서, 앞서 언급했듯이 '분례'라는 이름의 여성이 표상하는 바가 한국의 고유한 사회문화적 함의를 가지고 있기는 하지만, 이 여성이 소경이라는 장애를 지닌 "소경 분례"로 등장하기 때문에 이 시에서 그녀가 겪는 폭력, 강간, 유기 등등의 비극은 토속적인 한국 여인 '분례'를 포함한 모든 장애인, 여성들, 나아가 인간 존재의 고통으로 자연스럽게 의미가 치환되며 확장되기 쉽다는 것이다.

번역의 형식적인 측면에서 살펴보더라도, 번역시는 원작시와 시행을 제법 적절하게 맞추고 있는 것이 보인다. 원작시 자체가 소경 분례의 고초에 대해 화자가 거리를 두고 객관적으로 서술하는 어투를 가지고 있기에, 번역시의 표준영어의 담담한 어조와 묘사체 역시 생경하다는 인상을 주지 않는다는 점도 다행스럽다. 게다가 "툇마루"와 같은 토속어가 '계단'을 연상시키는 "steps"로 번역이 되었지만 그 점이 시의 의미화 과정에 거의 영향을 끼치지 않는다는 점에서 무시할 만한 사항이며, 구문상으로도 원작과 번역시가 가감 없이 일치하며 매끄럽게 이어지고 있어서 가독성을 한층 높여준다.

나아가, 번역시 「Blind Pul-lye」의 경우 원작시 「소경 분례」 만큼이나 강렬하게 자신의 삶의 진실을 바라보고자 하는 분례의 의지를 드러내 주고 있다. 분례는 세살 때 소경이 되어 스물일곱 살 처녀로서 비록 앞을 볼 수 없어도 "늘 툇마루 걸레질"을 하고 "볼 것도 없는 집"을 지키며 나름대로 자신의 존재가치를 증명하고자 하는 욕망을 지니고 살아간다. 하지만, 눈 밝은 마을 사람들은 자신들의 잔인한 욕망에 눈이 멀어 분례의 진실된 내면을 보지 못한 채 그녀를 괴롭힌다. 이에 대해 원작시의 화자는 그 모든 행위들을 통틀어서 "짓궂은" 행위로 평가하여 그들의 악의를 갖는다기 보다는 장난기가 다분한 행위로 표현한다. 반면, 번역시는 순진한 분례에게 떡을 준다고 거짓말을 하여 입을 벌리게 하고선, 풍뎅이를 던져 넣고 도망치는 꼬마들을 "troublesome kids"로 표현하여 분례가 그들의 "짓궂은" 행동을 말썽꾸러기 꼬마들의 무지의 소치로 돌리며 웃어넘기는 아량을 가진 것으로 제시한다. 한편, 순수한 분례에게 수작을 걸며 "젖가슴에 손을 넣어 지랄하고" 치마를 들추어 수치심을 들쑤시는 어른들에게는 "bothersome"과 "sly"라는 수식어를 사용하여 분례가 그들의 "짓궂은" 행위에 대해 마치 손으로 물리쳐도 파리가 들러붙듯이 성가시고 짜증을 느낄 뿐만 아니라 매우 불쾌하게 여기는 있다는 점을 보다 효과적으로 드러낸다. 원작시의 '짓궂은' 마을 사람들에 대한 분례의 반응을 차이를 두어 표현함으로써 번역시는 분례라는 인물의 복합적인 심리적 구조 시사하며 개체성의 결을 한층 섬세하게 구현하고 있다고 여겨진다.

이윽고, 원작시는 욕망에 눈이 먼 마을 어른들과 "앞 못 보는" 분례를 대조시키며 볼 수 있음과 없음의 역설을 조명하고자 "그런 어른" 이 "그런 짓 저런 짓"을 할 때 분례가 그 모든 굴욕감과 폭력을 "소리 한번 안 지르고" "견디며 고요하다"가 나중에 "혼자 눈물을" 흘리는 모습을 제시한다. 즉, 마을 사람들은 분례가 단지 눈이 안 보이는 장애를 가지고 있을 뿐인데도 그 한 가지를 분례의 존재 전체를 대변하는 장애로 여기며 그녀를 인간으로 존중하거나 보려고 하지 않는다. 그렇기에 그들은 "앞 못 보는" 분례가 가만히 있으면 그녀가 화도 낼 줄 모르고, 수치심도 모르고, 고통도 느끼지 못하는 백치 혹은 짐승인 줄로 여긴다. 하지만, 분례는 남자들로부터 성폭행을 당하며 공포와 수치감을 느끼면서도 오히려 그러한 반응이 그들의 욕망을 부추길까 두려워 그 고통의 순간을 견디고, 심한 경우에 자기방어를 하며 침착함을 유지하려고 안간힘을 쓰고 있을 뿐이다. 특히 다음 인용의 부분은 화자의 목소리와 분례의 독백이 겹쳐지는 효과를 자아내며 분례의 내면적 강인함을 잘 드러낸다.

> 그런 어른
> 그런 짐승 정신 차리고 돌아가면
> 그때서야 혼자 눈물 흘린다
> 소경 눈에도 눈물 있어 (90)

폭력을 당하는 동안은 침묵을 지키지만, 분례는 속으로는 그런 어른들을 "짐승"으로 여기고 "소경 눈에도 눈물 있어"라고 외치며 인간적 분노와 슬픔을 토로한다. 기존의 소경의 이미지에서 은폐되었던 분례의 인간적인 모습이, 그리고 그녀의 복잡한 감정의 구조가 이러한 화법을 통해 드러남으로써 독자들은 분례의 인간성을 보게 되고 그녀의 진실된 감정을 공감할 수 있는 것이다.

다행스럽게도, 원작시의 신선한 언어가 보여주는 이와 같은 파괴적인 힘과 해방적인 에너지는 번역시에서도 상당히 효과적으로 전달된다. 특히 번역시에서는 두 부분에서 원작시와 행 구분을 달리할 뿐만 아니라 구문상으로 단어를 강조함으로써 마을 어른의 비인간성과 분례의 인격을 보다 극명하게 대조시킨다.

Yet she never once cries out
But suffers this act and that
in silence.
Once those adults,
Those animals, rather,
Have come to their senses and gone back home
and only then, alone, she weeps.
Even blind eyes have tears.

원작시의 행을 따르자면, 두 번째와 세 번째 행이 한 행으로 연결되어야 하며, 다섯 번째와 여섯 번째 행이 한 행으로 연결되어야 한다. 하지만 원작시의 "고요하다" 부분을 한 행으로 떼어 "in silence"라고 강조함으로써 번역시는 분례의 강인한 자제력을 돋보이게 한다. 또한 원작시의 "그런 짐승 정신차리고 돌아가면"을 두 행으로 분리하여 "Those animals"를 강조함으로써 마을 어른들의 짐승만도 못한 행위에 대한 분노감을 더욱 증폭시킨다. 이어, 원작시의 "그때서야 혼자"가 "and only then, alone,"으로 쉼표가 첨가되고 "홀로"가 강조된 번역이 됨으로써 분례가 이십 년이 넘도록 살아온 삶의 본질과 그러한 삶에 대한 태도가 보다 효과적으로 조명된다. 즉, 앞을 볼 수 없는 고통은 분례에게는 세 살 이후 언제나 존재의 조건이었으나, 부모님이 안 계실 때 마다 어김없이 찾아 드는 '짓궂은' 사람들의 장난과 폭력을 분례는 홀로 맞섰고 그로 인한 심리적 충격 역시 홀로 극복해 왔다는 사실이 담담하게 전달되기 때문이다.

따라서, 원작시의 마지막 두 행과 번역시의 세 행은 거의 의미화 과정에서 차이가 없이 소경 분례를 강인한 여성이자 삶의 예술가로 승화시키기에 충분해 보인다. 즉, 앞으로도 나아질 바 없는 그런 삶을 지속해야 하는 현실이 그녀에게 존재론적 슬픔을 가져다주었을 테지만, 오랜 시간 홀로 흘린 눈물은 오히려 그녀에게 자양분이 되어 그녀의 내면을 강인하게 만들어 주었고 삶을 살아가는 방식을 터득하게 해 주었을 것이라는 점이 독자들에 의해 공감될 수 있는 의미망이 형성되고 있기 때문이다.

> 눈물 한 방울 흘린다
> 거미 내려와 곧은 거미줄 끝에 매달려 꼼작하지 않는다

> She cries a single tear drop.
> A spider drops down
> and hangs immobile at the end of its thread.

그간의 고통과 슬픔을 겪으며 강인한 자제력을 발휘하며 살아온 분례는 이제 심리적 고통에 대처하는 법을 터득한 듯 더 이상 눈물을 봇물처럼 터뜨리지 않는다. 그저 "눈물 한 방울"을 흘리고 스스로를 추스를 줄 아는 법을 터득했기 때문이다. 지속되는 폭력에 감정이 휘둘렸다면 아마도 분례는 제정신을 차리고 살아갈 수 없었을지도 모른다. 짐승 같은 어른의 폭력을 당할 때마다 눈물 한 방울 흘리고 참아 내는 강한 자제력을 발휘하는 분례의 모습에서 화자는 스스로 자아낸 한 가닥 얇은 거미줄을 타고 내려와 그 끝에 매달려 꼼작하지 않는 재주를 부리는 거미와 유사성을 발견한다. 거미줄을 자유자재로 타고 다니는

거미와 감정의 끈을 자유자재로 매고 풀 수 있는 경지에 다다른 분례는 모두 그들의 고통을 자양분으로 삼아 삶을 지어내는 예술가를 연상시키기 때문이다. 마침내 화자는 거미와 분례 그리고 그 둘 모두를 시적 공간에서 활용하는 시인으로서 자신의 모습을 중첩시키며, 삶과 예술, 예술과 삶의 공통된 운명을 시사하는 것으로 시를 마친다.

지금까지 살펴보았듯이, 원작시의 개성적인 인물이 번역시에서도 생생하게 살아있는 행운 덕택에, 고은은 매우 지역적이고 토속적이면서도 동시에 인류에 보편적인 고유한 캐릭터를 창조하는데 성공하였을 뿐만 아니라 지역적 개성을 반역하는 미학을 구현하면서도 보편적인 인류애를 불러일으키고 있다. 인간의 배설물을 의미하는 이름을 지닌 이 분례라는 여성은 1967년 방영웅이 『창작과비평』에 발표한 「분례기」에 등장하는 여주인공으로서 한국의 사회문화에서 남성적 폭력과 유기에 상처받고 사회적인 따돌림을 당하며 숨어사는 수동적이고 무기력한 '천한' 한국 여인의 전형이다. 하지만 고은은 그러한 전형적인 여인 분례의 모습에 가려져 있던 강인한 여성의 내면을 자기만의 언어로 조명함으로써 그녀를 '천한 여성'이라는 존재의 감옥으로부터 그리고 사회적 인식의 감옥으로부터 해방시켰다. 따라서 고은을 통해 소경인 한국여인이 당하는 개인적인 고통과 슬픔의 양상은 약자에 처지에 놓은 인간이 언제 어디서나 겪을 수 있을법한 존재의 비극으로 확장되며, 그런 가운데 소경 분례는 휴머니즘의 한 표상으로 여겨질 수 있게 되는 것이다. 또한, 소경 분례가 겪은 비극적 삶은 소경과 같은 처지에서 당한 한국인의 역사적인 비극과 그 궤를 함께 하기에, 고은은 소경 분례라는 인물을 통해 강인한 자제력을 발휘하여 고통과 슬픔을 이겨내는 처연한 아름다움을 한민족의 문화적 감수성의 한 축으로서 제시할 수 있는 여지를 마련한 것으로 평가될 수 있는 것이다. 결국, 원작시와 번역시는 모두 고은이 지역사회의 토속적인 정서 구조와 문화와 역사에 뿌리박고 있는 인물을 예술적 감각으로 재창조하는 역량뿐만 아니라 인류의 보편적 정서구조에 유기적으로 결합시키는 철학적 직관을 지닌 시인이라는 점을 성공적으로 보여주고 있는 것이다.

5. 나가는 말

지금까지 한국문학의 세계화라는 화제를 염두에 두고 그간 조명을 덜 받았던 번역의 공정의 '진단'에 초점을 두며, 논자는 번역자체도 중요하지만 이에 못지않게 한국문학의 정체성에 대해 재고하는 것이 필요하다는 점을 고은의 예를 들어 주장하였다. 「우물」과 「소경 분례」의 예를 들었듯이, 논자는 어떤 작품이 세계문학으로서 성공적으로 받아들여지고 아니고는 번역자체에 문제라기보다는 번역과정에 내재한 불안정성에서 기인하는 경우가 더 많다는 사실을 조명하고자 하였다. 번역의 과정에서 지역작가는 국제어인 영어와 지역어 사이의 차이와 비대칭성 그리고 그러한 불균형이 야기하는 몰개성주의의 비극을 감내해야 하지만, 동시에 그 과정을 견디고 나면 역사, 문화적 특수성이 소실되더라도 다행스럽게 그 시적 의미가 살아남아 외국의 독자들에게 원작의 의도만큼이나 아름다운 감동을 주는 경우 또한 많은 것이 사실이기 때문이다. 고은의 예에서 보여지듯이, 지역에 뿌리박은 인물의 개인적인 이야기와 감성의 구조가 인간 전체의 존재의 문제로 귀결될 수 있는 경우, 그러한 인물을 창조해내는 지역작가의 고유한 언어는 번역의 칼날에도 불구하고 그 신선함과 생명력을 보존하여 지역의 독특한 사회, 문화, 역사에 대한 이해를 가능하게 할 수 있기 때문이다.

마지막으로, 논자는 앞으로 번역의 불안정성에 대한 관심을 촉구하고 그러한 한계를 극복하기 위한 번역비평이 마련되어야 할 필요성을 제기한 것으로 이 연구의 의의를 제시하고자 한다. 고은의 경우에서처럼, 한국문학이 지역문학으로서 독특함과 차별성을 유지하는 동시에 세계문학으로서 보편성과 공감을 이끌어낼 수 있는 가능성이 있는 만큼, 논자는 이제 연구자들의 한국문학의 정체성, 한국적 정서, 그리고 한국을 대표하는 문학작품에 대한 그간의 담론을 재고할 필요가 있다고 여기기 때문이다.

한시 번역문에서 운율韻律을 어떻게 살릴 것인가

김영봉

1. 머리말

시(詩)가 다른 장르의 문학과 구별되는 가장 큰 특징은 운율(韻律)을 가지고 있다는 점이다. 현대에 와서 문학 작품을 크게 둘로 구분할 때 운문(韻文)과 산문(散文)으로 나누는 것에서도[1] 그런 특성을 잘 이해할 수 있다. '운율'은 가끔 '율격(律格)'과 혼용되기도 하여 그 개념에 유사한 점이 있다. 일반적인 언어생활에서는 굳이 구분해서 쓰이지 않지만, 용어의 엄밀한 정의를 추구하는 사람들은 이를 세밀하게 나누어서 설명하기도 한다. 그런 기준에 따르면, 율격은 운문에서 리듬감을 살리기 위해 구사되는 규칙적이고 반복적인 소리(글자)의 양식을 가리키고, 운율은 운(韻)과 율(律 : 律格)을 합한 말로 범위가 더 넓은 개념이다. 운(韻)은 원래 한시에서 나온 용어이고 한시에서 압운(押韻)은 극히 예

1 시에서도 산문성이 강조되는 경우 이를 '산문시'라고 하여 운문과 산문의 경계가 모호한 경우도 있기는 하지만, 여기서는 일반론 차원에서 보편적인 성격을 논한 것이다.

외적인 경우를 제외하고 반드시 지켜야 하는 철칙이다. 이런 관점에서 우리 시가는 율만 있고 운이 없으니 운문보다는 율문이라는 용어를 써야 한다는 주장도 있다. 그러나 운율에 이미 율격이란 의미가 포함되어 있으니 운율이라는 용어를 쓴다고 해서 잘못된 것은 아니다. 각종 사전의 규정이나[2] 기존의 여러 문학론에서도 이를 엄밀히 구분하여 쓰이는 경우는 거의 없다.

시에서 운율을 얘기할 때 흔히 음수율(音數律) · 음보율(音步律) · 음위율(音位律) · 음성률(音聲律) 등을 든다.[3] 한시는 이 네 가지 운율을 모두 충족시킨다는 특징이 있다. 그만큼 한시에서는 운율이 필수적이다. 한시가 이처럼 운율이 발달한 것은 발생론을 보았을 때 쉽게 이해가 된다. 서양의 시론에서도 유사한 주장이 있지만, 동양에서 한시의 발생은 음악과 함께 하였다. 한시의 원류는 『시경(詩經)』 시라고 할 수 있는데, 주희(朱熹)의 시집전(詩集傳) 서문을 보면 이와 같은 성격이 잘 드러나 있다.

> 어떤 사람이 나에게 묻기를, '시는 어찌하여 지었는가?'라고 하니, 나는 대답하기를 '사람이 태어나서 마음이 고요한 것은 하늘로부터 받은 본성이요, 사물에 느낌이 일어 마음이 움직이는 것은 본성의 욕망이다. 무릇 이미 욕망이 있게 되면 생각이 없을 수 없고, 이미 생각이 있게 되면 말이 없을 수 없고, 이미 말이 나왔으면 말로는 표현을 다할 수 없어서 탄식과 영탄에다 감정을 발한 결과물이 반드시 자연스런 음향과 가락을 갖추어서 그칠 수가 없게 되니, 이것이 시를 지은 까닭이다.'라고 하였다.[4]

2 일례로, 국립국어원의 『표준국어대사전』에 실린 율격의 정의는, "[문학] 한시(漢詩)의 구성법에서 언어와 음률을 가장 음악적으로 이용한 격식. 평측, 운각(韻脚), 조구(造句)의 세 가지가 있다"라고 되어 있다.

3 여기에 흔히 '내재율(內在律)' 한 항목이 추가된다. 내재율은 현대 자유시에 적용되는 추상적인 개념이며, 이 글에서 논하고자 하는 운율의 성격과도 맞지 않아 논외로 한다.

'시를 왜 짓게 되었는가?'라고 스스로 질문을 설정해 놓고 그 해답을 제시해 주는 전형적인 설명 방법을 사용하고 있는데, 여기서 '자연스런 음향과 가락을 갖춘다'고 한 것은 순전히 음악적 성격을 가리킨다. 그래서 시경은 원래 노래와 함께 존재하였으니, 시경의 여섯 가지 체(體)인 풍(風), 아(雅), 송(頌), 부(賦), 비(比), 흥(興) 중 수사적 측면을 나타내는 부, 비, 흥을 제외하면 그 중에 풍(風)은 민요이고 아(雅)는 궁중 연회나 조회 등에서 연주하는 음악의 가사였으며 송(頌)은 종묘에서 제사지낼 때 연주하는 음악의 가사였다. 이런 시경의 전통을 이어받았기 때문에 한시는 필연적으로 운율이 발달할 수밖에 없었던 것이다.

이처럼 철저한 운율의 문학인 한시를 우리말로 번역할 때 대두되는 고민이 번역시에서도 원시처럼 운율을 살릴 것인가 하는 문제이다. 우리 전통 시가도 운율이 발달한 장르가 많이 있고 우리말의 표현력도 다양하기 때문에 운율을 지키면서 번역하는 것이 그다지 어려운 문제가 아니라고 생각할 수 있겠지만, 실제 번역에 종사해보면 쉬운 문제가 아니다. 가장 큰 문제는 한시가 워낙 전고(典故)를 많이 활용하고 함축, 생략 등 수사 기교가 대단히 발달되어 있기 때문이다. 전고는 단 몇 개의 글자에 배경 이야기를 다 담고 있어서 이를 효율적으로 전달하기가 만만치 않으며, 함축이나 생략된 표현도 번역에서 살려내지 않으면 의미를 전달하기 어려운 경우가 많다. 한 가지 예를 들어보자.

점필재 김종직의 시 「崔主簿玉潤挽」 중에 "五馬未嘶桑梓里 銘旌空指白楊陰"이라는 구절이 나온다.[5] 이 구절을 직역한다면 "다섯 마리 말은 뽕나무 가래나무 자란 마을에서 울지 않았는데, 명정(銘旌)은 부질

---

4 朱熹, 「시경집전서(詩經集傳序)」, "或有問於予曰, '詩何爲而作也?', 予應之曰, '人生而靜, 天之性也, 感於物而動, 性之欲也. 夫旣有欲矣, 則不能無思, 旣有思矣, 則不能無言, 旣有言矣, 則言之所不能盡, 而發於咨嗟詠歎之餘者, 必有自然之音響節族, 而不能已焉, 此詩之所以作也."

5 金宗直, 『佔畢齋集』 권5.

없이 백양나무 그늘을 가리키네"라는 정도로 할 수 있을 것이다. 그러나 이렇게 번역해서는 무슨 말을 하려고 하는지 감을 잡을 수 없다. 여기서 오마(五馬)는 다섯 필의 말이 끄는 수레로 군수(태수)와 같은 지방 수령의 행차를 말하며 상재(桑梓)는 『詩經』 「小雅 · 小弁」에 "부모가 심은 뽕나무와 가래나무도 공경한다(維桑與梓 必恭敬止)"라고 한 데서 온 말로 부모가 살고 있는 고향을 뜻한다. 또 白楊은 나무이름으로 무덤가에 이 나무를 많이 심었다. 여기서는 최옥윤이 고을을 맡아 그 녹봉으로 부모를 기쁘게 모시는 專城의 봉양을 하지 못하고 세상을 떠났음을 말한다. 이 구절을 의미가 통하게 하려면 "태수의 행차가 고향에 이르지도 못하였는데, 명정(銘旌)은 속절없이 백양나무 그늘로 가네." 정도로 번역을 해야 할 것이다.

이런 문제들 때문에 한시 번역에 있어서 운율을 살려서 할 것인지, 자유시처럼 형식에 제약 없이 내용전달 위주로 할 것인지는 해결되지 않은 논란거리로 남아있다. 또 운율을 살려서 번역하더라도 어떤 형식의 운율을 따를 것인지도 중요한 문제이다. 이 글에서는 지금까지 여러 한시 번역 사례를 통해 한시 번역문의 운율 문제를 정리해 보고 문제 해결의 실마리를 찾아보고자 한다.

2. 한시 번역의 전통과 번역문의 형식

조선 시대 전체를 통틀어 한시의 번역은 그리 활발하게 이루어지지 않았다. 당시의 식자들은 기본적으로 한시를 상당한 수준으로 이해하고 구사할 줄 알았기 때문에 우리말 번역의 필요성이 그리 크지 않았기 때문이었던 것으로 생각된다. 또 한시와 우리 시가는 언어 체계 면에서 대단히 이질적이고 표현 양식도 편차가 커서, 한시는 한시 그대로의 원어로 감상해야 그 참맛을 느낄 수 있다는 점도 한 요인이었을 것이다. 그러나 한시가 우리 선인들의 생활에 워낙 깊이 스며들었기 때문에 일정 부분 번역의 필요성을 외면할 수는 없었다. 이는 학문이 어느 정도 궤도에 오른 기성 문인들보다는 아직 배우는 과정에 있는 사람들에게 그 필요성이 큰 것이었다. 역대의 언해본들을 보면 대체로 학시(學詩)의 용도가 강해 보인다.

한시의 우리말 번역은 성종 때(1481) 간행된 『두시언해(杜詩諺解)』가 최초다. 두보는 한시사(漢詩史)에서 불멸의 시인이고, 특히 유가적 관점에서 더욱 높이 평가되기 때문에 유교 국가인 조선에서 이를 가장 먼저 언해한 것은 자연스런 일이었다. 두시 공부는 시를 배우는 모든 사람들이 반드시 거쳐야 하는 필수 과정이었다. 따라서 이 『두시언해』는 수요가 많아서 인조 때(1632) 중간(重刊)까지 나왔으며, 『두시분류(杜詩分類)』(1618), 『두초당시(杜草堂詩)』(간행년 미상) 등 다른 종류의 언해들도 나왔다.

그 밖에 『언해절구(諺解絶句)』(16세기), 『백련초해(百聯抄解)』(임란 이전 16세기 중엽) 등이 조선 전기에 나온 번역서들인데 이들은 거의 초학자들의 학시를 위한 교재 성격이다. 또 문학서로는 가장 많이 읽혔던 『고문진보(古文眞寶)』도 18세기에 언해가 되었다. 조선 후기로 들어서는 제한적 범위이지만 여성들이 한문학 담당층을 형성하게 되면서 여류 문인들의 작품도 번역이 되었다. 『증조고시고(曾祖姑詩稿)』(18세기, 『호연재유고(浩然齋遺稿)』에 편차)나 『의유당유고(宜幽堂遺稿)』(1843)가 여기에 해당한다. 또 왕가(王家)의 작품이 번역으로 전하는 것에 효명세자(孝明世子, 1809~1830)의 『학석집(鶴石集)』과 『익종간첩(翼宗簡帖)』이 있다. 그 밖에 전문 번역서는 아니지만 『을병연행록(乙丙燕行錄)』과 같은 연행록, 『조야회통(朝野會通)』과 같은 야사류, 『어유야담(於于野談)』과 같은 야담류 등에 부분적으로 실려 전하는 번역시들이 있다. 조선 시대에 이루어진 한시 번역은 거의 이 정도에서 벗어나지 않는다. 한글 창제 이후 수백 년이 흐르는 동안 한시 번역이 이 정도에 그친다는 것은 과거에 한시 번역에 대한 인식이 대단히 빈약했다는 증거이다. 그리고 조선시대에 이루어진 이들 번역은 운율을 기준으로 보았을 때 첫 결과물인 『두시언해』부터 조선 후기에 이르기까지 형식적인 차이가 보이지 않는다. 즉, 축자역(逐字譯)에 충실해서 번역시의 운율을 전혀 고려하지 않은 것이다. 『두시언해』의 예를 하나 들어 본다.

(원시)

「빈교행(貧交行)」 두보(杜甫)

飜手作雲覆手雨　　紛紛輕薄何須數
君不見管鮑貧時交　　此道今人棄如土

(두시언해)

소ᄂᆞᆯ 두위혀 구루믈 짓고 소ᄂᆞᆯ 업더리혀 비ᄅᆞᆯ ᄒᆞᄂᆞ니
어즈러운 가ᄇᆡ얍고 열운 사ᄅᆞᄆᆞᆯ 엇뎨 구틔여 혜리오.
그듸ᄂᆞᆫ 管仲 鮑叔의 가난ᄒᆞᆫ 젯 사괴요ᄆᆞᆯ 보디 아니 ᄒᆞᄂᆞᆫ다
이 道ᄅᆞᆯ 이젯 사ᄅᆞᄆᆞᆫ ᄇᆞ료ᄆᆞᆯ ᄒᆞᆰ ᄀᆞ티 ᄒᆞᄂᆞ다.

(현대어 역)

손을 뒤집어 구름을 짓고 손을 엎어서 비를 만드니
어지럽고 경박한 사람을 어찌 구태여 헤아리겠는가.
그대는 관중 포숙의 가난할 때 사귐을 보지 아니하는가
이 도를 지금 사람은 버리기를 흙같이 하는구나.

원시의 뜻을 전달하는데 충실하여 완전히 산문 형식으로 번역하였다. 과거의 번역은 번역문 자체를 시로 인식한 것이 아니고, 원시의 이해를 돕기 위한 보조 수단에 불과하다고 본 것이라고 이해할 수밖에 없다.

물론 의식을 했는지 안 했는지 알 수 없으나 운율적 요소를 희미하게나마 살려낸 번역이 없는 것은 아니다. 『증조고시고』에 그런 예가 보인다.

(원시)

「신묘중춘상한, 등산자애, 호운공부(辛卯仲春上澣, 登山煮艾, 呼韻共賦)」

雨後江山麗　　良時屬載陽
春風無限好　　遊子逸興長
相呼出林逕　　松篁暎蒼蒼
采采西皐下　　柔艾已盈筐
飯羹必親嘗　　盛來味却香
隨意引淸酌　　開樽琥珀光
行樂方未央　　西日滿水鄕

(번역시)

비후의 / 강산이 / 고아시니
됴흔쐬 / 비로소 / 양ᄒᆞ매 / 밋처도다
봄ᄇᆞ람이 / 한이 업시 / 됴흐니
노는 사람이 / 됴흔 흥 / 이기도다
서로 블너 / 숩플 길의 / 나니
솔과 / ᄃᆡ그림지 / 플으고 / 플으도다
캐고 캐기롤 / 셔편 언덕 / 아릐 ᄒᆞ니
블드러온 / 쑥이 이믜 / 광주리의 / 찻도다

밥과 국을 / 반ᄃᆞ시 / 친히 맛보니
담아오ᄆᆡ / 마시 믄득 / 향긔롭도다
ᄡᅳ즐 ᄡᆞᆯ와 / 말근 잔을 / 달의니
준을 열ᄆᆡ / 호박 빗치로다
즐기기롤 / 바야흐로 / 반이 못ᄒᆞ야
셔녁날이 / 슈향의 / 가득ᄒᆞᄂᆞᆫ도다

앞의 『두시언해』 번역에 비해서는 한결 운율적 요소를 고려한 듯한 흔적이 보인다. 시 한편에서 전체적으로 일관성을 유지한 것은 아니지만 3음보와 4음보를 토대로 한 3자와 4자의 음수율이 두드러진다. 특히 중간에 끼여 있는 "밥과 국을 / 반ᄃᆞ시 / 친히 맛보니, 담아오ᄆᆡ / 마시 믄득 / 향긔롭도다"는 구절은 아래에서 논의할 4(3) / 4(3) / 5조의 음수율을 잘 지키고 있어 흥미롭다. 이 점에 대해 기존의 연구에서는 이 『증조고시고』가 "한시 번역문체에서 최초의 음보율을 적용하려는 시도가 18세기에 나타나고 있음을 보여준다"고 평가하였다.[6] 이렇게 평가하는 것은 우리 한시 번역사에 있어서 중대한 의미를 부여하는 것이어서 좀 더 신중하게 생각해 볼 문제이다. 『증조고시고』에서 이처럼 운율성이 드러나 보이는 것은 극히 소수에 불과하고 전체적으로는 여전히 『두시언해』의 번역 양식을 벗어나지 않는다. 이 번역문도 전체적으로 보았을 때 결코 운율을 지켰다고 하기는 어렵다. 번역을 하다 보면 때로는 우연하게 리듬감이 잘 살아나는 작품도 있다. 예를 들어 산문식 번역으로 일관한 『두시언해』의 경우도,

"挽弓當挽强, 用箭當用長"

6 高淳嬉, 「漢詩 飜譯文體 硏究(Ⅰ)」, 『한국한문학연구』, 한국한문학회, 2001, 56면.

(화를 혈 뎬 / 반ᄃᆞ기 / 세 니롤 혀며,

사를 쏠 뎬 / 반ᄃᆞ기 / 기 니를 쓰며),[7]

"從軍十年餘, 能無分寸功"

(軍을 조차 / ᄃᆞ니건 디 / 열 ᄒᆡ 나ᄆᆞ니,

能히 分寸 / 맛 功이 / 업스려 마ᄂᆞᆫ)[8]

은 3음보에 4 / 4 / 5조를 따르고,

"西憶岐陽信, 無人遂却廻

眼穿當落日, 心死著寒灰

霧樹行相引, 蓮峯望或開

所親驚老瘦, 辛苦賊中來"

(西녀그로 / 岐陽앳 / 音信을 / ᄉᆞ랑ᄒᆞ니,

사ᄅᆞ미 / 그러셔 / 도라 오리 / 업더라.

누니 ᄃᆞᆲ게 / ᄇᆞ라오믈 / 디ᄂᆞᆫ ᄒᆡ를 / 當호니,

ᄆᆞᅀᆞ미 / 주그니 / 촌 지롤 / 노햇ᄂᆞᆫ ᄃᆞᆺ도다.

雲霧 ᄭᅵᆫ / 남근 / 녀 가매 / 서르 혀고,

蓮花峯은 / ᄇᆞ라니 / 시혹 여러 / 뵈놋다.

親ᄒᆞᆫ 밧 / 사ᄅᆞ미 / 늙고 여위요믈 / 놀라ᄂᆞ니,

辛苦히 / 盜賊의 / 서리로셔 / 오라.)[9]

---

7 「전출새 9수(前出塞 九首)」 제6수 『두시언해』 권5. 원시 전문은 다음과 같다. "挽弓當挽强, 用箭當用長, 射人先射馬, 擒敵先擒王, 殺人亦有限, 立國自有疆, 苟能制侵陵, 豈在多殺傷."

8 위의 시, 제9수. 원시 전문은 다음과 같다. "從軍十年餘, 能無分才功, 衆人貴苟得, 欲語羞雷同, 中原有鬪爭, 況在狄與戎, 丈夫四方志, 安可辭固窮."

9 「자경찬지봉상, 희달행재소 3수(自京竄至鳳翔, 喜達行在所, 三首)」 제1수 『두시언해』 권5.

는 4음보에 4 / 4 / 4 / 4조(이하 편의상 4 / 4조라고 함)를 기본으로 하고 있다. 이런 부분만 보면 대단히 운율을 의식하고 번역한 것이라고 판단할 수도 있다. 그러나 『두시언해』에서도 이런 정도의 운율을 지킨 것은 극히 예외적이며 우연한 현상이라고 보아야 한다.

3. 김억(金億)의 한시 번역

조선과 현대로 넘어오는 중간에 한시 번역사에서 안서(岸曙) 김억의 존재는 특별하다. 그는 한시의 번역에 많은 관심을 가지고 상당수의 작품을 번역하였다. 그는 번역에만 그친 것이 아니라 번역론에 대한 진지한 고민을 하면서 여러 편의 시 번역 이론에 대한 글도 남기고 있다. 물론 글은 여러 편이지만 신문 잡지 등에 기고한 글들이 많아 내용은 대동소이하게 중복된다. 요점을 간추리면 '시의 번역은 불가능하다'는 것이고, 따라서 번역시는 번역자의 새로운 창작물이라는 것이다.

그는 축자역(逐字譯)에 대한 심한 거부감을 가지고 다음과 같이 주장하기도 한다.

> 世上에 所謂 原文에 가장 忠實하다는 逐字譯처럼 보기 싫은 것은 없으니, 原文에 忠實은 姑捨하고 그와는 反對의 結果를 생기게 하는 것이 많아, 아모리 생각하여도 이와 같은 것은 한 개의 희롱에 지내지 안는다는 感을 禁할 수가 없습니다.[10]

10 김억, 「譯詩論」, 홍순석 편, 『김억 한시역선』, 한국문화사, 1988, 383면.(띄어쓰기 및 맞춤법은 인용 원전대로. 이하 같음)

이런 관점에서 그는 지금까지의 역사적 전통을 탈피하여 철저하게 율문(律文) 위주로 번역을 하였다. 김억 번역시의 가장 큰 운율상의 특징은 거의 예외 없이 4 / 3 / 5조 아니면 3 / 4 / 5조의 일관성을 유지한다는 것이다. 이는 음보를 크게 나누면 7 / 5조이다. 김억의 번역시에서 이 음보율은 원시가 5언이건 7언이건 상관없이 전편에 기계적으로 똑같이 적용되었다. 김억의 한시 번역 실례를 들어 본다.

(원시)

「大同江」 정지상(鄭知常)

雨歇長堤草色多　　送君南浦動悲歌

大同江水何時盡　　別淚年年添綠波

(김억 번역)

날이 드니 / 언덕엔 / 새파란 풀빛.

그대는 / 떠나는가, / 이맘 설으이.

大同江야 / 말을날 / 어이 잇으리

해마다 / 예는눈물 / 물에 지거니.

김억은 백거이(白居易)의 대 장편 서사시인 「장한가(長恨歌)」 120구도 이처럼 일관된 운율로 번역해 내었다. 김억의 한시 번역에서 또 하나의 특징은 많은 수의 작품을 시조 형식으로도 번역해 내었다는 것이다. 다음이 그 예이다.

(원시)

「규정(閨情)」 이옥봉(李玉峯)

有約郞何晩　　庭梅欲謝時

忽聞枝上鵲　　虛畫鏡中眉

(일반 역)

「까치짝짝」

오마든님 / 어이해 / 이리 늦을가

梅花꽃만 / 無心이 / 뜰우에 지네.

까치짝짝 / 반갑다 / 님오시랴나

거울들어 / 눈썹은 / 뭐라 그린고.

(시조 역)

오마든 님은 늦고 梅花만 뜰에 질제

반갑다 까치 짝짝 님께서 오시랴나

거울에 얼골비최고 두눈섭만 짓나니.

김억은 시조 형식의 번역을 시도하여 대부분의 작품에 일반 역과 시조 역을 나란히 병행해서 싣고 있지만, 기존의 시조 역에 대한 평가는 호의적이지 않았다. 다음 예문에 대한 평을 보자.

(원시)

「진회야박(秦淮夜泊)」 두목(杜牧)[11]

煙籠寒水月籠沙　　夜泊秦淮近酒家

商女不知亡國恨　　隔江猶唱后庭花

11 김억의 글에서는 이를 두보의 작이라고 하였으나 단순한 실수로 보이며, 시조역의 작자를 고경명(高敬命)이라고 한 것은 다른 곳에서 근거를 찾기 어렵다. 沈載完 편의 『校本 歷代時調全書』에는 작자 미상으로 되어 있다.

(시조역)

秦淮에 배를 매고 酒家를 차자가니

隔江商女는 亡國恨을 모르고서

煙籠水 月籠沙할제 後庭花만 부르더라

김억은 이런 시조역을 번역이라고 할 수 없다고 혹평하였다. 원문의 문장을 자기 사정 좋을 대로 뒤바꾸어 놓은데 지나지 않는다는 것이다. 이어서 역자 자신의 생명을 거친 창조적 노력이 있어야 평가받을 만한 존재 의의를 가지게 된다고 역설하였다.

김억의 번역은 수백 년 이어오던 축자 번역의 틀을 과감하게 벗어나서 번역자의 창조적인 시각으로 번역시도 하나의 시 작품으로서 문예미나 작품성을 갖추어야 한다는 새로운 번역론을 제시한 특징이 있다. 그러나 김억의 번역은 지나치게 창조적인 번역을 중시하여 원시의 의미를 상당부분 변형시킨다는 단점이 있다.

앞의 번역문에서 예를 들어 지적해 보자. 「대동강」에서, '비가 그친다'는 '雨歇'을 '날이 드니'로 한 것은 그런대로 묵인할 만하다. 그러나 승구(承句)의 '送君南浦動悲歌'를 '그대는 떠나는가, 이맘 설으이'로 번역한 것은 원시를 너무 벗어났다는 지적을 피할 수 없다. '南浦'는 한시에서 이별의 장소를 상징하는 관습적 표현이어서 한시만의 독특한 미감을 가지고 있는 시어인데 이 말을 생략해 버린 것은 너무 과감하다. '動悲歌'를 '이맘 설으이'라고 한 것도 직설적으로 서술해서 감정의 밀도를 약화시켜버린 작용을 하고 있다. 또 '添綠波'를 '물에 지거니'라고 하였는데, '단순히 물에 떨어진다'는 표현은 원래의 표현인 '푸른 물에 보태진다'고 하는 것과 비교했을 때 '대동강 물이 마를 날이 없을 것'이라는 전제의 표현을 살리는데 크게 미흡하다.

다음 시 「閨情」에서 '有約來何晩 庭梅欲謝時'를 '오마든 님 어이해

이리 늦을가 // 매화꽃만 無心이 뜰우에 지네'라고 순차적으로 번역하였는데, 이는 起句와 承句의 도치된 상호 관계를 잘못 전달하고 있다. 기구의 약속을 잘 간파해야 한다. 낭군이 떠나갈 때 '다음해 봄에 매화가 필 때면 오겠다'고 한 것이 약속의 내용이다. 그런데 매화가 필 때는 커녕 다 져갈 때인데도 안 온다는 말이다. 산문식으로 번역하면 "매화 필 때 오겠다고 약속을 해놓고 낭군은 왜 늦게 오시나. 뜰에 매화는 다 져가는 때인데"가 된다. 그래야 기구와 승구의 긴밀한 인과관계가 살아나며, 원시의 의도가 그렇게 되어 있다.

김억의 한시 번역은 번역문만을 놓고 보았을 때는 대단히 유려하고 운율을 철저하게 잘 지키고 있지만, 지나치게 형식적인 운율에 집착하다보니 원시와의 괴리가 상당히 드러나게 되었다. 김억은 이를 번역의 창작성으로 옹호하고 있지만, 번역 문학에 있어서 원전의 내용을 충실하게 반영하는 것은 기본적으로 지켜야 할 덕목일 것이다.

4. 현대의 번역 양상과 운율 문제

지금에 와서는 한시 번역이 무수히 많이 이루어지고 있다. 그러나 개인마다 번역시에 대한 인식이 달라서 운율을 지킬 것인가 말 것인가 하는 문제가 늘 논의되면서도 합의에 도달하지는 못하고 있다. 한 작품에 대한 현대 번역자들의 다양한 번역 현황을 살펴보기로 한다. 우리 한시에서 가장 널리 알려진 작품 중의 하나인, 앞에서 예를 든 정지상의 「대동강(大同江)」에 대한 여러 사람의 번역이다.

① 『국역 동문선』 번역

비 갠 긴 언덕엔 풀 빛이 푸르른데
남포로 임 보내며 슬픈 노래 울먹이네
대동강 물이야 어느 때 마를거나
해마다 이별 눈물 강물을 더하는 것을

② 김달진 번역[12]

비 개인 긴 둑에는 풀빛도 하 많아라
그대 보내는 남포에는 슬픈 노래 울리나니
이 대동강 물은 언제나 다할른고
해마다 이별 눈물이 물결을 더하는 것을

③ 리상호 번역[13]

비 멎은 언덕에
풀빛 더욱 짙었는데
남포에서 님 보내니
노래도 구슬퍼라
대동강 저 물이
어느때나 마를소냐
해마다 님 보내니
눈물 쏟아 더욱 붓네

12 김달진, 『한국 한시』, 민음사, 1989, 55면.
13 리상호, 『한시집』, 문예출판사, 1985, 92면.

④-ⓐ손종섭 번역[14]

비 갠 긴 방축에
풀빛 짙은데
남포라 임 보내는
슬픈 노래여!
대동강 물이야
언제 다하리?
해마다 이별 눈물
보태지는 걸—.

④-ⓑ손종섭 시조역[15]

비 개인 긴 방축엔 초록빛 짙었는데,
남포라 임 보내는 노래 슬픈 대동강은,
해마다 이별 눈물로 저리 그득 흘러라.

⑤ 송준호 번역[16]

비 개인 긴 강둑에 풀빛은 짙은데,
남포에서 님 보내니 슬픈 노래 못 참겠네.
저 대동강 흐르는 물 어느 때나 마르려나?
이별 눈물 해마다 물결 위에 더해지니…….

---

14 손종섭, 『옛 詩情을 더듬어』, 정신세계사, 1992, 53면.
15 위의 책.
16 송준호, 『韓國名家漢詩選』 I , 문헌과해석사, 1999, 121면.

이상의 예문에 현대 한시 번역의 운율적 측면에 대한 문제는 모두 제시되어 있다. ①은 현 한국고전번역원의 전신인 민족문화추진회(이하 고전번역원으로 호칭)에서 번역한 것인데, 역자가 복수여서 누구의 번역인지는 불분명하다. 전체적으로 4음보에 4 / 4조를 따르고 있으나 마지막 구에서 이를 벗어났는데, 만약 운율을 고려하여 음보를 지키려고 했다면 마지막 구절 '강물을 더하는 것을'을 '강물을 더하는데'로 간단하게 손질만 하여도 해결될 문제였다. 이 점은 역자가 운율을 충실하게 지키려는 의식이 없었기 때문이며 이는 다른 대부분의 작품들을 보면 알 수 있다. 고전번역원의 한시 번역 원칙은 운율을 지키는 것을 중시하지 않기 때문에 현재 진행되고 있는 한시 번역도 자유 형식으로 원시의 의미를 충실하게 전달하는 것을 첫째 목표로 하고 있다. ②는 예전에 일반인들에게 비교적 많이 읽혔던 번역서여서 예시하였는데, 역시 운율을 고려하지 않은 자유시 형식의 번역이다.

③은 북한에서 나온 번역물로서 운율을 충실하게 지키고 있는 좋은 예인데, 4음보에 4 / 4조를 따르고 있다. 리상호는 5언, 7언을 막론하고 많은 작품에 이처럼 4 / 4조를 따르는 번역을 하고 있으나 이를 철저하게 준수한 것은 아니다. 다음에 몇 가지 다양한 예를 들어 본다.

③-ⓐ 「출운주에서 두 칙사에게(出雲州書情寄兩勅使)」[17] 왕효렴(王孝廉)

바다길 아득히 불어오는 마파람에 고향 그리는 이내 마음 붙여볼가	南風海路連歸思
하늘 끝으로 날아가는 기러기	北雁長天引旅情

17 리상호, 앞의 책, 38면.

나그네 시름을 이끌고 가네

다행히도 두 분의 칙사가 나를 이처럼 위로해주니	賴有鏘鏘雙鳳伴
이역땅에 오래 머물러도 내 그다지 시름겹지 않으리	莫愁多日住邊亭

③-ⓑ「백화헌(百花軒)」 이조년(李兆年)

되는대로 이꽃저꽃 심지 말아라	爲報栽花更莫加
백화헌에 백가지 꽃 차야 맛인가	數盈於百不須過
매화꽃 국화꽃이 정을 이끄니	雪梅霜菊情標外
울긋불긋 다른 꽃 부질없어라	浪紫浮紅也謾多

③-ⓒ「절구(絶句)」 소호(小虎)

어둔데서 속인것은 무사할수 있으나	欺暗常不然
밝은데서 속이다간 죽고야 말리	欺明當自戮
한사람의 손을 가지고서야	難將一人手
온 세상의 눈들을 어떻게 가리겠소	掩得天下目

③-ⓐ에서는 다른 번역에서 예를 찾아보기 어려운 형식을 시도하였는데, 절구의 한 구를 번역시에서는 두 구로 늘리고 연(聯)으로 나누었다. 음보도 주조를 이루는 형식을 꼬집어 말하기 어려울 정도로 자유형에 가깝다. 이런 식으로 한 구를 두 구로 늘려 번역하는 예는 리상호

의 번역에서 드물지 않게 볼 수 있다. ③-ⓑ는 7언시를 4 / 4 / 5조(혹은 7 / 5조)로 구성하였다. 원시와 번역시의 글자 수만 대비한다면 다른 많은 5언시를 4 / 4조로 번역한 것과 서로 배치되는 현상이다. ③-ⓒ는 한 작품 안에 4 / 4조와 4 / 4 / 5조를 혼용한 경우이다. 역시 많은 작품에서 이와 같은 혼용의 예를 볼 수 있다.

종합하면, 리상호는 전반적으로는 4 / 4조를 주조로 하는 번역을 추구하였으나 무리해서 이를 준수하려고는 하지 않았고 오히려 다양한 형식의 번역을 시도하였다.

④-ⓐ에 제시한 손종섭의 번역은 4 / 4 / 5조를 기본으로 하고 있다. 손종섭은 전체적인 운율의 경향이 리상호와 유사하다. 전반적으로는 운율을 준수하려고 노력하였으나 반드시 거기에 얽매이지는 않고 여러 가지 방식의 운율을 구사하였는데, 리상호가 4 / 4조를 주조로 한 반면 손종섭은 4 / 4 / 5조를 주조로 하고 있다. 특히 손종섭은 여러 작품에서 시조 역을 시도하고 있어 주목을 끈다. 이는 김억이 대다수 작품에서 시조역을 시도한 것과 대비된다. 김억은 먼저 일반 번역을 선행하고 추가로 시조역을 병행해서 제시했는데, 손종섭은 시조역이 많은 편은 아니며 일반 번역에 시조역을 추가하기도 하고 바로 시조역으로만 그친 경우도 있다.

한시의 시조역은 이미 고려 말, 또는 시기를 늦게 잡아도 조선 초기부터 나타날 정도로 그 전통이 오래된 것이다. 조선 전기 월산대군(月山大君, 1454~1488)의 작으로 다음 시조가 유명하다.

> 추강(秋江)에 밤이 드니 물결이 차노매라
> 낚시 들이치니 고기 아니 무노매라
> 무심한 달빛만 싣고 빈 배 저어 오노매라

오랫동안 이 작품을 월산대군의 창작으로 알고 있었지만 지금은 당나라 스님 선자화상(船子和尙)의 다음과 같은 한시를 번역한 것으로 잘 알려져 있다.

「발도가(撥棹歌)」[18]

千尺絲綸直下垂　　一波纔動萬波隨
夜靜水寒魚不食　　滿船空載月明歸

원시와 번역시를 대비해 보면 4구의 한시를 3장의 시조로 번역하는 과정에서 불가피하게 생략이 일어나고 있다. 특히 원시의 승구(承句, 제2구)는 통째로 생략이 되었다. 그러면서도 전체 시의 분위기와 주제를 잘 살려내고 있는데, 이는 김억이 주장하는 번역의 방향과 부합한다. 특히 원시에 없는 '추강(秋江)에'라는 구절이 보완되었는데, 이는 '수한(水寒)'과 '월명(月明)'에서 유추해 되살려낸 시간적 배경으로서, 원시를 깊이 이해한 바탕에서 가능한 표현이다.

월산대군의 시조보다는 덜 알려져 있지만 한시의 번역이 분명한 작품으로 훨씬 앞서는 것이 있다. 고려말 조선 초기의 강릉 기생 홍장(紅粧)이 지은 다음과 같은 시조가 그것이다.

한송정 달 밝은 밤에 경포에 물결 잔 제
유신한 백구는 오락가락 하건마는
어찌타 우리의 임은 가고 아니 오는고?

이는 장연우(張延祐, ?~1015)의 다음 한시를 시조로 번역한 것이다.

---

18 제목이 「자제3절(自題三絶)」, 또는 「선거우의(船居寓意)」 등으로 된 곳도 있다.

「한송정곡(寒松亭曲)」 장연우(張延祐)

月白寒松夜　　波安鏡浦秋
哀鳴來又去　　有信一沙鷗

한시의 시조역은 앞의 예에서 잠깐 언급한대로 구수(句數)와 장수(章數)의 불일치 때문에 (주로 시조에서) 원시의 부분적인 생략이 일어난다. 그러나 이 두 작품을 대비해 보면 원시의 내용을 '추(秋)'와 '애명(哀鳴)'이라는 시어만 제외하고 거의 손상시키지 않았으며, 오히려 종장 전체에 원시에 없는 말을 추가하였다. 이 역시 원시에 대한 깊은 이해가 바탕이 되었기 때문에 가능한 일이다.

원시의 주제는 겉으로 보기에는 갈매기를 벗 삼아 자연과 동화되어 은거의 삶을 추구하는 것으로 보이기 쉽다. 특히 한시에서는 갈매기가 강호가도(江湖歌道)의 주요한 소재로 등장하면서 기심(機心)을 잊고 자연에 은거하고 싶은 마음을 노래하는 예가 흔하다. 갈매기가 등장하는 것은 물론 『열자(列子)』에 나오는 고사를 용사(用事)한 것이다.[19] 이 시도 그냥 겉으로만 보아서는 틀림없는 강호가도의 노래로 볼 수 있겠지만, 좀 더 면밀하게 분석해 보면 단순한 강호가도가 아님을 알 수 있다. 실은 늘 곁에 있어주는 신의(信義) 있는 갈매기에 비해 언제나 함께 하자고 약속해 놓고서도 이제는 신의를 지키지 않고 떠나가 버린 임에 대한 원망이 진짜 주제이다. 한시는 주제를 겉으로 드러내지 않고 함축과 은유를 구사하는 경우가 많기 때문에 번역 과정에서 그런 요소를

19 기심(機心)은 자기의 사적인 목적을 이루기 위하여 교묘하게 꾀하는 마음을 말한다. 『열자』「황제(黃帝)」편에 전하는 다음과 같은 고사에서 유래하였다, 바닷가에 사는 사람이 매일 수백 마리의 물새와 벗하며 어울려 노닐었는데, 어느 날 갈매기를 잡아 달라는 부친의 부탁을 듣고 다음 날 아침 바닷가에 가니 갈매기가 한 마리도 사람 가까이 내려와 앉지 않았다. 이전에는 갈매기를 해치려는 마음이 전혀 없이 순수하였기 때문에 갈매기들이 그것을 알고 같이 놀았지만, 이제는 갈매기를 잡으려는 욕심이 마음속에 있기 때문에 이를 간파하고 멀리한 것이다.

어떻게 살려 낼 것인지도 번역론에서 중요하게 논의해야 할 문제점이다. 홍장(紅粧)은 당연히 이 시의 주제를 제대로 간파하였으며, 따라서 숨어 있는 주제를 드러내어 시조역의 종장에 되살려 낸 것이다.

⑤번은 김억의 번역 이후 지금까지 나온 번역서 중에 운율을 가장 철저하게 지킨 예이다. 가장 큰 특징은 5언시는 4 / 4 / 5조, 7언시는 4 / 4조를 일관되게 지켰다는 점이다. 송준호의 이러한 일관된 번역 원칙에 따른 결과물로는 『고산 이유장 시집(孤山李惟樟詩集)』도 있다.[20] 이는 원시의 글자 수에 맞추어서 번역시도 비례해야 한다는 명분을 따랐다. 김억의 번역과 또 한 가지 다른 점은, 불가피한 경우가 아니면 원문의 의미를 충실하게 반영하는 직역 위주라는 것이다. 따라서 이 번역은 지금까지 나온 한시 번역 중에 가장 원시의 내용에 충실하면서도 일관되게 운율을 살린 번역으로 꼽을 수 있다.

송준호의 이와 같은 원칙을 따른 번역의 예가 고전번역원의 『다산시문집(茶山詩文集)』에서도 보인다. 다만, 이 번역서는 전체 22권 중 제7권까지가 시집인데 여러 사람이 참여하였기 때문에 역자별로 일관성이 없어서 제1, 2권만 이러한 운율을 지켰고 3권부터는 역자가 달라진 듯 운율을 따르지 않았다.

그러나 송준호의 번역은 원칙을 지나치게 지키려다보니 운율의 운용에 있어서 약간의 무리가 나타나기도 한다. 몇 가지 예를 들어본다.

①「田家四時, 春」

喚雨鳩飛屋 含泥燕入樑

晩來茅舍下 高臥等羲皇

비 올라나 비둘기는 집 둘렐 날고

20 송준호 · 김영봉 역, 『孤山 李惟樟 詩集』, 도서출판 글벗들, 2006.

진흙 물고 제비들은 들보에 드네.
느즈막히 초가집에 돌아와서는
높은 베개 눕고 보니 복희씨 때세.[21]

②「宿香村」
雲行四五里 漸下蒼山近
구름 속길 사오리쯤 가고 있다가
산발치로 점점 내려가면서 보니,[22]

③「內從 아우 김회일 여만이 得失을 따지며 자못 염려한다는 것을 듣고서 시를 지어 이해시키며(聞內弟金會一如萬頗以得失爲念詩以解之)」
蕭瑟如君最可憐 惟能排遣是爲賢
자네처럼 쓸쓸한 것 정말 가장 딱하지만
오직 능히 삭여야만 바로 현명한 것이지.[23]

④「금역당의 운을 따라 짓다(次琴易堂韻)」
道心信微妙 人心易偏頗
도심은 정말 미묘하기만 하고
인심은 쉽게 한쪽 치우쳐 가네.[24]

①은 5언시이니 4 / 4 / 5조의 번역을 따랐다. '비 올라나 / 비둘기는 / 집 둘렐 날고'에서 외형적으로는 음보를 잘 지켰다. 그러나 마지막 구절 '집 둘렐 날고'는 '집 둘레를 날고' 해야 할 것을 다섯 자로 맞추려다

---

21 송준호, 『韓國名家漢詩選』Ⅰ, 문헌과해석사, 1999, 156면.
22 위의 책, 177면.
23 송준호 · 김영봉 역, 앞의 책, 40면.
24 위의 책.

보니 조사 '－를'을 축약형으로 처리하였다. 마지막 구절의 '높은 베개 눕고 보니 복희씨 땔세.'도 마찬가지다.

②는 '산발치로 점점 내려가면서 보니'가 문제다. '내려가면서'는 '내려가다'가 한 단어여서 나뉠 수 없다. 따라서 외형상으로 보아 전혀 운율을 지키지 못한 셈이다. 그런데 이 구절은 읽을 때는 '산발치로 / 점점 내려 / 가면서 보니'로 리듬을 살릴 수 있다. 이는 위 번역서의 역자의 강의를 직접 들으면 확인이 되는 사실이다.

③이나 ④도 유사한 상황이다. '오직 능히 삭여야만 바로 현명한 것이지.'는 외형상 운율을 지킨 것이 아니다. 그 구절은 '오직 능히 / 삭여야만 / 바로 현명 / 한 것이지'라고 읽어야 4 / 4조에 적용된다. '도심은 정말 미묘하기만 하고'는 '도심은 / 정말 미묘 / 하기만 하고'로 읽어야 4 / 4 / 5조가 된다.

이렇게 원래의 단어 구조를 벗어나서 편의적으로 읽을 때의 리듬을 살리는 것은 제대로 운율을 살리는 것이 아니라고 비판 받을 수 있다. 그러나 현대시에서도 시 낭송할 때 사전적 의미의 단어 구성에서 벗어나 읽을 때의 리듬이 따로 적용되기도 한다. 또, 고전에서도 「청산별곡」의 음보를 흔히 3음보로 나누는데 그 실제는 다음과 같다.

> 살어리 / 살어리 / 랏다. // 청산(靑山)애 / 살어리 / 랏다.
> 멀위랑 / 다래랑 / 먹고 // 청산(靑山)애 / 살어리 / 랏다.

이러한 음보 나누기는 상당히 보편화되어 있다. 그러나 엄밀하게 말하면 '살어리랏다'가 하나의 단어이기 때문에 '살어리 / 랏다'로 나누는 것은 위의 송준호 번역의 용례처럼 원 단어 형태를 무리하게 나누는 것이다. 그럼에도 오랫동안 「청산별곡」이 3음보라고 알려져 온 것은 낭독 때의 운율을 인정한 것이다.

이러한 번역은 운율을 지나치게 기계적으로 적용하려다 보니 생겨난 괴리이다. 이런 것들은 상당부분은 어휘를 다시 다듬어서 재정리하면 단어 구조를 흐트러뜨리지 않고도 어느 정도는 번역을 맞출 수 있다. 그러나 어떤 경우는 근본적으로 한문과 우리말의 어휘 차이 때문에 도저히 적당한 번역을 찾기 어려울 때도 있다.

5. 결론

지금까지 한시 번역문의 운율 문제를 다양한 실례를 들어가며 살펴보았다. 다시 요약하면, 한시 번역에 있어서 원시의 의미 전달에 충실하여 운율은 무시하고 내용을 잘 옮기는데 주력할 것인지, 번역문도 시의 번역이기 때문에 시다운 형식을 갖추어야 한다는 주장을 따를 것인지가 문제이다. 전통적으로 수백 년 동안 운율을 도외시한 번역이 진행 된 것은 전자의 견해가 지배적이었기 때문이다. 그러나 시가 시다울 수 있는 가장 큰 특징은 운율을 가지고 있다는 점에서 근대 이후 현대에 들어서 번역시의 운율을 지켜야 한다는 주장이 자주 대두되었고, 실제로 번역에 있어서 이를 지키면서 어느 정도 성과를 보이고 있다.

김억이 5언과 7언을 막론하고 7 / 5조로 자연스런 우리말 번역을 할 수 있었던 것은 '번역은 창작물'이라는 명제 아래 과감한 의역을 하였기 때문에 가능했다. 그러나 김억의 번역 방식을 따를 경우, 한시 번역의 목적을 생각해 볼 때 중요한 문제점이 있다. 한시 번역의 필요성은 바로 한시 원문의 이해가 일차적인 목적일 것이다. 그런데 번역시의 문학적 미의식을 고려하여, 원시의 내용을 다소 벗어나더라도 번역시 자체로 문학성을 갖추면 바람직하다는 견해는, 이런 관점에서 동의하기 어렵다. 특히, 조선 시대 한시 번역서가 상당 부분 초학자들의 학시(學詩) 때문에 나왔다는 사실과 마찬가지로, 현대에도 한시 학습의 중요한 방안으로 번역이 이루어지고 있다는 점에서 단순하게 생각할 문제가 아니다.

이상적이기는, 송준호의 번역처럼 내용을 충실히 전달하면서도 일관성 있는 운율을 지키는 것이다. 그러나 앞에서 언급한대로 한시는 우리말과는 근본적인 구조가 다르고 전고(典故) 활용 등 표현 양식도 독특하기 때문에 이를 번역할 때 원시의 의미를 손상시키지 않으면서 수많은 작품에서 일관되게 운율을 지키기가 쉽지 않다. 그래서 때로는 자연스런 현대어의 흐름에서 벗어난 경우도 더러 있게 된다.

김억의 경우처럼 원시에 집착하지 않고 번역시 자체의 문학성과 완결성을 추구하는 번역이 필요한 독자층도 있을 수 있다. 김억의 번역도 원시의 의미를 크게 벗어난 것은 아니기 때문에 굳이 한시 원문을 알아야 할 필요가 없는 일반 독자들은, 전체적으로 한시의 원래 분위기를 유지하면서 쉬운 현대시 감각으로 번역된 결과물을 선호할 수도 있다. 따라서 독자층을 이원화해서 각기 번역의 방식을 달리 하는 것도 하나의 해결책일 수 있다.

한시漢詩 번역의 의미와 난제難題들

『두시언해(杜詩諺解)』와 통신사(通信使) 필담창화집(筆談唱和集)의 경우를 중심으로

김형태

1. 머리말

동서고금을 막론하고 번역은 지난(至難)한 작업이다. 한시를 우리말로 옮기는 일은 더욱 그러하다. 하지만 이에 대한 온당한 평가는 전혀 고려되지 않고 있는 실정이다. 더구나 개인의 지성을 계량화·질량화하여 평가 척도의 중요한 기준으로 삼는 현실에 있어서 한시 번역은 심지어 개인의 고상한 호사(好事) 쯤으로 여겨지는 감도 있다. 여기에는 과거 동아시아의 공통 문자 체계였던 한자와 한문에 대한 필요성이 격감한 우리 사회의 현실도 한몫했다. 그러나 무엇보다도 동양적 사고방식, 전통에 대한 우리 스스로의 경시(輕視)가 한자 사용의 불필요성을 부추겼다고 할 수 있다.

임진왜란 이전의 조선 한시는 대체로 송시(宋詩)를 전범(典範)으로 삼았다. 송시는 시작 기교의 진보, 내용의 심화, 시재(詩材)의 확대라는 측면에서 당시(唐詩)보다 낫다[1]고 여겨졌기 때문이다. 그럼에도 불구하고 성당(盛唐) 시인인 두보(杜甫, 712~770)의 시는 늘 조선의 식자층에게 널리 사랑받았다. 아울러 두시(杜詩)는 작시(作詩)의 모범이라는 시사(詩史) 상(上)의 특징으로 인해 조선에서 빈번하게 문집으로 간행하였다. 더구나 1,200여 편의 시를 모아 1481년(성종 12)에 25권으로 간행한 『분류두공부시언해(分類杜工部詩諺解)』(이하 약칭 『두시언해』)는 당시 우리말로 한시를 번역했던 최초의 시도이자 우리나라 최초의 국역(國譯) 한시집이라는 사실만으로도 중요한 의미를 갖는다. 성급한 견해일지 모르나, 이미 이 당시에 우리 선조들은 우리말의 고유성과 독자적인 시적 미학을 추구했던 것이다.

한편, 조선은 1607년부터 1811년까지 200여 년 간 12회에 걸쳐 일본의 요청에 의해 통신사를 파견했다. 호기심과 호학(好學)으로 규정되는 일본인들의 관심과 기대는 공식 · 비공식적인 조선 측 인사들과의 교류로 이어졌다. 그 결과물이 바로 일본인에 의해 일본에 남겨진 『필담창화집』[2]이며, 이 가운데 두 나라의 의원들이 대화의 주체로 등장하는 텍스트(text)들이 의원필담(醫員筆談)이다. 이들은 주로 문답(問答)의 방식을 가지고 소통했는데, 일본 의원이 묻고 조선 측 인사가 답변을 진행했다. 또한 경우에 따라서는 시문(詩文)을 서로 주고받으며 각 나라의 문화적 역량을 가늠하기도 했다. 이는 18세기에 한자를 매개로 동아시아가 지식과 경험을 공유했던 흔적이자 번역을 통한 사유의 공유 양상을 확인할 수 있기 때문에 매우 중요한 사료적 가치를 지닌다.

번역의 의미를 찾으려면 여기에서 출발해야 할 것이다. 이 두 시기는 한자를 매개로 한 동아시아적 사고의 통용기(通用期)이자 그것이 순수한

1 李炳漢 譯, 『宋詩』, 探求堂, 1988, 6면.

2 본 연구자는 연세대학교 국어국문학과 허경진 교수가 책임연구원인 한국연구재단 연구과제 "조선 후기 통신사 필담창화집의 수집, 번역 및 데이터베이스 구축"(KRF-2008-322-A00073)에 전임연구원으로 참여해 2008년 7월부터 2011년 6월까지 3년간 의원필담의 번역과 연구를 진행하고 있다.

우리 것으로 변환되는 시점이기 때문이다. 따라서 본고의 목적은 『두시언해』와 통신사 필담창화집 소재 일부 한시를 중심으로 번역이 갖는 의미와 번역 과정에서 발생하는 문제점들을 간략히 살펴보는 데 있다.

2. 진실은 저 너머에 있다[3]

한시 번역의 가장 큰 의미는 핍진(逼眞)의 추구에 있다. 물론 그것이 해당 시의 원작자보다 더 사실적일 수는 없을 것이다. 다만 그 진실에 얼마나 가까이 다가갈 수 있는가가 번역의 관건이 될 것이다. 따라서 한시 번역에서 오역(誤譯)으로 간주하는 것들 중 일부는 그 가치 폄하로부터 일정 정도 자유로울 수 있다. 이는 번역자간 관점의 차이에 기인할 수 있으며, 번역은 항상 누구도 가보지 못한 진실이 존재하는 저 너머에 이르는 과정이기 때문이다.

다른 언어의 번역과 마찬가지로 한시 번역의 두 틀 역시 '직역(直譯)'과 '의역(意譯)'이다. 직역은 외국어로 된 말이나 글을 단어 하나하나의 의미에 충실하게 번역하는 것이다. 의역은 원문의 단어나 구절에 지나치

3 이는 스산한 음악을 배경으로 〈엑스 파일(The X-Files)〉의 오프닝을 늘 장식하는 'The truth is out there'를 우리말로 옮긴 것이다. 〈엑스 파일〉은 FBI 특수요원 폭스 멀더(Fox William Mulder: David Duchovny분)와 데이나 스컬리(Dana Katherine Scully: Gillian Anderson분)가 '엑스 파일'로 명명된 초자연적 현상, 괴물, 유령, 과학적으로 설명할 수 없는 미해결 사건 등을 수사하는 부서에서 일하며 겪은 일을 줄거리로 하는 TV 시리즈이다. 크리스 카터(Chris Carter)가 기획했고, 폭스(FOX)사를 통해 1993년 9월 10일부터 2002년 5월 19일까지 아홉 시즌으로 나뉘어 총 201편이 방영되었다. 우리나라에서는 1994년 10월 31일부터 2002년 10월 26일까지 한국방송공사(KBS)에서 수입해 방영했다.

게 얽매이지 않고 전체의 뜻을 살리는 번역이다. 즉, 직역은 주로 대상을 직접 파악하는 직관(直觀)에 의존한다면, 의역은 이를 한 단계 걸러낸 합리성에 기반을 둔다. 그리고 그 둘이 상호보완적 관계를 이룰 때, 진실에 다가갈 수 있으며, 한시 번역의 의미는 그 정당성을 획득한다.

다소 뜬금없지만, 이는 〈엑스 파일〉의 두 주인공 멀더와 스컬리가 상보적 수사를 통해 서로를 이해하게 되며, 진실을 규명해 나가는 과정에 비견할 수 있다. 멀더는 감각 · 경험 · 연상 · 판단 · 추리 따위의 사유 작용을 되도록 거치지 않고 수사를 진행한다. 어렸을 적 동생 사만다(Samantha)가 외계인에 의해 납치되었고, 그 배후에 미국 정부가 개입되어 있다는 확신이 그에게 위험에 빠지더라도 대상을 직접적으로 파악하는 성향을 지니도록 한 것이다. 반면에 법의학을 공부한 스컬리는 냉철한 과학적 합리성에 기초해 멀더의 부족한 부분을 보충하면서 점점 멀더의 신념을 돕게 된다. 즉, 둘은 상호 부족한 부분을 채우면서 진정한 동반자 관계를 형성하는 것이다.

한시의 운율은 음수율을 기저(基底)로 삼는다. 따라서 이를 우리말로 옮기면, 원시(原詩)의 정교한 맛은 사라질 수밖에 없다. 다만 한시 번역에 있어서 직역에 주안점을 두면 운율을 비롯한 한시의 까다롭고 복잡한 형식을 일정 정도 살릴 수 있지만, 독자가 해당 시의 참맛을 음미하는 데 별반 도움을 주지 못한다. 한편 의역에 치중할 경우, 그 반대의 현상이 발생할 수 있다. 따라서 어렵기는 하지만 한시 번역에 있어서 직역과 의역의 조화는 매우 중요한 일이다. 이를 극명하게 보여주는 예가 바로 『두시언해』의 작품들이다.

봆 뫼해 벋 업시 ᄒᆞ오아 서르 求ᄒᆞ야 오니	春山無伴獨相求
나모 버히ᄂᆞᆫ 소리 丁丁ᄒᆞ고 뫼히 ᄯᅩ 幽深ᄒᆞ도다.	伐木丁丁山更幽
시냇 길헤 나ᄆᆞᆫ 치위예 어름과 눈과ᄅᆞᆯ 디나	澗道餘寒歷氷雪

石門ㅅ 빗근 힛예 수픐 두들게 니르리오라. 石門斜日到林丘[4]

「제장씨은거(題張氏隱居)」의 기(起)구와 승(承)구이다. 두보가 숨어사는 장씨와 서로 오가고 지내며 느낀 한적한 정취를 표현한 시이다. 이와 같은 언해문과 원문만으로는 두시의 내용을 이해하기 어렵다. 『두시언해』는 직역에 가까운 축자역(逐字譯)이기 때문이다.

위시에서도 '동행(同行)'·'짝'의 의미가 더 강한 '반(伴)'자를 '벋(벗)'으로 번역한 것을 제외하면 대부분 직역에 의존하고 있음을 알 수 있다. 이를 의역으로 바꾸어 적합한 문구를 찾기는 지난(至難)한 일이며, 의역이 진행될수록 원시(原詩)의 의미와는 멀어지고 만다. 특히 기구의 '벌목정정(伐木丁丁)'은 『시경(詩經)』「소아(小雅)」「벌목」편이 출전인 유명한 구절이다. 여기에서 '정정'은 나무 찍는 소리를 표현한 것이므로 비슷한 우리말 의성어를 살려주는 것이 좋다고 하겠다. 또한 주석문에 '尋也'라고 밝힌 '求ᄒᆞ야'도 '찾아'로 대체할 수 있고, '유(幽)'자 역시 '그윽하다'는 표현을 사용할 수 있다. 이를 염두에 두고 위 구절을 번역하면, "봄 산에 벗도 없이 혼자 서로 찾아오니 / 나무 찍는 소리 '쩡쩡'하고 산도 그윽하구나. / 시내길 남은 추위에 얼음과 눈을 지나 / 돌문에 해 비낄 즈음 숲 언덕에 이르겠네." 정도가 될 것이다. 우리 시의 전통적 운율이 무엇인지는 논의가 더 이루어져야겠지만, 현대역으로는 이상과 같이 음절수와 어절 수로 기본적 형식만 갖출 수 있을 뿐이다. 이처럼 우리말화된 한시의 운율을 찾기란 어려운 일이다.

물론 중세국어와 현대국어의 표기법에 차이가 있기 때문에 현대역이 『두시언해』의 원의(原義)를 해칠 가능성도 있지만, 기존의 현대역도 인정하면서 반드시 『두시언해』를 꼼꼼하게 다시 살펴볼 필요가 있다.

---

4 杜甫·이병주 역해, 高銀 역, 『杜詩諺解』, 民音社, 1991, 64~65면.

역설적이게도 이런 이유 때문에 『두시언해』에는 의역을 조화시킨 현대역이 반드시 필요하다고 할 수 있다. 그렇다고 해서 『두시언해』가 난해하기만 하고, 그 문학적 의의가 전무(全無)하다는 것은 아니다. 무엇보다도 두보의 5언이나 7언이 어떤 구식(句式)으로 되어 있는지는 언해문을 읽으면 가장 정확히 알 수 있기 때문이다.[5] 따라서 정확한 통사 구조에 대한 이해를 바탕으로 조선시대 식자층은 우리말 어휘의 표현 능력 배양은 물론 구법(句法)의 측면에서 적지 않은 수련의 효과를 얻을 수 있었을 것이다.

통신사 사행에 다양한 계층의 인사들이 참여했음은 주지의 사실이다. 이 가운데 의원들은 특히 당시 두 나라를 대표하는 테크노크라트(technocrat) 계층이었다. 즉, 이들은 의료계에 종사하는 현역 전문가이자 관료였다. 따라서 의원들은 『황제내경(黃帝內經)』과 『난경(難經)』을 비롯한 수많은 한문 의서(醫書)를 통해 전문 지식을 익히고 활용했기 때문에 의학 지식은 물론 문사(文士)들 못지않게 한학(漢學)과 한문에 대한 조예도 깊었다.

또한 짧은 시간에 자신의 견해를 필담으로 정리해 교환했을 뿐만 아니라, 문사들의 만남에도 참여해 시문으로 의견을 교류한 흔적이 필담창화집의 여러 곳에 남아 있다.

이 자리에서 활암 선생께 드림(席上奉活菴公) 금봉

못 물가에서 서로 만나 거듭 비범함과 통했는데	相逢池水更通神,
다시 만나 초(楚)나라 노래 이별 곡조도 새롭구나.	復値郢詞離曲新,
맑은 기운 남쪽에서 전해지니 가을 깊지 않았건만	淑氣自南秋未老,
젊은 신선은 바로 내일이면 배에 오를 사람이네.	仙郎明日乘舟人.

5 李鍾默, 「杜詩의 언해 양상」, 『杜詩와 杜詩諺解 研究』, 태학사, 1998, 155면.

금봉의 시에 답해 드림(奉酬金峯韻) 활암

그대의 학업(學業) 신묘(神妙)함과 하나 됨을 알겠고	知君術業叶於神,
소매 속 푸른 주머니 돌 침도 새롭구나.	袖裏青囊砭石新,
지금 세상 그 누가 참된 국수를 알겠는가?	今世誰知眞國手,
불쌍하다! 평범한 사람으로 간주하는 사람들아.	可憐看作等閑人.[6]

이상은 『상한장갱록(桑韓鏘鏗錄)』에 수록된 창화시의 일부이다. 『상한장갱록』은 1748년 제10차 '무진(戊辰)통신사'의 조선 양의(良醫) 조숭수(趙崇壽, 1715~?)와 일본 나니와(浪華)의 의원인 모모타 아타카(百田安宅) 사이의 필담을 정리한 책이다. 이 책은 본래 상 · 중 · 하 3권으로 구성되어 있고, 아타카가 종사서기(從事書記) 이명계(李命啓, 1714~?), 의원 조덕조(趙德祚, 1709~?), 의원 김덕륜(金德崙, 1703~?)과 나눈 필담 및 한시도 실려 있다. 조숭수는 필담에서 자신의 자가 숭재(崇哉)이고, 호는 활암(活菴)이라고 소개했는데, 같은 시기에 남겨진 필담창화집 『상한의문답(桑韓醫問答)』에 따르면, 그는 양주(楊州)가 본관(本貫)이고, 자는 경로(敬老)이다. 한편 아타카는 관명(官名)이 평격(平格)이고, 자는 자산(子山)이며, 호는 금봉(金峯)이다. 이들은 통신사의 방일 길인 4월과 귀국 길인 7월에 나니와에서 만나 필담을 나누었다.[7]

위의 창화시에는 다시 만날 기약 없는 이별을 앞둔 두 사람의 절절한 정서가 잘 드러나 있다. '청낭'은 의생(醫生)이 의서를 넣는 주머니이므로 흔히 의생(醫生)이나 의술을 비유한다. '폄석'은 돌로 만든 시술용 침이다. 아타카가 도움 받은 조숭수와의 이별을 못내 아쉬워하자, 조숭수는 침술에 관심이 많았던 아타카를 국수로 한껏 치켜세우고, 이를

6 百田安宅, 『桑韓鏘鏗錄』, 24~25면.

7 金亨泰, 「18세기 전반기 通信使 醫學筆談의 展開 및 內容的 特性－『兩東唱和後錄』, 『桑韓醫談』, 『桑韓鏘鏗錄』 下, 『桑韓醫問答』을 중심으로」, 『朝鮮通信使硏究』 第8號, 朝鮮通信使學會, 2009, 9면.

알아보지 못하는 것은 무관심한 세상 탓이라며, 일본 지방의 일개 의원을 위한 세심한 마음 씀씀이를 보여주고 있다.

이 창화의 바로 뒤에는 두 의원이 서로에게 지닌 아쉬움의 깊이만큼 구구한 장문(長文)의 글과 시 "근정양의활암조공서(謹呈良醫活菴趙公書)" 및 "봉송별(奉送別)"과 "근봉부금봉백태의(謹奉復金峯百太醫)"와 "봉화금봉운(奉和金峯韻)"이 이어져 이별을 앞둔 이들의 인간적 고뇌가 얼마나 큰 것이었는지 확인해 볼 수 있다. 한일 관계의 역사적 속사정이야 어떻든 간에 필담창화집 소재 한시를 통해서도 인간적 교류의 진실한 양상을 확인할 수 있는 것이다.

이와 같이 한시 번역에 있어서 핍진의 추구는 직관과 논리적 합리성의 문제는 물론 나아가 직역과 의역의 조화도 결부되어 있는 복잡한 문제이다. 이는 중세 국어를 현대역으로 바꾸는데 있어 역사적 의미의 재해석과도 그 궤를 함께하기 때문이다.

3. 지식 확장의 도정(道程)

한시를 우리말로 옮기는데, 자전(字典)이나 사전(辭典)보다 좋은 스승은 없다. 물론 경륜이 출중한 스승이나 자문을 구할 수 있는 조력자(助力者)가 늘 곁에 있다면 더할 나위 없겠지만, 사정이 여의치 않은 경우에는 여러 공구서(工具書)가 정답이 될 수 있다. 여기에서 얻은 지식은 번역시 자체 내에서 표출되기도 하지만, 대부분 주석(註釋)의 형태를 통해 독자로 하여금 방대한 지식의 광장으로 나아가게 하는 이정표로서 기능한다.

조선시대에 『두시언해』를 포함해 두시집(杜詩集) 출판이 성황을 이루었던 이유 중에 하나도 정확한 지식의 전파와 확장을 위한 노력의 일환이라는 흔적이 자리 잡고 있다. 이는 『두시언해』의 서문(序文)에 명확히 제시되어 있다.

> 성화 신축년(1481 · 성종12) 가을에 임금께서 홍문관전한 신 유윤겸 등에게 명하여 대략 말씀하셨다. '두시는 여러 사람의 주가 자세한 듯하다. 그러나 『회전』은 번다하고 잘못된 오류가 있고, 수계는 간결하나 소략한 잘못이 있다. 여러 설이 분분하여 서로 모순되니, 연구하여 하나로 하지 않을 수 없다. 너희들이 편찬하도록 하라.' 이에 널리 여러 주를 모아 번다함을 없애고 바르게 고쳤으며, 지리 · 인물 · 자의 중 어려운 것은 절에 따라 간략히 주소를 달아서 찾아 살펴보는 데 편하게 했고, 우리말로 그 뜻을 번역했으니, 지난날 이른바 난삽했던 것이 한번 보기만 해도 명확하게 되었다.[8]

이상은 조선 초기 문신(文臣)인 조위(曺偉, 1454~1503)의 『두시언해』 서문이다. 여기에서 『회전』은 1431년(세종 13)에 밀양(密陽)에서 송판(宋板)을 복각간행(覆刻刊行)한 조선시대 최초의 두시전집인 『두공부초당시전(杜工部草堂詩箋)』이다. 이 책은 본래 송(宋)의 노은(魯訔)이 1153년에 편차(編次)하고, 채몽필(蔡夢弼)이 1204년에 회전(會箋)한 두시전집으로 '초당시전(草堂詩箋)'이라 일컫기도 한다. '수계'는 중국 남송(南宋)대 문인인 유진옹(劉辰翁, 1231~1294)의 호인데, 여기서는 그가 남긴 『집천가주분류두시(集千家註分類杜詩)』를 가리킨다. 이들 텍스트가 결국 『두

---

8 成化辛丑秋, 上命弘文館典翰臣柳允謙等, 若曰, '杜詩諸家之註詳矣. 然會箋繁而失之謬, 須溪簡而失之略. 衆說紛紜, 互相牴牾, 不可不硏覈而一. 爾其纂之.' 於是廣摭諸註, 芟繁釐枉, 地里人物字義之難解者, 逐節略疏, 以便考閱. 又以諺語, 譯其意旨. 向之所謂艱澁者, 一覽瞭然. 書成, 繕寫以進, 命臣序. 조위, 『매계선생문집(梅溪先生文集)』 권지4(卷之四) 「두시서(杜詩序)」.

시언해』의 저본(底本)인 셈이고, 이들 두 본의 주석이 대부분 『찬주분류두시(纂註分類杜詩)』에 실려 있다.[9]

서문에서 확인할 수 있듯이 『찬주분류두시』는 해석과 연관된 여러 학설을 다양하게 싣고 있기 때문에 독자가 각자 타당한 설에 따라 의미를 파악할 수 있었다. 그러나 오히려 이 점이 혼동을 가져올 수 있었고, 결국 『두시언해』의 정리를 통해 편찬자의 시각에 따라 합리적 주석들로 새롭게 정리한 것이라고 할 수 있다. 따라서 『두시언해』의 편찬 의도와 그 의미는 정확한 언해 및 주석 관련 지식의 정리와 확장에서 찾을 수 있다.

방대한 분량의 『두시언해』에서 지식 확장의 예를 일일이 찾기란 요원(遙遠)한 일이다. 다만 단편적이나마, '이두(李杜)'라 불리며 당대 두보와 쌍벽을 이루던 이백(李白, 701~762)과 연관된 흥미로운 시작품을 살펴보는 것으로 아쉬움을 달랠 수 있겠다.

> 白也의 그를 ᄀᆞᆯ오리 업스니 白也詩無敵.
> 飄然히 ᄠᅳ디 물ᄒᆞ리 업도다. 飄然思不群.
> 淸新호ᄆᆞᆫ 庾開府 ᄀᆞᆮ고 淸新庾開府.
> 俊逸ᄒᆞᄆᆞᆫ 鮑參軍이로다. 俊逸鮑參軍.[10]

「춘일억이백(春日憶李白)」의 기구와 승구이다. 이백은 두보보다 12살이 많았는데, 두보는 30세에 낙양(洛陽)에서 이백을 만나 약 2년간 교유하였다. 위 시의 현대역은 "이백이여! 시를 대적할 이 없으니 / 표연한 뜻 따를 무리 없도다. / 청신함은 유개부 같고 / 준일함은 포참군이로다."로 정리할 수 있다.

---

9 沈慶昊, 「조선조의 杜詩集 간행과 杜詩 受容」, 『杜詩와 杜詩諺解 硏究』, 51면.
10 杜甫 · 이병주 역해, 高銀 역, 『杜詩諺解』, 30~31면.

승구는 전고나 고사가 혼동되면, 시 전체의 의미가 확연히 달라질 수 있음을 보여주는 좋은 예이다. 즉, '유개벽'은 중국 남북조(南北朝) 시대의 문인인 유신(庾信, 513~581)이고, 개벽은 벼슬 명칭이다. 그의 자는 자산(子山)인데, 남조의 양(梁)나라와 북주(北周)에서 벼슬을 하였다. 문체가 화려하여 서릉(徐陵, 507~583)과 함께 '서유체(徐庾體)'로 불리었으며, 저서에 『유자산문집(庾子山文集)』 20권이 있다. '포참군'은 중국 남조시대 송(宋)의 문학가 포조(鮑照, 414?~466)이고, 참군은 벼슬 이름이다. 그의 자는 명원(明遠)이고, 악부시(樂府詩)에 뛰어났으며, 대표작에 「행로난(行路難)」 18수와 「무성부(蕪城賦)」가 유명하다. 풍격이 웅장하고 분방하여 후대에 많은 영향을 끼쳤으며, 저서에 『포참군집(鮑參軍集)』이 있다.

이 시는 이를테면, 비유를 통한 이백에 대한 찬시(讚詩)적 성격을 지닌 시이다. 아울러 두보는 이백의 시상(詩想)에 대해서 자유롭고 거침없는 '표연함'을, 시재(詩才)에 대해서는 산뜻하고 신선한 '청신함'과 뛰어나다는 의미의 '준일함'을 높이 평가했음을 확인할 수 있다.

마츠모토(松本) 양암(良菴)이 보내준 시에 화답함(和松本良菴贈投韻) 퇴석(退石)

규성이 어젯밤 해동에 매달리더니 　奎星昨夜海東懸,
글소리 오늘은 옛 절가에 들리네. 　文鼓今聞古寺邊,
접역을 떠난 사람 하탑에 날아오니 　鰈域行人翻下搨,
반기는 눈길로 꽃비 내리는 하늘가에서 맞이하네. 　青眸相對雨花天.[11]

이상은 1764년 갑신(甲申)통신사의 서기(書記)였던 퇴석 김인겸(金仁

11 松本興長, 『兩東鬪語』, 16면.

謙, 1707~1772)이 당시 도호토(東都)에서 만나 필담을 나누었던 일본 의원 마츠모토 고조우(松本興長)에게 준 화답시이다. 고조우는 자가 천리(千里), 호는 양암(良庵)으로, 교토(京都)의 의사인 마츠모토 고세이(松本興正)의 큰아들이자 의관(醫官) 타키 안조우(多紀安長, 1731~1801)의 제자이다. 당시 도호토 구과(口科) 시의(侍醫)이자 의원 대표로서 조선통신사를 접대하고 필담집 『양동투어(兩東鬪語)』를 남겼다.

위 시에서 '규성'은 '규수(奎宿)'라고도 하는데, 동양의 별자리인 28수(宿)의 하나이자 초여름에 보이는 중성(中星)으로, 문운(文運)을 맡아본다고 알려져 있는 별이다. 여기에서는 문필이 뛰어난 고조우와의 만남을 암시한다. 글소리가 절가에서 들리는 이유는 조선통신사가 대규모 사행단이었으므로 숙소와 접견 장소가 대부분 일본의 고찰이었기 때문이다. '접역'은 우리나라의 다른 이름인데, 동해에서 가자미가 많이 산출되기 때문에 일컫게 되었다. '하탑'은 손님을 극진히 대접한다는 뜻이다. 후한(後漢)의 진번(陳蕃)이 예장태수(豫章太守)로 있을 때, 다른 손님은 접대하지 않았으나 서치(徐穉)가 오면 달아매둔 의자를 내려 극진히 접대했다는 데 따른 고사(故事)이다. '청모'는 죽림7현(竹林七賢)의 한 사람인 완적(阮籍) 관련 고사로써 업신여기거나 냉대한다는 의미의 '백안(白眼)'과 반대되는 '청안(青眼)'의 의미이다.

결국 이 시는 김인겸이 반갑게 맞이해주는 고조우에게 고마운 마음을 전하며, 아울러 그의 문필에 대한 칭찬의 의미를 담고 있는 것이다. 간과하지 말아야 할 것은 이상의 짧은 시가 천문 · 지리 · 생물 · 인물과 관련된 많은 방계(傍系)정보를 담고 있다는 점이며, 이를 통해 독자들도 지식의 지평을 보다 넓힐 수 있다는 것이다. 따라서 한시 번역은 단순히 의미의 전달을 넘어서 새로운 지식을 파급할 수 있는 첨병(尖兵) 역할을 충분히 수행할 수 있고, 번역을 재창작이라고 일컫는 이유도 바로 여기에 있다.

4. 문학 본의(本意)의 확인 수단

문학의 본의는 무어라 하나로 규정내리기 매우 어렵다. 하지만 과거 우리 선조들의 혼이 깃든 우리말 유산 『두시언해』와 한시 번역의 현대적 의미가 무엇인가를 염두에 둘 때, 아래에 제시하는 중국 작가 티에닝(鐵凝)의 메시지는 우리에게 시사하는 바가 크다.

> 인류의 정신적 고귀함을 지키고 보호하는 것, 우리가 함께 살아가는 이 별의 청결함과 평화로움을 지키고 감시하는 일이 문학의 본의입니다. 인류의 욕망이 끊임없이 터져 나오는 정보에 의해 도발되고, 인류의 정신이 정보에 의해 번번이 짓밟히는 물욕시대의 소란스러움 속에서, 문학은 어색하고 어렵고 또 보수적일지 모르는 목소리를 내야만 합니다. 어쩌면 문학의 '시의적절하지 않음'이야말로 진정한 아방가르드일지도 모릅니다. 또한 이 때문에 문학은 늘 인류의 어려움과 길을 함께 하는 것입니다. 또한 이 때문에 문학은 자신만의 가치를 드러낼 수 있을 것입니다.[12]

그녀의 견해를 빌자면, 문학의 가장 깊은 의미와 정신은 보수적이고 시의적절하지 않을 수 있다. 그리고 보수는 어쩌면 과학기술 창조에는 해로울지 모른다. 그러나 선악, 연민과 동정, 사랑과 미움, 존엄과 행복, 한탄과 이별 등의 관념 속에는 결코 진보와 보수의 문제가 존재하지 않는다. 영원한 도덕진리는 결코 노쇠하지 않을 것이기 때문이다. 결국 문학의 본의 중 하나는 인간의 본연지성(本然之性) 회복에 있는 것이다. 그리고 이를 통해 시대 비판 정신은 물론, 독자들로 하여금 삶의

---

12 티에닝(鐵凝), 「산골 소년은 지금 어디에」, 『녹색평론』 116호, 녹색평론사, 2011.1, 235면.

고귀한 가치를 되새기게 하는 데 있다. 또한 한시를 번역하는 의미도 여기에서 찾을 수 있다.

거츤 ᄆᆞᅀᆞᆳ 建子ㅅ ᄃᆞ래	荒村建子月
ᄒᆞᆫ 나모 션 늘근 노ᄆᆡ 지비로다.	獨樹老夫家
눈 소개 ᄀᆞᄅᆞ맷 ᄇᆡ 건나고	雪裏江船渡
ᄇᆞᄅᆞᆷ 알ᄑᆡ 길헷 대 빗겟도다.	風前竹徑斜
치위옛 고기ᄂᆞᆫ 칙칙ᄒᆞᆫ 말와매 브텟고	寒魚依密藻
자던 해야로비ᄂᆞᆫ 두려운 몰애예셔 니ᄂᆞ다.	宿鷺起圓沙
蜀앳 수리 시름 이긔유믈 ᄒᆞ건마ᄅᆞᆫ	蜀酒禁愁得
도니 업거니 어듸 가 사리오.	無錢何處賖[13]

인용한 언해와 한시는 「초당즉사(草堂卽事)」이다. 범박(汎博)하나마 이를 현대역으로 바꾸면, "황량한 마을 동짓달에 / 나무 하나 서있는 늙은이 집이로다. / 눈 속에 강 배는 건너가고 / 바람 앞에 길가 대숲 비스듬하네. / 추위에 물고기 빽빽한 마름 풀로 모여들고 / 잠자던 해오라기 둥근 모래밭에서 일어난다. / 촉 땅의 술이면 시름을 이겨내련만 / 돈이 없으니 어디 가서 사리오." 정도일 것이다. 유난히 춥고 길었던 이번 겨울을 새삼 떠올리게 하는 서글픈 시이다.

두보는 이전 시인들의 형식을 계승해 새로운 발전을 이루었고, 각종 시체(詩體)를 익숙하게 운용했던 것으로 평가 받는다. 특히 그의 5언시는 사회의 혼란, 민생의 고통과 개인적 유랑을 묘사하는 데 뛰어난 수단이었다.[14] 이 시에서 두보는 고독과 쓸쓸함의 정조(情調)를 주로 하여 시를 통해 도달할 수 있는 시적 형상화의 정점에 도달했다고 할 수

13 杜甫 · 이병주 역해, 高銀 역, 앞의 책, 22~23면.
14 魚夫 지음 · 천현경 역, 『杜甫』, 도서출판 눈, 1989, 10~11면.

있다. 여기에 보태서 전란과 빈곤 및 지병(持病)에 기인한 두보의 불우했던 삶을 아는 독자라면, 작시의 배경에 자리한 그의 시대 비판 정신까지도 읽어낼 수 있을 것이다.

앞서 언급했던 통신사 필담창화집 『상한장갱록』 중 하권에는 일본 의원 아타카가 조선 문사들과 창화한 시문도 다수 포함되어 있다. 이것들은 대부분 통신사 귀로(歸路)에 이별을 앞두고 이루어졌다. 그만큼 내용도 애절하다.

이서기 해고 공께 드림(呈李書記海皐公) 금봉

재자가 읊는 시 한대와 똑같아	才子吟毫漢代同,
한때는 반마처럼 세찬 바람 움직였네.	一時班馬動雄風,
동서(東西)로 헤어질 내일이면 거듭 서로 잊지 못할 텐데	各天明日重相憶,
다만 푸른 하늘로 들어가는 선사만 바라볼 뿐이리.	只見仙槎入碧空.

금봉이 이별하며 준 시에 화답함(奉和金峯贈別) 해고

거듭 오른 절간 누각에서 그대와 함께 모였는데	重上禪樓與子同,
어디선가 매미 우니 또 가을바람 불겠네.	一蟬何處又秋風,
나니와의 내일이면 구름처럼 흔적도 없을 텐데	浪華明日雲無跡,
고개 돌려 아름다운 옥 뫼 보니 달빛만 허공에 가득하네.	回首瑤岑月滿空.[15]

'해고'는 앞서 언급했던 통신사 종사서기 이명계의 호이다. 그의 자는 자문(子文)이고, 본관은 연안(延安)이며, 1754년 증광시(增廣試)에 병과(丙科)로 합격했고, 사포별제(司圃別提)와 현감(縣監)을 지냈던 인물이다. '반마'는 중국의 뛰어난 문인인 반고(班固, 32~92)와 사마천(司馬遷,

15 百田安宅, 『桑韓鏘鏗錄』, 24~25면.

B.C.145~B.C.86?)을 지칭하는데, 경우에 따라서는 반고와 사마상여(司馬相如, B.C.179~B.C.118)를 가리키기도 한다. '반고'는 후한(後漢)의 역사가로서 안릉(安陵) 사람이고, 자는 맹현(孟賢)이다. 아버지 표(彪)의 유지를 받들어 『한서(漢書)』를 20여년에 걸쳐 저술했으나, 8표(八表)와 천문지(天文志) 등은 완성하지 못해 그의 누이동생 소(昭)가 이를 보완했다. '사마상여'는 한(漢)의 성도(成都) 사람이고, 자는 장경(長卿)이다. 그가 지은 「자허부(子虛賦)」·「상림부(上林賦)」 등의 작품은 풍유(諷諭)가 뛰어나고 글이 화려해 한(漢)·위(魏)·육조(六朝) 문인들의 모방 대상이 되었다. 말하자면 아타카는 이 작품을 통해 이명계의 문필에 대해 최고의 찬사를 아끼지 않은 셈이다.

아타카는 통신사 왕로에 만났던 이명계가 귀로에 학질(瘧疾)에 걸려 고생하고 있음을 알고, 병문안과 함께 진심으로 쾌유를 기원하는 뜻에서 위와 같은 시를 주었고, 이를 받은 이명계는 와병 중에도 불구하고 이별을 아쉬워하는 내용의 시로 화답했다. 바로 이러한 부분에서 양국 간 상대에 대한 아름다운 인간적 배려를 확인할 수 있고, 조일(朝日) 두 나라가 교류의 모토(motto)로 내세웠던 진정한 성신교린(誠信交隣)의 구체적 근거[16]를 확인할 수 있다.

5. 맺음말

『두시언해』에 대해서는 어려운 두시의 학습을 위한 지침서적 성격

16 金亨泰, 「1748년 제10차 戊辰通信使 醫員筆談의 성격 변천 연구-『對麗筆語』와 『朝鮮筆談』을 중심으로」, 『韓國漢文學研究』 第46輯, 韓國漢文學會, 2010.12, 312~313면.

에서 그 의의를 찾는 것이 일반적 견해이다. 그러나 이 책이 『찬주분류두시』를 비롯해 해석과 연관된 여러 서적을 통한 충분한 연구와 이해를 바탕으로 15세기에 두시 번역을 집대성한 자료라는 점도 결코 간과할 수 없다. 즉, 원시(原詩) 작품에 담긴 느낌을 최대한 살려 언해하는 과정에서 다양한 우리말 어휘들이 잘 표현되었다는 점에서 중요한 가치를 지닌다는 것이다.

지금까지 본고에서는 『두시언해』와 통신사 필담창화집 소재 한시를 대상으로 한시 번역이 갖는 의미와 난제들에 대해 간략히 살펴보았다. 그 결과 한시 번역은 핍진을 추구하는 과정이고, 번역 과정을 거쳐 지식을 확장 시킬 수 있는 방안이며, 인간의 본연지성을 회복함으로써 문학의 본의를 확인할 수 있는 계기라는 작은 결론들을 도출할 수 있었다.

『두시언해』는 중국 한시의 조선화라는 측면에서, 통신사 필담창화집 중 창수시는 한시의 조선화와 일본화를 살펴볼 수 있는 중요한 자료임을 알 수 있다. 이를 통해 동아시아 문학 전통에 이르는 경로와 사유 방식을 확인하기 위해서는 앞으로도 세밀한 연구가 필요하다.

『두시언해』는 워낙 방대한 작품집이기 때문에 제한된 시간과 분량상 보다 많은 작품을 다루지 못한 점이 아쉬움으로 남는다. 본 연구자의 게으름을 자책하며, 이는 다음 기회를 기약하고자 한다.

제2부
한국시가 운율의 본질과 그 적용

한국시가 율격의 본질을 어떻게 볼 것인가?

손종흠

1. 들어가는 말

한국시가에서 율격(律格)의 본질을 어떻게 파악해야 하며 어떠한 방법으로 그 특성을 정형화할 것인가에 대해서는 그 동안 많은 연구자들이 다양한 각도에서 접근[1]을 시도했다. 그 결과 근래에는 한국시가의 율격적 특성은 소리의 等長性을 바탕으로 하는 호흡의 休止를 단위로 구조화한 音步의 정형성에서 찾아야 한다는 쪽으로 어느 정도 가닥이 잡혀가고 있는 것으로 보인다. 律讀을 할 때 하나의 글자가 점유하는 시간의 길이를 음보라는 동일한 성질을 지닌 구조단위로 설정하여 그것에 의해 율동이 형성되는 것으로 보는 이론이 音步律인데, 음보라는 율격단위가 아래로는 音數를 포함하고 있으면서 위로는 行을 전제로 한 것이라는 점에서 가장 큰 타당성을 지닌 이론으로 평가 받고 있다.

1 그 동안의 연구 성과는 字數律, 高低律, 長短律, 音步律 등으로 대별할 수 있다.

이처럼 음보율이 한국시가의 율격적 특성을 가장 잘 보여주는 것으로 인식되고 있음에도 불구하고 석연치 않은 전제와 해결하지 못하는 다음과 같은 몇 가지 문제들로 인해 율격론으로 이론화하는 데에 커다란 걸림돌이 되기도 한다. 첫째, 음보율이 우리 언어의 특성에 바탕을 둔 이론이 아니라는 점. 둘째, 음보율만으로는 다양한 갈래를 형성하고 있는 한국시가의 율격을 이론적으로 정형화하기가 어렵다는 점. 셋째, 언어의 마디를 소리의 마디에 그대로 적용하기 어려운 점 등의 해결해야 할 문제점이 있는 것으로 파악되기 때문이다. 이런 점들은 한국시가의 형식적 특성을 밝혀내기 위한 음보율이 일정한 형태를 지닌 구조단위로 정형화한 하나의 이론으로 확립되는 데에 어려움이 따르도록 하는 결정적 요인이라고 할 수 있다. 특히 우리의 언어적 특성에 바탕을 두고 있지 않다는 첫 번째 문제점은 이것을 중심으로 한국시가 율격의 본질을 파악하려는 논의 자체에 상당한 문제가 있을 수 있다는 사실을 여실히 보여주는 근거가 되기도 한다. 이런 점에서 볼 때 한국시가 율격의 본질적 성격을 어떻게 파악해야 할 것이며, 율격적 특성을 어떤 방법으로 정형화할 수 있을 것인가에 대해 한층 깊이 있는 논의가 필요한 시점에 와 있다는 것을 짐작할 수 있다.

위에서 지적한 바와 같이 음보율을 중심으로 하는 기존의 율격이론은 작품과 율격의 형성에 가장 핵심을 이루는 것이라고 할 수 있는 한국어의 언어적 특성을 바탕으로 하지 못했다는 점에서 일정한 한계를 가지고 있는 것이 사실이다. 그렇기 때문에 한국시가 율격의 본질적 특성을 밝혀내어 우리 시가의 율격론을 올바르게 정립하기 위해서는 우리 언어의 본질적 성격을 율격론의 출발점으로 삼아야 한다는 전제를 바탕으로 할 수밖에 없다는 당위성을 획득하게 된다. 시가의 율격론이 해당 언어의 특성을 기반으로 하게 될 때 진정한 의미의 율격론으로 거듭날 수 있을 것이기 때문이다. 한국어의 언어적 특성을 바탕으로 하는 이론은 격조사와 어미의 활용이 중요한 성격의 하나를 이루는 우리말이 지닌 특성을 제대로 살려내는 것이 됨으로써 언어의 마디를 소리의 마디에 그대로 적용하기 어려운 음보율의 문제점을 자연스럽게 해결할 수 있을 것으로 보이기 때문에 이 이론이 지닌 최고의 장점으로 평가할 수 있을 것이다.

기록상으로 볼 때 민족시가의 특성에 대해 언급한 표현들은 여러 방면에서 다양[2]하게 있어왔지만 시가의 형식을 중심으로 한 것이면서 가장 구체적인 내용을 가진 것은 『均如傳』에 등장하는 것으로 향가의 형식적 특성에 대해 언급한 '三句六名'이 아닌가 생각된다. '三句六名'이란 표현은 중국의 한시가 지니는 형식적 특성과 대비되는 입장을 견지하면서 향가를 중심으로 하는 민족시가가 지니고 있는 형식적 특성을 매우 정확하게 지적한 것으로 볼 수 있기 때문이다. '삼구'와 '육명'이 향가를 중심으로 하는 민족시가의 어떤 특성을 지적한 것인지에 대해서는 앞으로 밝혀야 할 문제지만 중국의 문자인 한자를 표현수단으로 하는 한시와 대비되는 표현방식을 취하고 있는 점과 향가를 '우리말(鄕語)'로 '排'하여 '三句六名'으로 '자르고 갈아낸다(切磋)'라고 말한 점 등으로 볼 때 '삼구육명'은 우리 언어를 바탕으로 하여 향가의 형식적 특성을 지적한 것일 수밖에 없다는 것 정도는 충분히 짐작할 수 있다. 이것이 민족시가의 형식적 특성에 대한 유일하면서도 구체적인 언급이기 때문에 한국시가의 율격적 특성 역시 이것에서 출발하는 것이 타당할 수밖에 없다는 점 또한 명백해진다. 따라서 한국시가의 율격적 본질은 우리말이 지니고 있는 언어적 특성과 그것을 바탕으로 하여 선인들이 민족시가의 형식적 특성으로 지적한 '三句六名', 그리고 '三句六名'에서 추출한 형식적 요소라고 할 수 있는 '句'와 '名'을 기본으로 해

2 『균여전』의 三句六名에 대한 언급, 「陶山十二曲跋」에 보이는 우리 노래에 대한 기록, 조선 후기 李鈺을 중심으로 전개된 俚言에 대한 여러 기록 등을 들 수 있다.

서 전개하는 이론이 가장 바람직하다는 결론에 이르게 된다. 본고에서는 이러한 전제를 바탕으로 한국시가[3] 율격의 본질에 대한 이론적 전개를 한국어의 언어적 특성에서 출발하여 '句'와 '名'을 기본으로 하는 '三句六名'을 바탕으로 정형화한 이론으로까지 나가기 위한 하나의 가설을 세우고자 한다. 이러한 주장이 하나의 가설일 수밖에 없는 이유는 작품에 대한 율격적 분석을 통해 실증적으로 밝혀내는 단계까지 나아가야 하는 단계를 남겨놓고 있기 때문이다. 그러므로 여기서는 이론적 기초를 제시하는 것에 만족하고, 그것의 타당성을 검증할 수 있는 실증적인 논의는 후속 연구를 통해 차근차근 해결해 나가야할 것으로 생각된다.

2. 언어와 시가와 율격

1) 한국어의 형태적 특성

한국어의 특성을 언어학적으로 밝혀내기 위해서는 매우 복잡한 분석이 필요할 것이며, 매우 다양한 결과물들이 도출될 수 있을 것으로 생각된다. 그러나 그것은 언어적 특성을 바탕으로 하여 한국시가의 율격적 본질을 밝히려는 본고의 연구 목적과 거리가 있으므로 여기서는 한국시가 율격의 본질적 성격을 파악하는 데에 필요한 기본적인 특성들만을 살펴보는 데에 국한하고자 한다. 교착어(膠着語)인 한국어는 名

3 여기서 한국시가라 함은 上代부터 19세기까지 우리 민족이 만들고 불렀던 시가를 가리킨다. 그러므로 20세기 이후의 현대시는 본고의 고찰 대상에서 제외된다.

詞와 助詞, 語幹과 語尾가 일정한 관계에 의해 결합한 형태를 단위로 하여 완성된 의미를 가지는 하나의 표현이 이루어지며, 어미가 활용한다는 점을 가장 중요한 특성으로 꼽을 수 있다. 격변화를 하지 않으면서 문법적인 性(gender)이 없는 명사는 다양한 형태의 조사를 취하면서 여러 종류의 표현을 만들어내는 성질을 지니고 있으며, 복잡한 활용을 하면서 문장 속에서 술어가 되는 형용사와 동사는 활용을 전제로 하면서 어간에 붙는 어미가 놀라울 정도로 많은데다가 그것이 매우 중요한 문법적 기능을 담당하는 것이 바로 한국어다. 특히 술어에 쓰이는 어미는 시제를 결정할 뿐만 아니라, 문장의 성분을 결정하기도 하며, 존대법도 거의가 이것에 의해 성립되는 성격을 지니고 있다는 점에서 문장의 성분과 의미를 결정하는 데 있어서 어미가 하는 구실은 매우 클 수밖에 없다는 것을 알 수 있다. 어미는 그 외에도 문장 중에서 더 많은 기능을 하는 것으로 파악되는데, 한국어에서는 영어의 접속어에 해당하는 것이나 관계대명사 등과 같은 것도 모두 이것 하나로 나타내기도 하기 때문이다. 그리고 한국어에서 미묘한 느낌의 차이를 주는 거의 모든 표현들은 어미에 의해 결정된다고 해도 과언이 아닐 정도이기 때문에 문장 표현에서 어미가 하는 구실은 엄청나게 크다고 할 수 있다.

명사와 조사, 어간과 어미의 결합과 활용을 기본으로 하여 표현과 문장이 구성된다는 말은 한국어의 기본적인 성격이 그것에 의해 결정된다는 것을 의미하는데, 이 점은 우리 민족이 오래전부터 만들고 즐겨왔던 시가에서 쓰이는 표현이나 문장에도 그대로 적용될 수밖에 없다. 왜냐하면 한국시가는 한국어를 표현수단으로 할 수밖에 없기 때문이다. 따라서 시가에서 만들어지는 율격적 특성을 파악하려는 이론 역시 언어적 특성에 근거한 것이 가장 큰 타당성을 확보할 수밖에 없을 것이라는 것도 명백한 사실이 될 수밖에 없다. 시간예술의 하나인 詩歌가 새로운 형태의 표현과 문장 구성법을 통해 창조적인 의미와 예술적 아름다움을 만들어낸다고 하더라도 한국어라는 범주를 절대로 벗어날 수는 없을 것이기 때문이다. 시가에서 쓰이는 표현과 문장들이 한국어의 범주를 벗어날 수 없다는 것은 그것의 형태를 결정짓는 핵심이 되는 형식적 특성도 한국어의 특성을 바탕으로 하여 형성될 수밖에 없다는 것을 의미하며, 나아가 형식의 핵심을 이루는 율격의 본질적 성격도 한국어의 범주 안에서 형성될 수밖에 없음을 보여주는 증거가 되기도 한다. 바꾸어 말하면, 한국시가의 율격적 본질에 대한 접근은 표현과 문장의 형성, 작품 구조의 형성 등에 있어서 핵심적인 구실을 하는 명사와 조사, 어간과 어미의 결합방식과 활용 등을 기반으로 해야 한다는 것이 된다. 그렇게 할 때에야 비로소 우리 시가의 율격적 본질을 올바르게 파악할 수 있게 될 것이고, 나아가 우리 시가의 형식론에 대한 이론을 세우는 것이 가능할 것으로 보이기 때문이다.

2) 시가의 본질적 성격

우주내의 現存在이면서 만물의 영장인 인류는 삶의 과정에서 매우 다양한 종류의 예술[4]을 만들어냈다. 그 중에서 소리예술의 하나로써 시간의 절대적인 지배를 받는 언어를 표현수단으로 하는 언어예술은 인류의 역사와 그 맥을 같이한다고 할 만큼 오랜 역사를 간직하고 있다. 노래는 언어예술 중에서도 가장 오랜 역사를 가지고 있는 것으로 볼 수 있기에 그 중요성이 더욱 크다고 할 수 있다. 노래는 노동현장에서 효과적으로 작업을 하기 위한 필요성에 의해 발생한 것으로 생각되는 신호음 같은 것이 출발점이었을 것으로 보이는데, 언어의 발달에

4 소리예술, 공간예술, 시공예술 등을 가리킨다.

힘입어 인류의 삶에 없어서는 안 될 정도로 중요한 의미를 가지는 예술로 자리매김 해왔기 때문이다. 현재로부터 그리 멀지 않은 과거까지 노래는 문자로 정착되어 화석화한 형태로 전해지는 것이 아니라 勞動現場이나 餘暇現場을 비롯한 삶의 모든 분야에 걸쳐 불리면서 입에서 입으로 전승되는 개방적 형태를 지니고 있었고, 서사와 극과 무용 등이 함께 혼재하는 양상을 띠면서 綜合藝術體[5]로서의 성격이 중심을 이루었을 가능성이 높다. 고대사회에서 불린 노래의 양식이 서정과 서사와 극과 무용이 함께 하는 모습을 지니고 있었다는 것은 여러 증거를 통하여 확인[6]할 수 있다. 문학의 역사에서 볼 때 서정이 독자적인 모습으로 나타난 시기는 그리 오래되지 않은 것으로 파악된다.[7] 그 전에는 노래로 불리는 모든 것은 서사적인 성격을 가지고 있으면서 그 속에 서정을 포함하고 있는 형태였다. 그리고 극은 소리예술과 공존하면서 서사에 극적인 구성을 가미하여 노래가 높은 예술성을 확보하도록 하는데 큰 구실을 했으며, 무용 역시 서정적인 것과 서사적인 것을 보조하는 구실을 했던 것으로 파악된다. 이처럼 종합예술체로서의 성격을 지녔던 원시나 고대사회의 노래가 詩歌라는 기록문학을 낳은 것은 국가의 성립과 그에 따른 문자의 발생 등과 깊은 연관을 지니고 있는 것으로 생각된다. 국가의 성립은 신분의 분화를 초래했고, 태생적으로 언어가 지니고 있던 한계인 시간적 제약을 극복할 수 있는 문자라는 표기수단을 발생시켰으며, 이것을 독점하게 된 지배계급에 속하는 사람들이 시가라는 기록문학을 만들어 낸 것으로 보이기 때문이다.

노래에 기반을 두고 있는 시가는 언어와 문자를 매개수단으로 하면

5 A. 하우저, 백낙청 역, 『문학과 예술의 사회사―고대, 중세편』, 창비, 2000, 75면.
6 동굴의 벽화나 고대의 예술품 등에 남아있는 흔적들을 보면 노래는 독립적으로 존재하는 것이 아니라 서사, 극, 무용 등과 함께였다는 것을 알 수 있다.
7 조동일, 『한국문학통사 1』, 지식산업사, 1982, 85면.

서 그것을 이루는 바탕이 되는 소리(聲)를 길게 뽑아 부르는 행위[8]를 통해 화자가 지니고 있는 정서를 예술적으로 드러내는 소리예술의 하나다. 이러한 성격을 지니고 있는 시가를 다른 것과 구별 지을 수 있도록 해주는 가장 중요한 특징은 동일한 성질을 가지고 있는 구조단위가 일정한 위치에서 주기적으로 되풀이 되는 현상에 의해 형성되는 반복구조와 그것으로부터 만들어지는 율격[9]이라고 할 수 있다. 율격이 반복구조에 의해 형성된다는 말은 일정한 규칙이 존재한다는 것을 의미하는데, 이것이 바로 시가의 형식이다. 시가를 시가답게 하는 중심적인 요소가 형식[10]에 있으므로 이것은 시가의 본질적 성격을 규정하는 핵심이라고 할 수 있다. 말의 뜻을 구분하여 주는 가장 작은 단위인 音素와 그것을 바탕으로 하여 하나의 종합된 音의 느낌을 만드는 말소리의 단위인 音節을 기본으로 하는 언어를 표현수단으로 하는 시가는 일상언어에 주기적 반복구조의 형성[11]을 통해 일정한 변화를 추구함으로써 새로운 의미와 예술적 아름다움을 창조하는 소리예술의 하나이다. 여기에서 변화를 가능하게 하는 규칙성을 갖는 표현방식이 바로 형식인데, 이것 역시 언어를 기반으로 하기 때문에 시가의 형식에 대한 논의는 언어에서 출발할 수밖에 없다는 당위성을 가진다. 그러나 여기서 말하는 언어는 언어학에서 말하는 음운론이나 통사론, 의미론 등의 이론을 통해 의미와 기능 등을 파악하기 위해 분석의 대상이 되는 언어를 가리키는 것이 아니라 작품을 이루는 물리적 소재, 혹은 예술적 표현수단으로서의 언어[12]를 가리킨다. 따라서 시가의 형식에 대한 연구

---

8 帝曰 夔命汝典樂敎胄子 直而溫 寬而栗 剛而無虐 簡而無傲 詩言志 歌永言 聲依永律和聲 八音克諧 無相奪倫 神人以和(「舜典」『尙書』; 漢語大詞典編輯委員會 編, 『漢語大詞典』, 漢語大詞典出版社, 中國, 上海, 2001에서 재인용).

9 동일한 성격을 지니는 단위가 일정한 위치에서 주기적으로 반복하는 구조와 소리의 규칙적인 율동 등에 의해 형성되는 율격은 형식을 이루는 핵심이 된다.

10 형식에 의해서만 시가라는 특성을 드러낼 수 있기 때문이다.

11 名, 句, 行, 章, 斂 등은 모두 주기적 반복의 구조를 형성하는 주체들이다.

가 언어에서 출발한다는 말은 시가의 형식을 이루는 가장 기본 단위인 일상의 언어를 바탕으로 하여 성립하기는 하지만 작품의 표현수단이 되는 물리적 현상의 언어에 기반을 두고 있다는 것을 의미하게 된다.

시가의 형식을 이루는 요소 중 가장 기본적인 것이면서 핵심적인 기능을 하는 것으로는 작품의 구조 안에서 일정한 의미를 형성하는 최소의 요소이면서 한 작품의 형식을 완성할 수 있는 본질적 성격을 맹아적(萌芽的)인 형태로 가지고 있는 구성요소가 되어야 한다. 왜냐하면 그것에서 시가를 형성할 수 있는 본질적 요소가 모두 나올 수 있어야 하기 때문이다. 작품 속에서 형성되는 언어적 의미만을 대상으로 한다면 그것의 최소단위는 音節[13]이 된다. 음절은 의미를 간직할 수 있는 공간을 확보한 최소의 언어 단위가 되기 때문이다. 음절이 내용과 형식을 이룰 수 있는 모든 요소를 맹아적으로 갖추고 있는 것은 사실이지만 그 자체만으로 시가의 내용이나 형식을 구성하는 요소로 작용한다고 보는 것에는 어려움이 있을 수 있다. 시가에서는 특수한 경우를 제외하고는 최소 음절 단위로 독립된 의미를 형성하는 경우가 없는데다가 그 최소음절 단위로 율격을 형성하기는 더욱 불가능하기 때문이다. 음절이 작품 속에서 예술적 의미를 가지는 요소로 거듭나기 위해서는 반드시 상위의 구조단위로 통합되어야 하는 이유가 바로 여기에 있다. 그런데, 특수한 경우를 제외하고는 한 음절로는 다음 단계의 구조단위를 형성할 수가 없으므로 시가의 형식 논의에서는 음절이 새로운 형태로 발현된 것이면서 한 단계 높은 단위의 요소를 찾아내지 않으면 율격에 대한 논의를 더 이상 진전시킬 수 없다는 사실이 명백해

---

12 시가의 표현수단이 되는 언어도 언어라는 사실에는 변함이 없는 만큼 일상의 언어와 완전히 독립된 존재로는 될 수 없지만 형식적 요소를 기반으로 하는 형태적 변형을 통해 그것을 넘어서기 때문에 일상의 언어와는 구별되는 성격을 지닌다.

13 음절은 하나의 종합된 音의 느낌을 주는 말소리의 단위를 가리킨다. 음절은 기본적으로 몇 개의 음운으로 이루어지지만 모음은 단독으로 한 음절이 될 수 있다.

진다. 이때부터 형성되는 상위의 구조단위는 음절이 모여서 이루어진 낱말을 기본으로 할 수밖에 없는데, 우리 시가에서 이 단위는 '名'으로 규정하는 것이 가장 합당할 것으로 보인다.[14] 우리말은 명사와 조사, 어간과 어미가 시간적 순차에 의해 결합하는 방식을 취하면서 일정한 의미를 지닌 언어로 형성되는 성질을 가지고 있으며, 이 요소들이 각각 '名'을 이루어 시가의 율동을 형성하는 기초적인 자질로 됨과 동시에 그 보다 상위의 구조단위인 '句'를 형성하는 핵심요소로 작용하기 때문이다.

언어에서 글자인 음절에 일정한 자리를 정해서 연이어 놓이는 형태를 만드는 것에 의해 경계를 나누어 의미를 국한하면 그것이 곧 句가 되는데, 구는 음절보다 한 단계 높은 단위이면서 시가의 형식을 구성하는 기본적인 요소[15]들을 모두 담고 있는 것으로 볼 수 있다. 句는 의미와 연관을 가지면서 문장에서 강제적 휴지와 절단을 형성함으로써 음절보다 한 단계 높은 차원에서 의미를 한정시킨다. 동시에 새로운 의미를 만들어내는 行과 하나의 범주를 정해 전체를 총괄함으로써 단락을 이루어 화자의 뜻[義]을 명확하게 밝히는 章을 형성하는 핵심적인 구성요소가 된다. 따라서 句는 형식을 이룰 수 있는 모든 성질들을 맹아적인 형태로 가지고 있는 것으로 볼 수 있다. 아래로는 음절과 관련을 가지게 되어 시가의 표현수단인 언어의 영역을 벗어나지 않으며, 위로는 행을 전제로 하므로 율독을 가능하게 하는 최소단위로 작용하는 것을 본질적 성격으로 하기 때문이다. 그러므로 구는 형식의 모든 요소를 갖춘 요소로 볼 수 있게 되고, 경우에 따라서는 등장성(等長性)

14 이에 대해서는 아래에서 상술하도록 한다.

15 형식의 기본적인 요소란 예술적 아름다움이 담길 수 있는 추상적 공간을 가리킨다. 이것을 예술적 공간이라고 할 때, 그것을 만들어주는 가장 핵심적인 요소는 음절과 음절의 결합에 의해 만들어지는 소리와 소리의 간격이 된다. 왜냐하면 음절과 음절에 의해 형성되는 간격이 다양한 예술적 의미가 자리할 수 있는 공간을 만들어내기 때문이다.

을 기본적인 성격으로 하는 음보 같은 것과도 일정한 관계를 맺으면서 소리의 長短과 밀접한 관련을 지니는 요소가 되기도 한다. 소리에 있어서 장단은 고저와 더불어 그것의 성질을 나타내는 중요한 요소가 되는데, 이것은 소리가 의미를 형성하는 데에 일정한 기여를 하기도 한다. 또한 '句'는 하나의 단위 안에 한국어가 가지는 특성을 모두 포함할 수 있으므로 고저장단을 기본으로 하면서 개별적으로 차별화하는 성질을 가지고 있는 音數를 일정한 구조단위로 묶어서 정형성을 가지도록 하는 데에 결정적인 구실을 하는 단위가 된다. 따라서 이것을 한국시가 형식의 핵심적인 성격을 지니고 있는 본질적인 단위로 규정할 수 있게 되는 것이다.

이상에서 살펴본 바를 바탕으로 우리 시가의 본질적 성격을 규정하면, 언어를 매개수단으로 하여 화자의 정서를 표현함에 있어서 句를 중심으로 하는 형식적 구성요소를 기반으로 하여 형성되는 율격적 특성을 지니고 있는 소리예술로 정의할 수 있게 된다.

3) 율격의 본질적 성격

율격[16]은 주기적 반복을 바탕으로 하는 일정한 體系에 의해 구조화한 소리현상이 의미를 지닌 詩語와 결합하여 작품이 지닌 예술성을 창조하는 데에 커다란 기여를 하는 시가 표현방식의 하나이다. 율격은 형식의 한 부분이면서 내용과 결합하여 형태를 만들어내는 핵심적인 요소가 된다. 이러한 성격을 지니는 율격은 작품 속에 실재하는 것이기는 하지만 내용을 예술적으로 드러내는 형태 속에 표현방식이라는

16 詩·詞·曲·賦等關于 字數, 句數, 對仗, 平仄, 押韻等 方面的格式和格律(漢語大詞典編輯委員會編, 『漢語大詞典』, 漢語大詞典出版社, 中國, 上海, 2001).

관념적인 실체로 녹아 있어서 그 자체가 구체적이고 감각적인 것으로 되지는 못하는 특성을 지니고 있다. 따라서 형태를 매개로 하여 창조되는 예술적 특성을 수용하여 그것을 적극적으로 느끼려는 시도에 의해서만 드러나는 존재가 된다. 그러므로 율격은 실재하는 것이기는 하지만 다분히 觀念的[17]이다. 율격이 관념적 존재로 일정한 범주 안에서만 힘을 가지는 까닭에 그것은 작품 안에서만 강제성을 띨 수밖에 없게 된다. 율격은 그것을 인정하고 따르고자 하는 사람에게만 강제성을 띨 뿐 일상의 언어생활에서는 아무런 힘을 발휘하지 못하므로 이것을 관습적 산물[18]의 하나인 자율적 규범성을 가진 존재로도 규정할 수 있다. 이런 점으로 볼 때 율격은 첫째, 소리현상, 둘째, 구조화한 존재, 셋째, 주기적 순환성, 넷째, 자율적 규범성 등으로 그 본질을 정의할 수 있게 된다.

(1) 소리현상

韻文인 시가는 동일한 성격을 지니는 소리가 일정한 주기로 반복되는 현상을 본질적인 특성으로 지니고 있는 문학양식의 하나이다. 여기서 말하는 소리는 의미를 지니는 소리인 音이 아니라 그것이 지니고 있는 성질을 나타내면서 인위적인 의미를 가지지 않는 소리인 聲[19]이다. 시가에서는 의미가 없는 소리인 성(聲)이 운을 위시한 다양한 규칙을 통해서 율격현상을 형성하는 것으로 볼 수 있기 때문에 소리현상을 율격의 본질적 성격으로 규정할 수 있게 되는 것이다. 이러한 점은 漢詩를 보면 보다 분명하게 알 수 있는데, 여기서는 絶句를 대상으로 살펴보도록 한다. 絶句의 형태를 지닌 한시는 첫째, 둘째, 넷째 구절의 마

---

17 『한국시가 율격의 이론』(성기옥, 새문사, 1982, 17면)에서는 抽象的이라고 하였다.

18 위의 책, 19면.

19 凡物體顫動與公氣相激蕩皆能成聲 耳官之所感覺者也 聲成文者爲之音(漢語大詞典編輯委員會 編, 『漢語大詞典』, 漢語大詞典出版社, 中國, 上海, 2001).

지막에는 같은 성질을 가지는 평성의 소리를 韻으로 쓰도록 규정 하면서, 작품을 구성하는 각 글자는 정해진 규칙에 의해 平仄이 주기적으로 반복되도록 배열해야 한다는 엄격한 법칙을 지니고 있다. 한시의 율격을 형성하는 핵심이 되는 이러한 규칙들은 글자가 지닌 뜻과는 별다른 관련성을 가지고 있지 않으며, 오직 같은 성질을 가진 소리로 발음될 수 있는 글자가 정해진 위치에 쓰였는지 여부와 평성과 측성의 규칙만을 따지는 것으로 각각의 소리가 가진 성질인 高低長短의 배열에서 생기는 율동을 통해 율격을 형성하는 것에 초점을 두고 있다. 이런 점에서 볼 때 율격 현상은 글자의 뜻에 의한 것이 아니라 소리(聲)를 정해진 규칙에 의해 배열할 때 생기는 율동을 바탕으로 하고 있다는 점에서 구조화한 소리현상이 본질적 성격을 이룬다는 사실을 분명하게 알 수 있다.

여기서 말하는 소리의 구조화라는 것은 같은 성질을 나타내는 의미 없는 소리(聲)가 일정한 위치에 두 번 이상 반복적으로 쓰이는 것을 말한다. 그것은 율격을 이루는 요소인 '名', '句', '行', '章' 등의 성격을 보면 더욱 분명해진다. 시가는 같은 종류의 소리(聲)가 서로 응하면서 따르는 현상인 韻을 통해 율동을 만들고, 여기서 만들어진 율동이 일정한 지시적 의미를 지니고 있는 언어와 결합하여 詩語[20]로 거듭나는 표현방식을 통해 예술적 아름다움을 창조하는 문학이다. 그렇기 때문에 시어로 쓰이는 어휘는 작가가 의도하는 대로 만들어지게 될 소리의 새로

20 '名'은 율동을 이루는 소리현상이 실현되는 최소단위이면서 지시적 의미를 바탕으로 예술적 의미를 형성하는 실체가 되는데, 內包의 極大化와 休止로 인해 생기는 시간적 간격에 의해 생기는 공간을 통해 확대되고, 창조적인 의미를 담을 수 있는 기초 단위가 된다. 이러한 성격을 가지는 '명'은 상위의 율격 단위인 '구', '행', 장', '수사법' 등과의 결합을 통해 내포가 극대화하면서 만들어낸 의미를 그대로 두면서 극소화했던 외연을 다시 극대화하는 이미지화의 방법을 통해 두 번째 단계라고 할 수 있는 의미 확대의 과정을 거치면서 예술적 의미를 완성하게 된다.(손종흠, 『속요형식론』, 박문사, 2010, 380면 참조)

운 질서에 대한 충동에 의해 재정리된 것으로 서로 응하면서 따르는 같은 성질의 소리가 만들어내는 일정한 율동을 그 속에 지니게 되어 일상의 언어와 크게 다른 성질을 가지는 어떤 것으로 될 수밖에 없게 된다. 그러나 이것 하나만으로는 일정한 형식을 바탕으로 하는 시의 형태를 형성할 수 없으므로 보다 높은 단계의 구조단위를 필요로 하게 된다.

다음으로 지적할 수 있는 소리의 구조화 단위는 句를 전제로 하는 '名'이다. 이것은 일정한 경계에서 끊어지는 단위를 가리키는데, 그 속에 들어가는 글자의 숫자와는 관계없이 구조화한 단위를 말하는 것으로 명사, 조사, 어간, 어미의 결합 단위를 구성하는 것들을 본질적인 구성요소로 한다. 이런 성격을 가지는 '名'은 하나의 음보 속에 들어 있는 글자의 길이를 서로 다르게 하는 力學的 不等化[21]를 통해 소리를 差別化[22]함으로써 율동을 만들어내는 가장 작은 구조 단위가 된다. 이런 점으로 볼 때 율격의 기본적인 구성요소를 이루는 '名'이 만들어내는 율동 역시 소리(聲)가 지니고 있는 성질에 의해서 결정됨으로써 시어가 지닌 의미와는 직접적인 관련을 가지지 않는다는 사실을 쉽게 알 수 있다. 시가에서는 '명'이라는 구조 단위를 통해 일차적 율동을 만들고 난 후 그 보다 큰 구조단위를 통해 다음 단계의 율동을 형성하게 되는데, 그것은 행을 전제로 하는 '句'를 통해 실현된다. '名'이나 '韻'과 마찬가지로 '句'도 소리의 성질을 중심으로 만들어지는 주기적 반복의 단위를 통해 율동을 형성하는데, 句가 '名'과 다른 점은 앞에서 차별화한 소리를 균등화하는 구조단위[23]에 의해 율동을 만드는 점이라고 할 수 있다. 즉, 행을 전제로 하는 개념을 가진 '句'는 동일한 성질을 가지는 몇 개의

21 정병욱, 「한국시가의 운율과 형태」, 『고전시가론』, 새문사, 1984, 24면.

22 漢詩에서는 四聲을 바탕으로 하는 平仄이, 우리 시가에서는 길고 짧음을 바탕으로 하는 長短이 이런 구실을 하는 것으로 본다.

23 우리 시가에서 句는 '名'으로 구조화한 단위 두 개가 결합하는 형태를 띤다. 그러므로 우리 시가에서는 音數가 작품 안에서 별다른 기능을 하지 못하는 것으로 볼 수 있다.

단위가 하나의 '행'을 이루는 현상을 통해 율동을 형성한다는 것이다.

'章', 혹은 '篇'을 전제로 하여 성립하는 성질을 가지고 있는 '行'은 소리의 차별화도 아니고, 균등화도 아닌 강제적으로 만들어지는 休止에 의해 율동을 형성하는 것을 핵심적인 성격으로 한다. '行'은 일정한 단위의 '句'를 구성요소로 하는데, 속요나 민요처럼 分章의 형태를 지니고 있는 작품에서는 동일한 수의 句가 행 단위로 반복되는 형태를 지니지만 章으로 나누어지지 않는 작품에서는 그렇지 못하다.[24] 하나의 '行'이 주기적으로 반복되는 일정한 숫자의 句를 구성요소로 하든 그렇지 않든 休止를 수반하는 점에서는 같기 때문에 句의 수에 관계없이 하나의 단위로 취급할 수밖에 없다. 행이 句의 수에 관계없이 하나의 단위로 취급된다는 것은 그것의 본질적 성격이 의미에 의해서 정해지는 것이 아니라 호흡의 휴지라는 구조화한 단위에 의해 정해진다는 것을 의미한다. 따라서 행 역시 율격을 형성하는 요소이기는 하지만 언어 현상으로 보기는 어렵다는 사실을 알 수 있게 된다.

한편, '章'은 의미의 경계를 만들어서 뜻을 분명하게 밝히는 구실[25]을 하기 때문에 표면적으로 보아서는 율동을 형성하는 율격의 구성요소로 보기 어려운 것처럼 생각되기 쉽다. 그러나 시가에서는 같은 형태를 가지는 것이 둘 이상 반복되면 단순한 의미단락만이 아닌 하나의 구조적 단위로 볼 수 있기 때문에 이런 의미에서 '章'도 형식적 구성요소가 될 수밖에 없다. 따라서 分章의 형태를 지니는 작품에서 '章'은 둘 이상의 반복구조를 통해 독자적인 의미단락의 형성과 함께 소리에 의해 형성되는 일정한 율동을 만들어 내게 되고, 이것이 일정한 단위로

24 '鄭瓜亭'이나 '井邑詞' 같이 分章의 형태로 되어 있지 않은 작품은 의미 단락으로 行을 구분하는 수밖에 없다.

25 그런 점에서 의미와 관계없이 두 개의 요소가 맞짝을 이루고 있는 형태적 개념을 지닌 聯과 章은 구별되어야 한다.

작용하면서 율격을 형성하는 것으로 볼 수 있다. 여기에 斂, 助興句, 感歎詞 등의 독특한 구성요소가 가미되면서 완성하게 되는데, 이것들 역시 소리현상으로서의 성질을 기본으로 한다. 다만 장은 형태와 맞닿아 있어 언어현상과 소리현상을 모두 아우른다는 점이 앞에서 살펴본 여타의 율격적 요소가 갖는 성격과 다르다고 할 수 있다.

이상에서 살펴본 바와 같이 율격을 이루는 요소들은 모두 언어현상이 아니라 소리현상으로서 일정한 구조화를 통해 율동을 만드는 것임을 알 수 있기 때문에 소리현상을 율격의 본질적 성격으로 규정할 수 있게 된다. 이처럼 다양한 형태로 나타나는 소리의 구조화가 중요한 이유는 소리의 반복을 통해 만들어지는 율동이 없으면 작품에서 사용하는 언어가 가진 지시적 의미만으로는 시가의 예술성을 담보하기가 어렵기 때문이다.

(2) 구조화한 존재

시가를 시가답게 해주는 핵심적 요소의 하나인 소리의 반복은 한편의 작품 안에서 일정한 법칙을 가지면서 구조화 하는 성격을 가지고 있는데, 이것이 바로 율격을 이루는 중요한 단위가 된다. 율격이란 시가를 이루는 구성요소들이 정해진 자리를 점유하여 다른 요소들과 유기적 관계를 맺는 과정에서 만들어지는 율동을 통해 예술적 아름다움을 담아낼 수 있는 체계를 형성하는 표현방식의 하나이다. 따라서 일정한 법칙 아래 소리가 구조화하는 것을 본질적인 성격으로 가질 수밖에 없다. 音節은 '名'을 전제로 하고, '名'은 '句'를 전제로 하며, '句'는 '行'을 전제로 하고, '行'은 '章'을 전제로 한다는 명제가 바로 이런 점을 지적한 것이다. 그렇기 때문에 율격이라고 하는 것은 기본적으로 소리현상이 일정한 체계와 특수한 관계 아래 반복적으로 구조화한 존재가 될 수밖에 없는 성질을 지니게 된다.

구조는 구성요소들 사이에서 만들어지는 상호적인 관계에 의해 결합한 현상 전체를 가리키는데, 구성요소들 사이에 형성되는 내적 연관에 의해 이루어진 복합적 통일체라고 할 수 있다. 이러한 성격을 지니는 구조는 일단 한 번 이루어지면 각 요소들 위에 군림하면서 그것들을 통제함과 동시에 각각의 요소들에게 고유한 기능을 부여하는 성질을 가지고 있다. 따라서 구조 자체는 어떤 기능도 하지 않지만 구조에 의해서 형성되는 體系는 구조에 의해 주어진 일정한 기능을 수행하게 된다. 형식적 구성요소들의 내적 연관을 통해 이루어지는 시가의 율격은 그 자체가 어떤 기능을 하는 것은 아니지만 구성요소들을 일정한 관계 속에 위치하도록 하여 각각의 요소들이 해야 할 구실을 정해줌으로써 그것을 통해 형성되는 율격체계가 예술적 아름다움을 담아내는 그릇으로 작용하도록 한다. '名'은 '句'와의 관계를 통해, '句'는 '行'과의 관계를 통해, '行'은 '章'과의 관계를 통해 이루어지는 시가의 구조화는 각각의 존재들을 유기적으로 연결시켜 일정한 위치에서 일정한 구실을 하게 함으로써 율동을 형성하도록 하여 하나의 작품 안에서 완성된 율격체계를 만들어내기 때문에 율격은 소리가 구조화화한 존재라고 할 수 있다.

(3) 週期的 循環性

우리는 시가에서 율격이 존재한다는 사실을 어떻게 알 수 있으며, 그것을 어떻게 인지할 수 있는가? 감각적 형태로 존재하는 작품은 표면상으로만 보아서는 율격이라는 것이 존재하는지 알 수 없으며, 전혀 느낄 수도 없다. 시가에 율격이 존재한다는 사실 자체는 작품을 감상하면서 얻어지는 경험에 의해 알게 되는데, 그러기 위해서는 시가에 율격이 존재한다는 사실을 어떤 방식으로든 인지할 수 있어야 한다. 즉, 시가의 율격은 그것을 감상하는 주체가 인지해야 한다는 전제가 있어야 한다는 것이다. 율격은 표면적 형태만으로는 감각적인 어떤 것으로 顯現하지 못하므로 그 존재를 인지하기 위해서는 일정한 매개수단이 있어야 하는데, 그것이 바로 일정한 주기로 반복되는 소리에 의해 만들어지는 율동이다. 율격이라고 하는 것은 미리 정해놓은 법칙에 따라 소리의 高低長短에 의해 생기는 율동을 강제적으로 재구조화한 것이어서 율동이 없는 율격은 성립 자체가 불가능하기 때문이다.

그런데, 물체가 떨거나 공기가 급격하게 부딪칠 때 나는 소리(聲)는 일정한 길이의 시간을 반드시 점유해야 하므로 기본적으로 시간의 절대적인 지배 아래에 있다. 소리는 일정한 길이의 시간을 점유할 때만 감각적 존재로 현현되고, 인간의 청각에 작용할 수 있기 때문에 태생적으로 시간적 존재일 수밖에 없는 것이다. 따라서 소리의 규칙적인 반복현상에 의해 형성되는 율동도 절대적으로 시간을 필요로 하며, 그 속에 현현하는 시간적 존재가 될 수밖에 없다. 그러므로 그것을 재구조화함으로써 형성되는 율격 역시 시간적 존재라는 성격을 갖는 것은 지극히 당연한 결과라고 할 수 있다. 하지만 율격은 일반적으로 존재하는 소리에 의해 생기는 감각적 형태의 율동이 아니라 시가를 만드는 창조자인 작가에 의해 강제적으로 재구조화하면서 작품에 쓰인 언어와 형식적 요소들이 만들어내는 관계 속에 숨어 있다가 특수한 계기를 통해 현현하는 관념적 형태의 것이기 때문에 그것을 드러내고 느끼기 위해서는 그것을 현현시켜 줄 수 있는 특별한 장치와 특수한 행위가 수반되어야 한다. 이처럼 율격이 작품 속에 숨겨져 있는 관념적 형태를 지니고 있다고 하여 그것을 抽象的[26]이라고 하기는 어려울 것으로 보인다. 율격은 인간이 행하는 추상작용에 의해 일반 개념으로 파악할 때 비로소 인지되는 작품의 속성이 아니기 때문이다. 율격을 인지 할 수 있게 하는 것은 시간이며, 그것을 인지하게 하는 매개체는 소리가

---

26 성기옥, 앞의 책, 17면.

되는데, 율격은 소리를 기본으로 하지만 그것은 주기적 반복이라는 법칙 아래 시간을 재구조화한 범주 안에서만 감각적이고 구체적인 현상으로 드러날 수 있다. 그러므로 시가의 율격은 작품 속에서 율동을 강제적으로 재구조화하는 일정한 법칙에 향유자가 복종하면서 소리라는 매개체를 통해 그것을 감상하려는 시도를 할 때만 비로소 감각적 존재로 발현하는 특징을 가진다. 이처럼 율격은 소리의 시간적 재구조화에 의해 형성되는 것으로 시간 속에서 형성되고, 시간 속에 존재하며, 시간에 의해서만 그 본질을 드러내는 까닭에 당연히 시간적 존재를 바탕으로 하는 주기적 순환성을 본질적인 성격으로 한다.

(4) 自律的 規範性

행동이나 판단을 할 때 마땅히 따르고 지켜야 할 가치 판단의 기준이 되는 것을 규범이라고 하는데, 시가에 있어서 율격이 바로 그런 존재다. 시가에 쓰인 소리의 율동이 언어라는 매개체를 통해 실현되는 율격은 작품이 가지는 예술적 아름다움을 느끼게 해주는 중요한 요소이다. 소리의 주기적 반복으로 인해 생기는 율동을 수반하여 언어로 표현되는 작품의 예술적 의미를 형성하는 주체가 될 뿐만 아니라 일정한 기준에 의한 소리의 구조화를 통해 특수한 쾌감을 유발하는 핵심이 되면서 산문과 시가를 구별하는 기준이 바로 율격이기 때문이다. 그러므로 어떤 언어적 표현이 한 편의 시가작품으로 성립하기 위해서는 반드시 율격을 형성해야 하고, 작품에 적용되는 율격 형성의 규칙에 따라야 한다. 율격 형성의 규칙은 작품을 만들고 즐기는 구성원이 만들어내는 문화적 현상과 언어적 특성에 따라 다양하게 나타날 수 있다. 예를 들면 漢詩[27]의 경우는 사회문화적으로 미리 정해져 있는 平仄과 押韻 등의 다

27 여기서 말하는 漢詩는 近體詩를 가리킨다.

양한 법칙들이 시를 짓는 규범으로 작용하기 때문에 한 편의 시로 인정받기 위해서는 이 법칙을 반드시 지켜야 하는 것을 지적할 수 있다. 반면 우리 시가에는 한시처럼 지켜야 하는 규칙으로 정해진 것은 없지만 어떤 형태로든 소리의 율동을 형성할 수 있는 나름대로의 규칙이 존재한다는 점에서 한시와는 다른 성격을 지니는 것으로 볼 수 있다. 한자는 表意文字이기 때문에 글자 하나하나에 뜻과 성질을 부여하고 그것으로 소리의 규칙을 정할 수 있지만 한글은 表音文字로 말묶음인 낱말을 대상으로 하여 뜻과 성질을 정하기 때문에 한시와 같은 규칙을 그대로 적용하기가 매우 어렵다는 차이를 지니고 있다. 따라서 한시에서 정한 규칙과 우리 시가에서 정한 규칙에는 차이가 날 수밖에 없는 것이다. 우리 시가에서 율격을 형성하는 핵심요소를 무엇으로 볼 것인가에 대해서는 그 동안 여러 견해[28]가 도출되었지만 소리의 長短을 중심으로 해야 한다는 데에는 어느 정도 의견이 접근된 것으로 생각된다.

위에서 살펴본 바와 같이 표의문자를 표현수단으로 하는 한시든, 표음문자를 표현수단으로 하는 시가든 율격을 형성하는 기본적인 규칙이 존재하는 것은 분명하지만 작품을 통해 그것이 실현될 때는 정해진 규칙이 모두 그대로 적용되지는 않는 것으로 나타난다. 즉, 五言이나 七言 등의 한시를 지을 경우 기본적으로 정해져 있는 平仄의 배열 규칙에 변화를 주어서 일정한 자리에 쓰이는 글자에는 평성과 측성 중 어느 쪽의 글자를 써도 좋다는 허용규정을 만들어놓고 있는 것 등이다. 이와 같은 현상은 우리의 시가에도 마찬가지로 나타나는데, 한 편의 작품 안에서 하나의 句에 쓰인 글자의 수가 일치하기 어려운 점이나 한 행을 이루는 句가 완전한 정형을 이루기가 어렵다는 것 등에서

28 정병욱, 「한국시가의 운율과 형태」, 『고전시가론』, 새문사, 1984; 성기옥, 『한국시가 율격의 이론』, 새문사, 1982; 黃希榮, 「韻律硏究」, 대구, 형설출판사, 1969; 趙東一, 『韓國詩歌의 傳統과 律格』, 한길사, 1982; 김대행 편, 『운율』, 문학과지성사, 1984.

이를 확인할 수 있다. 이처럼 규칙을 벗어나도 좋다는 예외규정을 허용하는 이유는 시에서 율격이 차지하는 비중이 아무리 크다고 하더라도 그것만으로 작품이 완성될 수 없으며, 내용을 예술적으로 표현해야 하는 창조적 의미가 중요하기 때문에 율격 형성을 위해 정해놓은 규칙만을 강조하게 되면 표현의 창의성을 해칠 가능성이 큰 까닭인 것으로 이해할 수 있다. 이런 점에서 볼 때 율격 형성을 위한 소리의 배열 규칙이라고 하는 것은 시를 짓고 즐기는 사람들이 기본적으로 인지하고 따라야할 원칙적인 것으로 규범적인 성격을 가지는 존재라 할 수 있다.

또한 율격이 시가를 시가답게 해주는 핵심적 요소인 것은 분명하지만 작품 안에서 언어를 매개로 하여 실현될 때만 존재 가치를 인정받을 수 있으므로 동일 언어를 쓰는 사회의 구성원이라면 무조건 복종해야 하는 일상의 언어와는 달리 강제성이 약화되면서 작품의 예술적 아름다움을 느끼려고 하는 사람들만이 지키고 따라야 하는 것이라는 성격을 가지기도 한다. 하나의 작품을 올바르게 이해하고 예술적 아름다움을 제대로 느끼기를 바라는 사람이라면 누구나 그것이 지니고 있는 율격에 복종하는 것이 좋다. 그러나 율격에 복종하고 하지 않고는 순전히 감상자의 자유의지이기 때문에 그 사회의 구성원 이면서도 예술적 소통을 원하지 않는 사람은 굳이 그것에 복종할 필요가 없다. 이처럼 율격이 가지는 규범으로서의 강제성은 외부의 구속이나 속박이 없는 상태에서 순전히 수용자의 선택에 의해서만 받아들여지고 느낄 수 있는 것이므로 자율적 존재가 되기도 한다. 이런 점에서 시가의 율격은 자율적 규범성을 가진 것으로 그 성격을 규정할 수 있다.

이러한 사실을 바탕으로 할 때, 한국시가 율격의 본질은 소리(聲)의 성질을 기본으로 하는 '平長'과 소리(音)의 의미를 기본으로 하는 '名'과 '句'를 구성요소로 하면서 시간적 선후관계에 의해 구조화한 단위들이 맺는 유기적 관계에서 찾아야함을 알 수 있다.

3. 한국시가 율격의 본질

1) 平長과 名

앞에서 살펴본 바와 같이 한국어는 명사와 조사, 어간과 어미가 결합하는 방식을 취하면서 어미의 활용이 대단히 중요한 구실을 하는 형태의 언어이다. 한국시가는 한국어를 표현수단으로 하기 때문에 한국어의 특성에 맞도록 詩語가 구성됨과 동시에 작품의 율격도 그것에 맞도록 형성되는 것은 너무나 자명한 사실이다. 그러므로 한국시가 율격의 본질에 대한 논의가 한국어의 본질적인 특성에서 출발해야 하는 것 또한 지극히 당연한 사실일 수밖에 없다. 율격의 본질을 파악하기 위한 시도가 한국어의 본질적 특성에서 출발해야 한다는 사실은 아래의 작품을 보면 너무나 쉽게 짐작할 수 있다.

살어리 살어리 랏다
청산애 살어리 랏다
멀위랑 ᄃᆞ래랑 먹고
청산애 살어리 랏다

—청산별곡

가시리 가시리 잇고
ᄇᆞ리고 가시리 잇고
날러는 엇디 살라ᄒᆞ고
ᄇᆞ리고 가시리 잇고

—가시리

청산리 벽계수야 수이감을 자랑마라
일도 창해ᄒᆞ면 다시오기 어려오니
명월이 만공산ᄒᆞ니 쉬여간들 엇더리

—황진이 시조

엇던 디날손이 셩산에 머믈며셔
서하당 식영뎡 쥬인아 내말듯소
인간 세상에 됴흔일 하건마는
어찌 한강산을 가디록 나이녀겨
적막 산즁에 들고아니 나시는고

—성산별곡[29]

예로 든 작품들은 속요, 시조, 가사 등인데, 의미상으로 보나 호흡의 휴지상으로 보나 위와 같은 모양으로 끊어 읽는 것이 가장 타당한 것으로 생각된다. 이 작품에서 쓰인 모든 표현들은 하나같이 명사와 조사, 어간과 어미가 결합하면서 활용하는 구조로 되어 있음을 확인할 수 있고, 이것을 바탕으로 律讀의 방식이 결정되기 때문에 여기에서 만들어지는 소리의 율동을 기반으로 하여 율격이 형성된다는 사실을 간파할 수 있다. 따라서 소리가 구조화하면서 만들어지는 성질을 가지고 있는 율격의 본질이 바로 여기에 있음을 짐작할 수 있게 된다. 즉, 명사와 어간에 해당하는 부분과 조사와 어미에 해당하는 두 개의 구조화한 단위가 각각 독자적으로 활동하면서 앞의 것은 고정되어 있는 형태를 취하고, 뒤의 것은 고정되어 있지 않고 변화하면서 활용할 수 있는 형태를 취하는 구성방식으로 이루어져 있다는 것이다. 뒤의 단위에

29 시가의 句를 이상과 같이 나누는 것은 시가의 律讀을 중심으로 한 것이기 때문에 문법적인 句의 나눔과는 차이가 있다는 사실을 지적해 두고 싶다.

해당하는 조사는 생략되기도 하는데, 이것은 소리가 점유하는 시간에 의해 일정한 공간을 형성하고, 그 자리에는 다양한 종류의 표현들이 들어갈 수 있는 여지를 만들어내는 구실을 하는 것으로 볼 수 있다. 이 부분은 율독의 과정에서는 길게 소리 나는 장음으로 실현되는 양상도 보이고 있기 때문에 율격을 이루는 중요한 단위로 작용한다는 사실 또한 알 수 있다. 어간과 어미의 결합방식으로 이루어지는 표현에서는 어미의 활용에 의해 율독의 방식이 정해질 수밖에 없으므로 역시 뒤의 단위가 중요한 구실을 한다는 것도 확인할 수 있다.

우리 시가를 이루는 모든 표현들이 위에서 보는 바와 같이 앞의 단위와 뒤의 단위가 결합하여 일정한 형태를 가지는 것으로 구조화하는 방식인데다가 그것이 율격을 이루는 중요한 구실을 하고 있는 만큼 이 요소들 각각에 대한 명칭과 그 둘을 합친 것에 대한 명칭을 정해주는 것이 필요하다. 왜냐하면 각각의 요소들은 한국시가에서 형식적 특성을 형성하는 기본적인 단위로 작용하기 때문이다. 격변화나 활용을 하지 않는 앞의 단위는 고정되어 있는 것이 일반적이므로 이것은 안정되고 변화하지 않는 단위로서의 성격을 지닌 것으로 볼 수 있다. 고정된 상태가 일상적인 상태를 형성하면서 소리로 실현될 때는 가장 기본적인 시간을 점유하는 단위[30]로 볼 수 있으므로 가장 기본을 이루는 이러한 단위의 소리를 '平聲'으로 명명한 전통을 따라 '平'이라 이름 붙이는 것이 가장 무난할 것으로 생각된다. 문제는 변화하는 것을 기본적인 성격으로 하는 뒤의 단위에 대한 명칭을 어떻게 붙이느냐 하는 것이다. 이것이 실현되는 양상을 보면 첫째, 조사나 어미가 활용한 상태의 모습으로 실현되는 경우, 둘째, 조사가 생략되는 경우로 나눌 수 있다. 조사가 정상적으로 붙어 있거나 어미가 활용된 상태로 실현된 경우는

30 이것을 1모라로 생각해도 무방하다.

앞의 단위와 마찬가지 방식으로 시간을 점유하는 것으로 보이기 때문에 앞의 것과 동일한 성질을 가진 것으로 보아 '平'으로 명명해도 무방할 것이다. 문제는 조사나 어미가 생략되는 경우인데, 이때는 앞의 소리가 길어지면서 長音으로 실현되는 양상을 보이고 있기 때문이다. 예를 들면, 황진이의 시조에서 "청산리 벽계수야 수이감을 자랑마라"에서 '청산리'의 뒤에는 '에', 혹은 '의'와 같은 조사가 생략되었음을 알 수 있는데, 이런 이유 때문에 율독을 할 때는 '리'가 장음으로 실현될 수밖에 없게 된다는 것이다. 나머지 표현들은 다른 어떤 것이 들어갈 수 있는 여지가 전혀 없으므로 장음으로 실현되지 않는다. 따라서 이 경우는 생략되지 않은 단위들에 대해서는 '平'이라는 명칭을 그대로 사용하고, 생략된 상태가 되어서 장음으로 실현되는 경우는 '長'으로 이름을 붙이는 것이 합당할 것으로 보인다.

이와 같이 명칭을 붙여 놓고 보았을 때 한국시가의 모든 표현은 平과 平, 平과 長이 결합하는 형태를 통해 구조화한 단위인 '名'을 이루고 있으며, 두 단위의 배열 순서에 따른 시간의 장단에 의해 율격이 형성된다는 사실을 알 수 있게 된다. 이것이 바로 『균여전』에서 말하는 "歌排鄕語"가 되고, '平'과 '長'이 결합하여 구조화한 단위로 부를 때는 '名'이라는 이름을 붙일 수 있는 근거를 제공하는 단초가 된다. '名'이 결합하여 완성되는 표현을 句라고 할 때, 우리 시가의 본질적인 율격적 체계는 한 行이 一句二名으로 이루어지는 구조화한 단위로 정형화할 수 있게 된다.

2) 名과 句

향가의 형식적 특성을 이루는 핵심적 구성요소로 '名'과 '句'를 규정하고 이에 대해 언급한 최초의 사람은 고려 중기의 문인이었던 崔行歸

(생몰연대 미상)였다. 그는 고려 전기의 고승이었던 均如(서기923~973)가 지은 「보현시원가(普賢十願歌)」 11수를 한시로 번역하고 서문을 썼는데, 여기에서 鄕札이란 용어를 처음으로 사용하였으며, 사뇌가의 형식적 특성을 한시의 특성과 비교하여 서술하였다.

> 詩構唐辭 磨琢於五言七字 歌排鄕語 切磋於三句六名 論聲則隔若參商 東西易辨 據理則敵 如矛盾强弱難分[31]

이것이 향가의 형식에 대한 유일한 언급이어서 그 동안 국문학계에서는 '三句六名'의 의미를 분석해내기 위해 다양한 접근을 시도하였다. 그러나 아직까지 뚜렷한 정설로 인정받을만한 학설은 나오지 않은 것으로 보여서 안타까움만 더해주고 있는 실정이다. '삼구육명'에 대한 기존의 견해들은 크게 두 부류로 나눌 수 있는데, 하나는 행을 이루는 율격의 단위로 생각하는 것이고, 다른 하나는 한 편의 작품이 지니고 있는 구조의 단위로 파악하는 것이다. 율격의 단위로 파악하는 경우에는 '句'와 '名'을 동일한 것으로 취급하여 '言'이나 '字'와 같은 것으로 본다.[32] 이 견해들에 따르면, '句', '名', '言', '字'는 완전히 일치하는 것으로 글자만 달리해서 나타낸 정도가 된다. 또한 '오언칠자'에 대한

---

31 赫連挻, 『均如傳』, '第八 譯歌現德分者'.

32 '삼구육명'은 3자6자의 다른 표현으로 3·3조의 음수율이 향가의 기조임을 나타낸 표현.(이병기, 『국문학개론』, 일지사, 1957)
'삼구육명'은 3언6언과 같은 것으로 민요의 기본 형식인 3·3·3조의 3음보격을 나타낸 것.(서수생, 『한국시가 연구』, 형설출판사, 1970)
'삼구육명'은 3음보가 6음절로 이루어진 것을 나타낸 것.(김수업, 『배달문학의 갈래와 흐름』, 현암사, 1992)
3구는 3음보, 6명은 6음보를 나타내는 것.(김문기, 「삼구육명의 의미」, 『어문학』 제46호, 어문학회, 1986)
향가의 한 행이 3명구체로 된 것과 6명구(음보)체로 된 것.(이웅재, 「삼구육명에 대하여 1」, 『어문논집』 18호, 중앙대학교문리과대학 국어국문학과, 1985.1)

해석과 완전히 동일한 방식으로 '삼구육명'도 해석하는 것이 당연하다는 전제 아래 논지가 전개되고 있는 특징을 보여주고 있다. 그러나 '삼구육명'을 '오언칠자'와 같은 방식으로 해석하는 것이 과연 올바른지, '句'와 '名'을 같은 것으로 보는 것이 타당한지 등에 대해서는 재고의 여지가 있는 것으로 생각된다. 왜냐하면 동일한 의미를 지니는 것을 굳이 다르게 표현해야 하는 이유를 발견할 수가 없기 때문이다. '삼구육명'을 향가의 구조적 단위로 보는 견해들은 3구는 3개의 구조단위를 지칭하는 것으로 보고, 6명은 구조단위를 이루는 하위의 단위요소로 본다.[33] 구조의 단위로 보는 견해에서는 '句'를 상위구조로 보고, '名'을 그것에 부속된 하위구조로 보는 데에 의견의 일치를 보이고 있다. 특히 '句'는 章, 聯과 관련지어서 해석하는 것과 '名'을 '字'와 같은 것으로 보고 있는 점이 눈에 띄는데, 이러한 추정들이 어디에 근거를 두고 있는지에 대해서는 정확한 근거를 중심으로 좀 더 세심한 고찰이 필요할 것으로 보인다. 기존의 연구 성과를 바탕으로 할 때, '삼구육명'에 대한 해석은 '句'와 '名'이 가지는 본래의 의미에 대한 상세한 고찰을 필요로 함과 동시에 우리말의 특성을 기본으로 하여 다시 출발해야 할 것으로

---

33 名은 뜻덩이로 보고, 句는 두 개의 뜻덩이로 보아 전체는 3구로 되어 있고, 초구가 2구, 차구가 2구, 종구가 1구로 되며, 각 구는 6단어로 되어 있다고 보는 견해.(이탁, 『국어학논고』, 정음사, 1958, 316면)
句를 章으로, 名은 문절로 보아 '삼구육명'은 3장 6문절로 보는 견해.(김준영, 「삼구육명의 귀결」, 『국어국문학』 26호, 국어국문학회, 1986; 지헌영, 「鄕歌의 解讀 解釋에 관한 諸問題」, 『崇田語文學』 2호, 崇田大學校國語國文學科, 1973.12)
'삼구육명'은 향가의 嗟辭를 나타낸 것으로 보는 견해.(최철, 「三句六名의 새로운 해석」, 『동방학지』 제52집, 연세대학교 국학연구원, 1986.9)
3구는 1, 3, 7句에 한한 것으로 이것이 6字라는 견해.(김완진, 『향가해독법연구』, 서울대 출판부, 1991)
三句와 六明의 佛敎用語로 보는 견해.(양희철, 『고려향가연구』, 새문사, 1988)
10句體는 3章, 4句體는 各行 6字로 보는 견해.(성호경, 『신라 향가 연구』, 태학사, 2008)
'삼구육명'을 三聯六句를 나타낸 것으로 보는 견해.(홍재휴, 『한국고시율격연구』, 태학사, 1983)

생각된다. '삼구육명'은 우리의 민족시가인 향가의 형식적 특성에 대한 것이고, 소리를 위치에 따라 배열해 놓은 것(排)이란 점을 『균여전』에서 분명하게 밝히고 있기 때문이다. 이러한 생각을 바탕으로 먼저 '名'의 개념에 대해 살펴보도록 한다.

한자에서 '名'은 사람의 이름, 사물의 이름, 謚號, 名目, 種類, 文字, 形容, 名譽, 功名, 聞名, 名義, 名分, 獨擅, 形成, 名家 등으로 사용되어 쓰임이 매우 다양하다. 이 중에서 필자가 주목하고자 하는 것은 '形成'이다. 형성은 일정한 단계의 발전과정을 거쳐 변화함으로써 모종의 사물이나 현상으로 이루어지는 것을 가리키는데, 이것을 다른 표현으로 '成'이라고 하였다. 이루어진다는 뜻을 가진 '成'은 일정한 구성요소가 결합하여 다른 성질을 가지는 무엇인가로 되는 것으로 구조나 형태의 변화가 수반되는 것을 핵심적인 성격으로 한다. 그러므로 '成'은 어떤 사물현상이 변화하여 성질이 다른 무엇으로 되어 안정된 상태를 만들어냄으로써 나름대로의 구실이나 의미를 가지는 것이 된다. 이처럼 '형성'이 일정한 형태를 지닌 사물현상으로 이루어지는 것을 가리키므로 '名'은 경계를 지니고 있는 형태를 가지고 있으면서(彊) 독자적이고 독립적인 성질(性)을 지닌 온전한 사물현상의 한 단위를 가리키는 것이라는 사실을 알 수 있다. 즉, 하나의 사물현상에서 경계를 분명하게 설정함으로써 독립적인 성질을 가질 수 있도록 하는 단위를 지칭하는 것이 바로 '名'[34]이 된다는 것이다.

언어에서는 의미를 형성할 수 있는 경계의 단위가 매우 중요한데, 의미를 형성하는 가장 작은 단위를 '음절(字)'로 볼 때 '句'는 의미단락의 경계를 설정한 단위가 되고, 章은 화자가 표현하려는 뜻의 범주를

34 이 경우 관형사, 부사, 조홍구, 감탄사, 수사, 대명사 등의 처리에 대한 문제가 제기될 수 있다. 여기에 대해서는 한국시가 율격론의 각론이 될 후속 논의에서 구체적으로 다루도록 한다.

알려주는 경계를 설정하는 단위가 되며, '篇'은 화자가 표현하려는 바를 완전하게 밝혀서 끝을 맺는 단위로 생각할 수 있다. 여기에서 '名'을 사용할 때 과연 어떤 단위로 규정해야 할 것인가가 문제가 될 수 있는데, 하나의 음절을 지칭하는 '字'와 같은 단위로 보기는 어려울 것으로 생각된다. 특히 뜻글자인 한자를 표기수단으로 하는 漢文이나 漢詩에서는 한 글자를 의미하는 字가 명사를 나타낼 수도 있고, 형용사나 동사를 나타낼 수도 있기 때문에 우리말에서 한 글자를 의미하는 음절과 같은 것으로 보는 것은 무리가 따를 수밖에 없기 때문이다. 이런 점에서 볼 때 五言七字의 '字'를 '言'과 같은 의미로 보아 오언시와 칠언시를 지칭한 것이라고 보는 견해 역시 재고의 여지가 있는 것으로 생각된다.[35] 이제 우리 언어에서 '名'을 어떤 개념으로 어떤 자리에 위치시킬 것인가에 대한 것을 어느 정도 정할 수 있게 된다. '名'이라는 것이 경계를 분명하게 설정함으로써 독립적인 성질을 가질 수 있도록 하는 단위라고 할 때, 우리말에서는 음절과 구의 중간에 놓이는 정도가 가장 적합할 것으로 보인다. 즉, 명사나 조사, 어간이나 어미 등을 구성하는 단위를 지칭하는 것으로 '名'을 설정하는 것이 가장 합리적이라는 것이다. 다음으로는 '句'의 개념에 대해 살펴보도록 한다.

> 夫設情有宅 置言有位 宅情曰章 位言曰句 故章者明也 句者局也 局言者聯字以分疆 明情者總義以包體 區畛相異而衢路交通矣 夫人之立言由字而生句 積句而成章 積章而成篇[36]

'句'는 일정한 뜻을 나타내는 것을 핵심적인 구실로 하는 언어에서 낱개로 되어 있는 言에게 위치를 정해주어 놓이는 자리를 국한함으로

---

35 이에 대한 상세한 고찰은 후고로 미룬다.

36 劉勰, 「章句篇」, 『文心雕龍』, 香港: 商務印書館, 1980.

써 의미단락의 경계를 분명하게 지어주어서 전달하려는 뜻을 명확하게 나타나도록 하는 문장의 구성단위다. 이런 점에서 볼 때 '句'는 일정한 의미를 확보하고 있는 낱말과 낱말의 결합에서 생기는 관계를 통해 화자가 전달하려고 하는 뜻을 확립하는 가장 기본적인 문장 구성의 단위이고, 명사, 조사, 어간, 어미 등을 지칭하는 것으로 위에서 이름을 붙인 '名'이 결합하여 완성되는 특징을 지닌 존재로 생각할 수 있게 된다. '章'이 화자가 말하려는 바를 한층 높은 단위에서 밝히는 것이라고 한다면, '句'는 그보다 작은 단위에서 화자의 뜻을 국한시켜 명확하게 하려는 단위가 되는 것이다. 이러한 의미를 가지는 '구'에 대해 우리말에서는 "둘 이상의 단어가 모여 절이나 문장의 일부분을 이루는 토막으로 되는 것을 가리키는데, 종류에 따라 명사구, 동사구, 형용사구, 관형사구, 부사구 따위로 구분 한다"[37]고 정의하고 있다. 이러한 정의를 보더라도 우리말에서 '句'는 '名'으로 부를 수 있는 두 개 혹은 두 개 이상의 단위요소가 결합하여 문장의 구성요소를 이루는 방식을 취한다는 것을 알 수 있다. 우리 시가는 문장을 이루는 음절을 시간적 순서에 의해 정해지는 위치에 따라 배열하고, 그것을 다시 '名'이라는 구조화한 단위를 바탕으로 시간적 선후에 의해 결합한 형태인 '句'를 시간적 선후에 따라 배열하여 '行'을 구성하고, 그것을 시간적 선후관계를 바탕으로 또다시 배열하여 '장'이나 '篇'을 만들어서 작품을 완성하는 성격을 가지고 있으며, 그러한 특성에 의해 율격을 형성하는 방식을 취하고 있다는 것이다. 이런 점에서 볼 때 향가는 세 개의 '句'를 한 행으로 하면서 하나의 '句' 안에 두 개의 '名'을 공통적으로 가지고 있으면서 3개의 句가 한 행을 이루는 '삼구육명'이라는 형식적 특성을 가지고 있는 시가라는 사실을 명확히 할 수 있게 된다. 이것이 바로 『균여전』에

37 국립국어원 편, 『표준 국어대사전』, 1991.

서 향가의 형식적 특성을 밝히기 위해 언급한 '歌排鄕語 切磋於三句六名'인 것으로 보이는데, 이것에 의해 작품의 율동이 형성된다고 할 수 있으니 '삼구육명'이란 말은 한국시가 율격의 본질적 성격을 규정하는 핵심적인 표현이 된다.

'삼구육명'에 대한 해석을 위와 같이 하여 '名'을 '平'과 '長'이라는 구조화한 단위로 나누어질 수 있는 형식적 구성요소로 설정하면 다음과 같은 문제점들을 해결할 수 있는 이점이 있다. 첫째, 우리 시가의 형식론[38]에서 항상 문제가 되었던 것으로 표현에 따라 달라지는 음수의 차별화 때문에 정형성을 추출해내기가 어려웠던 문제점을 해결할 수 있으며, 둘째, 2음보에서 5음보까지 다양한 음보율의 단위를 설정[39]해야 하는 번거로운 문제 또한 해결할 근거를 마련할 수 있게 됨으로써 한국시가 율격의 본질적 성격에 한 걸음 더 다가갈 수 있도록 한다는 것이다. 한국시가에서 하나의 '행'이 몇 개의 '구'를 구성단위로 하여 성립하는가를 파악한 다음, 각각의 '구'에 두 개의 '명'이 들어가는 형식적 단위로 구조화하여 율격적 특성을 밝혀내면 될 것이기 때문이다.

우리말의 성격과 시가의 형식적 측면에서 볼 때 우리 시가 율격의 본질은 일정한 단위 속에 몇 개의 글자가 들어가느냐가 중요한 것이 아니라 언어가 어떤 단위로 구조화하여 율동을 형성하며, 그것이 어떤 방식으로 율격을 만들어내는가 하는 점과 그것을 어떻게 정형화할 수 있을 것인가 하는 점이 최대의 관건이 된다고 할 수 있다. 그러므로 한국시가 율격의 본질을 밝혀내기 위해서는 우리 언어의 형태적 특성에서 추출해낸 '平'과 '長', 그리고 '名'과 '句'가 율격을 형성하는 기본적 요소로 작용한다는 점을 전제로 하여 논의를 전개할 필요성이 제기될 수 있다. 교착어인 한국어에서는 일정한 단위 안에서 音數의 차별화가 일

38 지금까지 있어왔던 음수율이나 음보율을 중심으로 하는 율격론을 지칭한다.

39 성기옥, 「한국시가의 율격 양식」, 앞의 책, 162면.

어날 수밖에 없지만 그것이 '平'과 '長'이라는 일차적 단위로 구조화한 후 시간적 선후 관계에 의해 형성되는 '名'이라는 단위로 다시 구조화[40] 한다. 그리고 '名'은 두 개의 단위씩 묶여서 더 높은 단위에서 구조화함으로써 '行'을 전제로 하는 '句'라는 단위로 再再構造化하는 과정을 밟게 된다. 따라서 우리 시가는 한시의 '句'에 해당하는 行이라는 단위로 반복되는 구조를 가지면서 일정한 형태를 만들어냄으로써 율격을 완성하게 되는 모습을 지니게 된다는 사실을 알 수 있다.

3) '三句六名'에서 '四句八名'으로 – 결론에 대신하여

우리 민족의 역사를 살펴보면 향가가 발생했던 신라 시대로부터 俗謠와 景幾體歌가 성행하던 고려시대까지는 불교적 세계관이 중심을 이루는 시기였다는 것을 알 수 있다. 강대한 육상왕국을 실현하기 위해서는 반드시 겪어야 했던 정복전쟁을 성공적으로 이끌기 위해 절대적으로 필요한 민족통합을 달성하려고 신라 왕실은 두 가지 계책을 마련하였다. 하나는 정신적 통합을 위한 불교의 공인(6세기 중반)이었고, 다른 하나는 인재 발굴을 통해 제도적 통합을 이루기 위해 설치한 화랑도(6세기 후반)[41]라는 국가 기관이 그것이다. 이 과정에서 생겨난 것으로 보이는 향가는 가야와 고구려와 백제가 멸망한 후에는 새로운 방식으로 진행되었던 민족통합[42]을 위한 도구의 하나로 대두되면서 백

40 이 경우 속요 같은 데에서 보이는 조흥구, 감탄사, 렴과 같은 형식적 구성 요소들에게도 '명'의 개념을 적용시킬 수 있을지가 문제점으로 지적될 수 있다. 조흥구, 감탄사, 렴 등은 소리와 언어의 중간적 존재라는 의미를 가지기는 하지만 작품 내의 구성요소가 되는 순간에 일정한 구실과 의미를 가지게 되므로 이것 역시 '명'이 개입한 것으로 파악함과 동시에 율격을 형성하는 중요한 구조단위로 보는 것이 타당할 것으로 생각된다.

41 고가연구회 편, 『향가의 깊이와 아름다움』, 보고사, 2009.2, 52~56면.

42 가야, 백제, 고구려를 멸망시키고, 唐나라 군대까지 몰아내면서 불완전하게나마 정복

성과 함께 호흡하는 노래가 되어 더욱 성행하였는데, 그 여파는 고려시대까지 이어졌던 것으로 보인다.[43] 이런 점에서 볼 때 향가는 신라뿐만 아니라 고려시대에도 상당한 위력을 가지고 있었던 시가였을 가능성이 크다는 것을 충분히 짐작할 수 있다. 이러한 성격을 가지는 향가의 형식적 특성이 바로 '三句六名'이었다는 것인데, 이것은 비단 향가에만 국한된 것이 아니라 신라에서 고려에 이르는 민족시가의 형식적 특성을 가장 정확하게 지적한 내용일 가능성에 주목할 필요가 있을 것으로 보인다. 왜냐하면 '名'과 '句'의 개념을 위와 같이 정의하고, '삼구육명'을 민족시가의 하나인 향가의 형식적 특성을 지적한 표현으로 해석할 경우 이것은 속요나 경기체가에도 그대로 적용될 수 있기 때문이다. 불교적 세계관을 나라의 기본 사상으로 했던 신라와 고려가 여러 면에서 닮아 있었음은 주지하는 바와 같은데, 여기에 발맞추어 '삼구육명'의 시형식이 중심을 이루었다는 점 또한 대단히 흥미로운 일이 아닐 수 없다. 이러한 민족시가의 형식은 불교적 세계관이 중심을 이루던 사회인 신라와 고려를 거쳐 유교적 세계관이 중심을 이루었던 조선으로 옮겨가면서 함께 변하게 되었으니 그것은 바로 '四句八名'이라는 시형식으로의 전환이었다.

'四句八名'은 시가에서 한 행의 구성이 네 개의 '句'로 이루어지는 형식을 말하는데, 조선조 국문시가의 양대 산맥을 이루었던 시조와 가사가 이러한 형식을 가지고 있는 것으로 파악된다. 시조와 가사의 발생시기는 정확하게 밝혀진 바가 없지만 현재로서는 고려후반기로 보는 것이 일반적인 견해이다. 그러다가 가사는 조선 초기에 丁克仁이 지은

전쟁을 마무리한 신라사회는 오랜 기간에 걸쳐 서로 다른 나라의 백성으로 살아왔던 사람들을 하나의 민족으로 만들어야 하는 진정한 의미의 민족통합 과정을 진행해야 하는 상황을 맞이하게 된다.

43 『삼국유사』의 편찬이 충렬왕 7년인 1281년이었다는 점 하나 만으로도 향가가 고려시대까지 향유된 시가였다는 충분한 증거가 된다.

「賞春曲」에 이르러 사대부가사로의 전환이 이루어지면서 비약적인 발전을 하게 되고, 시조는 고려 말, 조선 초부터 신흥사대부를 중심으로 하는 귀족계급에 의해 지어지기 시작하면서 그 형식을 확립했던 것으로 보인다. 이런 과정을 거쳐 형성된 시조와 가사는 조선조 전 시기에 걸쳐 국문시가의 중심을 이루게 되는데, 가장 중요한 형식적 특성으로 하나의 '행'이 네 개의 '구'로 구성되어 있는 것을 지적할 수 있다. 위에서 이미 서술한 바와 같이 신앙을 바탕으로 하는 불교가 민족적 세계관으로 작용했던 신라와 고려 사회는 기본적으로 신과 인간의 관계가 전면으로 부각되고, 인간과 자연의 관계가 후면에 배치되는 경향을 띠고 있었다. 그러나 유학을 정치이념으로 하면서 그것을 민족 전체의 세계관으로 확립하기 시작한 조선시대는 인간과 신의 관계가 뒤편으로 물러나고 자연과 인간의 관계가 전면으로 부각되는 경향으로 바뀌었으니 이러한 사회문화의 흐름에 따라 시가의 형식도 바뀔 수밖에 없었음은 지극히 당연한 결과라고 할 수 있다.

이러한 현상은 위에서 예로 들었던 황진이의 시조와 정철의 가사를 통해서 확인할 수 있다. 황진이 시조의 첫 행을 보면 "청산리 벽계수야 수이감을 자랑마라"로 되어 있는데, 이것은 형태상 "청산리 벽계수야"와 "수이감을 자랑마라"의 두 단위로 나누어진다. 그리고 각 단위는 두 개의 '구'로 나눌 수 있으며, 각 구는 두 개의 '명'으로 나눌 수 있다. 「성산별곡」도 마찬가지 구조로 되어 있으니, "엇던 디날손이 셩산에 머믈며서"는 시조와 같은 방식으로 단위를 나눌 수 있게 된다. 여기에서 보아 알 수 있듯이 시조와 가사는 하나의 '행'이 네 개의 '구'와 여덟 개의 '명'이 순차적으로 배열되어 있는 형식을 취하고 있으며, 시조는 그러한 '행'이 세 개로 완성되며, 가사는 수십 개 이상의 '행'들이 순차적으로 배열되어 있는 모양을 취하고 있다는 사실을 지적할 수 있다. 우리의 민족시가가 가지는 형식적 특성이 고려에서 조선으로 넘어가는 시기를 전후하여 '삼구육명'에서 '사구팔명'으로 바뀐 이유[44]에 대해서는 좀 더 상세한 고찰이 필요하겠지만 신과 인간의 관계가 중심을 이루었던 사회에서 자연과 인간의 관계가 중심을 이루는 사회로 이행한 것과 결코 무관하지 않을 것으로 생각된다.

44 시가의 발달과정은 크게 세 시기로 나눌 수 있다. 첫째는 기원전1세기를 전후한 때로 신분이 분화하고 국가가 성립하면서 문자를 통한 기록이 구체화하던 왕권국가의 발달 이전이고, 둘째는 불교를 국교로 하는 절대왕권국가가 성립하면서 민족의 통합과 안정을 향한 혼란과 변화가 지속되던 시기이다. 셋째는 성리학이 정치이념으로 부상하면서 앞 시대와는 성격이 판이한 왕권국가가 형성되었던 시기이다. 첫째 시기는 기록수단이 발달하지 못했기 때문에 구전되는 노래들이 시가문학의 중심을 이루었는데, 神이 인간을 지배하는 신의 시대임과 동시에 神歌의 시대라고 할 수 있다. 둘째 시기는 하늘의 명을 받은 군주가 신을 대신하여 인간을 다스리면서 신과 인간이 마주하던 시대로 신에 대한 기원과 성적인 내용이 중심을 이루는 시가가 발달했던 시대라고 할 수 있다. 셋째 시기는 신의 자리를 자연이 대신하면서 인간과 자연이 마주하는 왕권국가가 성립하면서 물아일체와 윤리덕목, 인간적 정서 등을 노래하는 시가가 중심을 이루었던 시대가 된다. 이에 대한 구체적인 논의는 후고로 미룬다.

영어의 리듬Rhythm과 한글의 리듬

김명복

1. 리듬

리듬(Rhythm)이라는 말을 사용할 때, 우리는 단지 말이 지니고 있는 소리만을 이야기할 것인지, 아니면 말의 의미까지도 리듬의 의미에 포함할 것인지를 생각해야 한다. 왜냐하면 리듬이란 일정한 간격을 두고, 동일하거나 유사한 소리(형식)나 의미(내용)가 반복되는 현상 모두를 뜻하기 때문이다. 그러나 보통 시의 리듬이라고 말할 때 우리는 리듬에서 일어나는 반복 현상을 소리에 한정하고, 그 리듬의 단위를 음보(Foot)라고 부른다.

시의 리듬이 의미보다는 소리를 중요하게 생각하고 있기는 하지만, 무의미(Nonsense)의 시가 아니라면, 뜻이 없는 소리만의 시가 시일 수 있는가 하는 문제가 있다. 문제는 의미의 반복을 리듬에 포용할 수 있는 대안을 찾아보는 일이다. 그렇다면 반복의 의미에서 소리가 중심이 될 때는 시의 리듬으로, 그리고 의미가 중심이 될 때는 산문의 리듬이라고 나누어 생각해보자. 보통 산문의 리듬이라고 하면 문법과 관련한 문장 구조의 리듬을 말한다.

리듬(rhythm)을 번역한 우리나라 말로 "율동"과 "음률"이란 말이 있다. 리듬이란 영어 단어는 희랍어 "흐르다(flow, stream)"의 뜻을 지닌 "Rhythmos"에서 유래하였으니, 희랍어의 의미를 살려서 리듬이란 단어를 우리나라 말로 번역한다면 "율동"이라 할 수 있다. 그러나 율동이란 말은 리듬의 내용 측면을 두고 한 말이고, 음률이란 율동의 원인이 되는 형식적인 측면을 두고 한 말이다. 그러므로 리듬이란 말 대신에 번역의 말을 사용하고자 할 때, 문맥에 따라, 내용의 측면을 고려하는 경우는 율동이라 하고, 형식을 논의할 때는 음률이란 말을 사용하고, 둘 다의 의미를 사용할 때는 리듬이란 말을 사용하는 것이 좋다.[1]

리듬이 만들어지기 위하여 시에서의 소리는 변화하여야 하고, 그 소리의 변화는 규칙적으로 주기를 유지하며 반복하여야 한다. 시에서의 리듬은 소리가 부단히 변화를 모색하기 위하여 끝임 없이 평형의 상태를 깨면서 발생한다. 리듬은 균형의 상태를 깨뜨리는 불균형이 발생하고, 그 불균형으로부터 다시 균형을 향한 운동이 생겨나 유지되는 동안, 또다시 그 균형의 상태를 깨는 불균형이 일어나는 방식으로 발생한다. 유기체의 맥박이 율동으로 생명을 유지하는 기본 단위이듯이, 시의 생명력은 시의 율동에서 나온다.

산문의 리듬과 시의 리듬은 다르다. 산문의 리듬은 의미와 관련이 깊어 내용 중심의 문장구조가 중요한 역할을 하는 반면, 시의 리듬은 내용보다는 소리의 형식에 근거한다. 다시 말하여, 산문의 리듬은 소

---

1 운율(prosody)과 관련하여 율이라는 말이 많이 사용되고 있다. 그렇다면 율이란 어떠한 의미일까? 율(律)이란 "규범이나 규칙"의 뜻이다. 율이란 또한 음률의 줄임말이기도 하다. "율"의 의미와 관련된 우리나라 낱말들 몇 가지를 살펴보면, "율객"이란 "음률에 밝은 사람"으로 시인을 말하고, "율동"이란 "주기적인 운동이나 규칙에 따른 움직임"이며, "율려"란 "음률"의 뜻도 되는 "악률의 의미로 음악"을 말한다.

리와 의미 사이에 전혀 갈등 관계가 없다. 그래서 산문의 소리는 자연음이다. 그러나 시의 리듬에서는 소리가 의미를 주도하여 소리와 의미 사이에 불협화음이 발생한다. 그래서 시에서의 소리는 기존의 산문의 의미를 재해석하기를 요구하는 가공음이다. 시에서의 소리는 산문의 리듬을 뒤흔들어, 소리와 의미 사이에 갈등관계를 만들어낸다.

2. 영시의 리듬

영어의 리듬을 이야기할 때, 리듬의 기준이 되는 영어 낱말의 특성으로 영어 음절에 강세와 약세가 있다는 말을 한다. 그러나 영어 낱말의 음절을 "강세"와 "약세"로 구별하는 것은 옳지 않다. 영어 낱말은 "강세 음절(stressed syllable)"과 "강세가 없는 음절(unstressed syllable)"로 나누어 있다고 말해야 옳다. 낱말의 음절에 강세가 없다고 해서 그 낱말의 음절이 약세라고 말할 수는 없다. 번역의 오류에서 비롯된 구별이다.

영어 낱말의 음절을 강세와 약세라고 분류하여 말할 수 없는 이유는 또 있다. 우리가 리듬의 단위로 사용하는 음보(foot)라는 낱말의 의미와도 깊이 관련이 있다. 한 발을 떼었다가 앞으로 나가며 땅 위에 내려놓은 한 발자국이 음보이다. 음보가 하나의 단위로 성립하기 위하여 발을 올리고 내린다. 발을 올리고 내리는 과정에서 율동이 생겨난다. 율동은 균형과 불균형을 반복하며 발생한다.

리듬과 관련하여 균형의 상태가 평면이라고 할 때, 상승과 하강의 의미는 상승한 만큼의 하강의 의미를 지닐 뿐이지, 평형의 상태 아래로 하강한다는 뜻은 아니다. 리듬을 발생시키는 율동 역시 우리가 발을 올리고 내리는 동작과 같은 의미이다. 그러므로 리듬을 이야기하며 음절의 특성으로 강세와 약세로 분류하는 말은 옳지 않다. 약강이란 기준점을 중심으로, 강하다거나 약하다고 하는 말이고, 리듬과 관련하여 기준점은 없기 때문이다.[2]

잇솝(Antony Easthope)은 라틴 운율과 영어 운율을 구별하여 두 운율의 차이를 다음과 같이 말하였다: "전형적인 영시는 강세와 강세가 없는 음절이 번갈아가며 10개의 음절들로 구성되어있다. 라틴 시 형식에서 음절의 길이는 완벽하고, 길고 짧음으로 분류되는 음절의 길이의 대조가 분명하다(적잖이 라틴 시는 문장구조와 의미구조에서 대조를 이용하고 있다). …… 강세와 약세의 단순한 이분법적인 대조가 영어의 음절에는 없다. 말을 할 때의 강세 정도는 늘 문맥상 상대적이다."(62~3) 영시의 리듬은 강약의 음절로 대조되는 이분법에서 발생하는 것이 아니다.

영시 운율의 역사에서 1066년은 매우 중요하다.[3] 이 해에 불어를 사용하는 노르만 민족이 앵글로 색슨어를 사용하는 영국을 정복하자, 이후 영시의 리듬에도 변화가 생겨났다. 노르만 민족이 영국을 침입하기 이전의 앵글로 색슨 고대 영시는 1행이 4개의 강세로 이루어지고, 1행은 다시 반(hemistich)으로 나누어 각각 2개의 강세를 지녔다. 고대 영시는 음절수와는 상관없이 1행이 4개의 강세를 갖추기만 하면 되었다. 1행을 둘로 나누는 "행 중간 쉼(caesura)"의 구두법이 지켜지는 특성 이외에도, 고대 영시의 시행에는 두음법칙(alliteration)이 나타났는데, 두음법칙이란 강세가 있는 음절의 초성 자음이 반복되는 수사법이다. 아무리 초성의 반복이 있더라도 강세가 있는 음절의 초성이 아니라면 두음

---

2 동양의 음양이라는 개념도 마찬가지이다. 기준점에서 차고 넘침이 음양이다. 음양이 합하여 기준점에 이른다. 그러나 기준점이 고정되어 있지 않아야 율동이 발생한다. 기준점을 계속하여 부정하며 새로운 음양의 관계를 설정하여야 율동이란 생명력이 발생한다. 무엇보다 넘치고 무엇보다 모자란다는 기준점이 없다.

3 1066년을 기점으로 이전을 고대 영문학, 이후 1500년대 까지를 중세 영문학이라 한다.

법칙이 아니다. 리듬에서 강세가 중요하였다.

1066년 노르만 민족의 영국정복이후 르네상스가 시작되는 1500년까지 영국에서의 궁정과 관공서에서는 불어를 사용하였다. 불어는 영국의 중세 400년 동안 영어에 영향을 주었고, 영국 고대 영시의 시행에도 영향을 주었다. 고대 영시의 강세 중심의 시행은 불어 시의 음절 중심의 시행을 받아들여, 영시의 시행은 강세와 음절수를 모두 고려하는 시행으로 바뀌었다. 그리고 중세가 끝나는 즈음하여 초서(Geoffrey Chaucer, 1340?~1400)는 영국의 르네상스를 열어가는 약강 10음절(iambic pentameter)의 시행을 쓰기 시작하였고, 이후 약강 10음절 시행은 영시의 보편적인 시행이 되었다.(Paul Russell, 63~8)

3. 영어 산문의 리듬과 율격

영어의 리듬을 규정하는 가장 기본적인 요소는 강세이다. 영시의 운율의 역사에서 볼 수 있듯이, 영시의 율격을 고려할 때 늘 음절수보다는 강세가 중요하다. 시의 율격을 분석할 때도 음절수보다는 먼저 강세를 고려하여, 강세 하나에 따르는 음절수를 고려하여 음보를 나눈다. 영어 산문의 문장들도 또한 강세를 가진 음절과 강세가 없는 음절, 또는 강세가 없는 음절과 강세가 있는 음절이 번갈아 반복하며 리듬을 구성한다.

산문의 리듬은 시의 리듬과 다르다. 시는 매 행마다 강세의 음절과 강세가 없는 음절의 수를 일정하게 규정하여 율격을 만들어내는 방식으로 리듬을 만들어내지만, 그 목적상 내용과 의미가 중요한 산문의 경우 산문의 리듬의 주요한 요인은 구문론적인 문법 기능이다. 다시 말하여 시에서 율격이 시의 리듬을 통제한다면, 산문에서 리듬을 통제하는 것은 소리보다는 의미가 중요한 문법적 기능이다.

영어 사전을 보면 1음절 영어 낱말의 강세는 표시되어 있지 않다. 그렇다고 해서 1음절 낱말에 강세가 없는 것은 아니다. 1음절 낱말이라도 그 낱말이 다른 낱말들과 관계없이 독립된 의미를 지니는 "내용어(content word)"인가? 아니면 낱말이 고유한 의미를 지니지 않고 문법적인 기능만하는 "기능어(function word)"인가? 에 따라서 강세가 있기도 하고 없기도 하다. 내용어에 속하는 품사들인 명사, 동사, 형용사, 부사, 지시 대명사, 의문사는 1음절 낱말이라도 강세가 있고, 기능어 품사들에 속하는 관사, 전치사, 인칭 대명사, 소유 형용사, 관계 대명사, 접속사, 조동사에는 강세가 없다. (Clifford H. P. Jr and Betty W. R, 33) 이러한 강세의 산문적인 기능은 시에서의 리듬에도 기본적으로 적용된다.

영어에서 강세가 있는 음절과 강세가 없는 음절이 리듬을 만들어내는 기본 원칙은 시의 문장뿐 아니라, 산문의 문장에서도 지켜지고 있다. 만일 산문의 문장에서 낱말들이 연달아 강세를 가지는 경우가 발생하면, 낱말들이 본래 강세를 지닌 낱말들이라도 리듬의 규칙을 지키기 위하여 본래 가지고 있었던 강세를 포기하여야 하는 경우가 발생한다. 예를 들어, "He ′ eats ′ three ′ full ′ meals ′ each ′ day"라는 문장에서 기능어인 "He"를 제외한 모든 낱말들이 강세를 가진다. 그러나 우리는 이 문장을 읽을 때 낱말들의 강세를 모두 지켜가며 읽지 않는다. 우리는 이 문장에서 내용어들인, "three, meals, day"에만 강세를 주어 읽는다. 그래서 우리는 강세 있는 음절과 강세가 없는 음절을 반복하여, "He eats ′ three full ′ meals each ′ day"라고 읽는다.(Clifford H. P. Jr and Betty W. R, 33)

하울러(Roger Howler)는 그의 글 "산문 리듬과 율격(Prose Rhythm and Metre)"에서 산문의 리듬과 시의 리듬의 "대립 리듬(counterpoint)"에 대한 기존의 연구를 설명하면서, 산문의 리듬에 "당김 리듬(syncopation)"을 추가하였다. 우선 "대립 리듬"에 대하여 살펴보자. "대립 리듬"은 시의 "행 안의 쉼(caesura)"과 시의 "행 끝 이음(enjambment)" 때문에 생겨난다. 시의 "행 안의 쉼(caesura)"이란 시 행 안에 구두점을 삽입하여 시의 리듬을 단절하고, 하나의 시 행 안에 두 가지 대립된 사고를 표현하는 산문 리듬이고, "행 끝 이음(enjambment)"이란 시의 율격을 위하여 산문의 자연스런 리듬이 파괴되는 경우이다.

시의 "행 안의 쉼"으로 분리된 두 개의 문장은 대립의 사고를 나타내는 수사학적 의미를 지니기는 하지만, 후셀(Paul Fussell)이 지적하고 있듯이, 시의 "행 안 쉼"은 그 반대의 기능을 할 수도 있다.(25) 고대 영시에서 시의 "행 안 쉼"은 시의 형식에 중요한 요소였다. 다시 말하여, 시의 "행 안 쉼"은 구어적인 표현(산문 리듬)과 구별되는 시의 형식 구조였다. 그러나 엄격한 운율을 고수하는 시 행에 기대치 않은 구두점의 등장이 시의 운율 형식을 파괴하고 일상담화 형식으로 시행에 나타나는 경우, 시의 "행 안 쉼"은 시의 리듬을 파괴하는 산문의 리듬이 된다. 이 경우는 물론 시의 "행 안의 쉼"이 시의 형식 요소로 작용하지 않은 고대 영시 이후에 해당된다. 그렇다고 고대 영시와 같은 시의 "행 안 쉼"이 시의 형식 요소로 고대 영시이후 시에 나타나지 않았다는 말은 아니다.

시 행에서 율격을 고수하기 위하여, 산문이 지니는 자연스런 구문을 파괴하고, 형식상 하나의 시 행 안에 삽입되어야 할 낱말이 다음 행으로 미루어지는 경우를 "행 끝 이음(enjambment)"이라고 한다. 산문적인 문맥에서 하나의 시행 안에 하나의 문장이 완성되어야 자연스럽다.(end-stopped lines) 그러나 시의 율격을 지키기 위하여 구문상의 규칙을 깨고, 즉, 하나의 시행 안에 하나의 구문이나 하나의 문장을 구성하지 못하고 구문론적인 완성을 다음 시 행으로 옮겨가는 경우, 이런 현상을 "이음 시행(run-on lines)" 또는 "행 끝 이음(enjambment)"이라고 한다.

"행 끝 이음"이란 "기대되는 형식과 실제로 발생한 형식 사이에 긴장 관계를 조성하는 운율의 변형이다."(Geoffrey N. Leech, 123)

"행 끝 이음(enjambment)"이란 구문론으로 볼 때 같은 줄에 있어야 할 낱말이 시의 율격을 지키기 위하여 다음 줄로 미루어지며 산문의 리듬과 시의 리듬이 불협화음을 조성하는 경우이고, "행 안의 쉼(caesura)"은 시 행 한 줄에 두 개의 문장이 공존하는 구문론적인 산문의 리듬이 율격만으로 리듬을 유지하려는 시의 리듬과 긴장관계를 유지하는 경우이다. 다시 말하여, "행 끝 이음(enjambment)"은 시의 리듬이 산문의 리듬을 지배하는 경우이고, "행 안 쉼(caesura)"은 산문의 리듬이 시의 리듬을 지배하는 경우이다. 두 경우 모두 산문의 리듬과 시의 리듬이 "대립 리듬(counterpoint)"을 만들어내고 있다.

하울러는 "행 안의 쉼(caesura)"과 "행 끝 이음(enjambment)"이 만들어내는 산문 리듬과 시의 리듬 사이의 "대립 리듬(counterpoint)" 이외에, "당김 리듬(syncopation)"에 대하여 이야기하고 있다. 대립 리듬이 문장 구조와 관련한 산문 리듬과 시의 리듬 사이의 대립을 문제 삼고 있다면, "당김 리듬"은 문장 속의 구문보다는 개별 낱말들의 리듬을 분석한다. 즉, 시에서 낱말들은 시의 율격을 맞추기 위하여, 음절들이 낱개로 뷰리되어, 낱말의 소리가 의미에 우세하게 작용하여 문법적인 낱말 자체의 결합력이 약화된다. 예를 들어, 다음의 분석과 같이 율격을 위해 시행의 음절이 분리된다: "And all / the way / the want / ton dam / sell found." 구체적으로 "wan / ton dam / sell"라는 조합은 시의 율격에 맞게 낱말의 음절을 분리하여 읽어야 한다. 문법은 이러한 조합을 거부하고, 당김 리듬은 -ton과 -sell에서 약세의 음률을 제2강세로 올린다."(97~8) 결국 율격을 맞추어 시를 읽는 행위 자체가 문법적 구속력이 있는 산문의 리듬을 배제한다.

4. 한국시의 리듬

한국시의 운율을 분석할 때, 운율 분석가들은 한글에는 강세가 없다는 전제하에 한국시의 운율분석을 단지 시의 음절수만을 나누는 단조로움을 반복하였다. 분석가는 우선 기본 음절수를 정하고 기본 음절수를 초과하거나 부족한 경우에 따라, 기본 음절수보다 초과한 경우에는 음절을 기본 음절수를 말하는 경우와 같은 시간대에 읽기 위하여 빨리 읽고, 반대로 기본 음절수보다 음절수가 모자라는 경우는 느리게 읽어 기본 음절수의 암송과 같은 시간대를 유지하는 변화 속에서 리듬이 생겨나는 운율에 대하여 이야기하는 것이 전부였다. 그렇다면 한국시는 음절수의 분석이외에 다른 운율분석 방법은 없는가?

운율 분석에서 가장 기본이 되는 것은 음절(syllable)이다. 한글의 경우는 "낱개의 소리들(alphabets)"을 하나의 음절로 기록한다. 한글에서는 알파벳을 따라 음절을 말하기 이전에 이미 하나의 소리가 만들어져 있다. 그러나 영어의 경우는 알파벳들이 수평으로 나열되어 있어 낱말을 읽거나 말하는 사람은 나열되어 있는 알파벳들을 조합하여 하나의 음절로 발음하여야 한다. 그리고 하나의 음절로 알파벳들을 조합하는 과정에서 강세가 있는 음절과 강세가 없는 음절이 생겨나며 리듬이 발생한다. 한글은 음절이 이미 만들어져 있고, 영어는 음절을 만들어야 한다. 이러한 이유로 한글에는 강세가 없다는 말이 나왔다. 음절이 이미 만들어졌으니 음절의 낱말을 전달하는 과정에서 강세의 필요가 요구되지 않는다. 영어의 강세는 음절이 만들어지는 과정에서 필요시 되었던 음성학적인 특성으로 리듬을 창출하는 중요한 요소이다.

영어 문장과 한글 문장을 비교하여 차이가 드러나는 또 하나의 특징은, 영어 문장에서의 기능어에 속하는 품사들이 한글에는 없거나 아니면, 한글에서는 내용어들과 함께 하나의 낱말을 구성한다. 다시 말하여 한글 문장에서는 낱말 단위로 기능어들은 없고, 내용어들만이 하나의 낱말을 구성하고 있어서 낱말들 모두가 강세를 받는다. 음절 모두가 강세가 있다는 말은 강세가 없다는 말과 같다. 한글의 낱말을 구성하는 기능어들은 문장에서 생략하여도 전체적인 의미에 있어서 크게 문제가 되지 않는다. 더구나 조사는 명사의 의미를 분명하게 해주는 산문적인 특성을 가지고 있어서, 오히려 조사를 생략하는 경우 시적인 리듬감이 더 드러난다. 김수영의 시 「풀잎」을 보자:

> 풀이 눕는다
> 비를 몰아오는 동풍에 나부껴
> 풀은 눕고
> 드디어 울었다
> 날이 흐려서 더 울다가
> 다시 누웠다

위의 시에서 주격 조사들과 목적격 조사들을 모두 제거하면 다음과 같은 시가 된다.

> 풀 눕는다
> 비 몰아오는 동풍에 나부껴
> 풀 눕고
> 드디어 울었다
> 날 흐려서 더 울다가
> 다시 누웠다

한글의 조사는 낱말의 뜻을 분명하게 하여 주는 기능어 역할을 하는 산문적인 특성을 가진다. 김수영의 시에서의 두드러진 기본적인 리듬은 두 가지 산문 리듬이다. 하나는 의미를 분명하게 밝히기 위하여 사용하는 기능어들이 사용되어 구어적인 산문의 리듬 형태를 갖추고 있고, 다른 하나는 같은 낱말들이 반복되는 문장 구성상의 산문의 리듬이다.

김수영의 시와 관련하여 시의 행 가름에 대하여 생각하여보자. 시조의 운율과 관련한 한국 정형시의 음수율인 3.4조나 4.4조의 형식을 논할 때, 우리는 1행을 3.4 / 3.4 또는 4.4 / 4.4의 리듬으로 나누어 분석한다. 이러한 방식은 "행 안의 쉼"의 구두점을 중앙에 두고 좌우로 2개의 강세를 가지는 고대 영시의 시행 방식과 동일하다. 앞에서도 언급하였듯이, 한글 문장에서는 영어 문장의 강세의 규칙을 적용하면 한글 문장의 모든 낱말은 내용어들이어서 하나의 강세를 지니고 있는 셈이다. 김수영의 시를 정형시의 행 가름으로 나누어보자.

풀 눕는다 / 비 몰아오는
동풍에 나부껴 / 풀 눕고
드디어 울었다 / 날 흐려서
더 울다가 / 다시 누웠다

우리가 정형시의 형태를 고려하여야 하는 이유는 다른 시의 형태들이 어떻게 정형성에서 변형되고 있는가를 알아보기 위하여서이다. 위와 같이 행 가름을 하였을 경우 시의 의미는 본래의 시의 형태보다 더 복잡하다. 하나의 행에 의미를 완성하지 못하고 의미는 다음 행으로 이어지거나, 하나의 행 안에서도 "행 안의 쉼"을 통해 의미가 단절되기도 한다. 다시 의미를 하나의 행으로 완성하는 방식으로 시행을 나누어보자.

풀 눕는다
비 몰아오는 동풍에 나부껴 풀 눕고
드디어 울었다
날 흐려서 더 울다가
다시 누웠다

하나의 행이 하나의 문장으로 완성되면, 같은 형태의 동사, "눕다"와 "울다"가 문장의 끝에 반복하여 나타나면서 마치 영어의 각운의 리듬을 갖는다. 그러나 영어에서의 각운은 행의 마지막 낱말의 끝 음절의 모음과 자음이 앞의 행의 낱말의 끝 음절의 모음과 자음과 같은 소리를 갖는 의미이다. 김수영의 시와 같이 같은 낱말의 반복은 소리보다는 의미가 더 중요한 산문의 리듬에 가깝다.

산문시의 리듬과 정형시의 리듬을 살펴보기 위하여 산문시를 살펴보자. 이상의 시 "절벽"은 마치 말하는 대로 받아쓰기라도 하듯이 낱말들 사이를 구분하지 않고 음절들을 모두 붙여서 썼다. 그리고 문장이 끝나면 마침표를 표기하고, 마지막 행에서는 "–"라는 구두점을 표기하여 읽기 방법을 제시하는 산문 리듬을 제시하였다.

꽃이보이지않는다. 꽃이향기롭다. 향기가만개한다. 나는거기묘혈을판다. 묘혈도보이지않는다. 보이지않는묘혈속에나는들어앉는다. 나는눕는다. 또꽃이향기롭다. 꽃은보이지않는다. 향기가만개한다. 나는잊어버리고재차거기묘혈을판다. 묘혈은보이지않는다. 보이지않는묘혈로나는꽃을깜빡잊어버리고들어간다. 나는정말눕는다. 아아. 꽃이또향기롭다. 보이지않는꽃이–보이지도않는꽃이.

위의 시를 읽을 때, 우리는 실제로 입으로 읽는 것과 눈으로 읽는 것의 차이를 보게 된다. 위의 시를 소리를 내어 읽기는 하겠지만, 우리는 눈으로 산문을 읽듯이 띄어 읽기를 한다. 눈으로 읽는 산문의 리듬을 따라 의미를 구별하는 단위로 묶어 행을 나누어보자.

> 꽃이 보이지 않는다.
> 꽃이 향기롭다.
> 향기가 만개한다.
>
> 나는 거기 묘혈을 판다.
> 묘혈도 보이지 않는다.
> 보이지 않는 묘혈 속에 나는 들어앉는다.
>
> 나는 눕는다.
>
> 또 꽃이 향기롭다.
> 꽃은 보이지 않는다.
> 향기가 만개한다.
>
> 나는 잊어버리고 재차 거기 묘혈을 판다.
> 묘혈은 보이지 않는다.
> 보이지 않는 묘혈로 나는 (꽃을 깜빡 잊고) 들어간다.
>
> 나는 정말 눕는다.
>
> 아아. 꽃이 또 향기롭다.
> 보이지 않는 꽃이—보이지도 않는 꽃이.

위와 같이 시의 행을 나누어 읽을 때 우리는 길고 짧음의 시 행을 읽을 때 같은 시간대에 같은 의미의 무게로 읽는다. 위의 시 행에서 가장 짧은 시행은 5음절로 된 "나는 눕는다."라는 시행이다. 다시 말하여 모든 시행은 5음절 "나는 눕는다."와 같은 시간대로 읽혀야하며, 모든 행의 의미와 가치는 5음절 "나는 눕는다."와 같은 무게를 지닌다. 그리고 가장 눈에 띠는 특징은 각 연마다 반복되는 낱말들이 전체 시에 리듬감을 준다. 그리고 하나의 연에서 반복되는 "꽃," "묘혈," "꽃," "묘혈" "꽃"과 같은 낱말들이 전체 시의 리듬을 통제한다.

위 시에서 산문적인 리듬을 찾기 위하여 의미 차원에서 분석하여보자. 시에서 꽃도 묘혈도 없다, 그래서 화자는 눕는다. 꽃이 없어서 향기롭다. 있지도 않은 묘혈에 누워서 꿈을 꾼다. 있지도 않고 보이지도 않는 꽃과 묘혈을 꿈꾼다. 이상의 "절벽"이란 시는 부정 속에서 긍정을 향하는 역설(paradox)이 의미를 찾아간다. 이 시에서 리듬감을 주는 것은 산문 리듬의 명료성이 아니다. 역설이 주는 불명료성이 의미보다는 소리에 관심을 갖게 한다.

이상의 시는 산문시이다. 여기서 우리는 산문시가 정형시와 어떠한 차이가 있는가를 살펴 볼 수 있는 좋은 기회이다. 정형시의 운율의 형식 가운데 시조의 리듬이라고 할 수 있는 "행 안의 쉼"을 유지하고, 음수율 3.4조와 4.4조를 반복하는 한 행으로 시행을 나누어보자. 이때 낱말의 의미를 고려하지 말고 단지 음절수만을 고려하자. 그래야 그곳에서 시의 리듬과 산문의 리듬이 대립하는 리듬을 볼 수 있다. 우선 3.4의 리듬 2쌍을 한 행으로 나누어보자.

꽃이보 / 이지않는 // 다. 꽃이 / 향기롭다.
향기가 / 만개한다. // 나는거 / 기묘혈을
판다. 묘 / 혈도보이 // 지않는 / 다. 보이지

않는묘 / 혈속에나 // 는들어 / 앉는다. 나
는눕는 / 다. 또꽃이 // 향기롭 / 다. 꽃은보
이지않 / 는다. 향기 // 가만개 / 한다. 나는
잊어버 / 리고재차 // 거기묘 / 혈을판다.
묘혈은 / 보이지않 // 는다. 보 / 이지않는
묘혈로 / 나는꽃을 // 깜빡잊 / 어버리고
들어간 / 다. 나는정 / 말눕는 / 다. 아아. 꽃
이또향 / 기롭다. 보 // 이지않 / 는꽃이—보
이지도 / 않는꽃이.

그리고 다시 4.4조의 리듬 2쌍으로 한 행을 나누어보자.

꽃이보이 / 지않는다. // 꽃이향기 / 롭다. 향기
가만개한 / 다. 나는거 // 기묘혈을 / 판다. 묘혈
도보이지 / 않는다. 보 // 이지 않는 / 묘혈속에
나 / 는들어 / 앉는다. 나 // 는눕는다. / 또꽃이향
기롭다. 꽃 / 은보이지 // 않는다. 향 / 기가만개
한다. 나는 / 잊어버리 // 고재차거 / 기묘혈을
판다.묘혈 / 은보이지 // 않는다. 보 / 이지않는
묘혈로나 / 는꽃을깜 // 빡잊어버 / 리고들어
간다. 나는 / 정말눕는 // 다. 아아. 꽃 / 이또향기
롭다. 보이 / 지않는꽃 // 이—보이지 / 도않는꽃이.

위의 두 가지 형태의 음수율 분석을 보면, 둘 모두 산문의 리듬이라고 할 수 있는 "행 안의 쉼"은 별 의미가 없다. "행 안의 쉼" 형태로 행을 나누어 보았지만, 행이 쉼을 통해 분리된 두 어구들의 결합이 대조의

의미를 지니고 있지 않다. 그러나 음수율 분석에 따른 "행 끝 이음"이 산문 리듬의 흐름을 단절시키는 효과는 모두에게서 찾아 볼 수 있다.

띄어쓰기를 하지 않고 발음이 나는 대로 모든 음절들을 붙여서 시를 쓴 이상과 달리 박두진은 그의 시 「해」에서 띄어쓰기와 연은 구별하고, 시 행을 산문의 리듬으로 사용하였다.

> 해야 솟아라. 해야 솟아라. 말갛게 씻은 얼굴 고운 해야 솟아라. 산 넘어 산 넘어서 어둠을 살라 먹고, 산 넘어서 밤새도록 어둠을 살라 먹고, 이글 이글 앳된 얼굴 고운 해야 솟아라.
>
> 달밤이 싫여, 달밤이 싫여 누물 같은 골짜기에 달밤이 싫여, 아무도 없는 뜰에 달밤이 싫여 ……
>
> 해야, 고운 해야, 늬가 오면, 늬가사 오면, 나는 나는 청산이 좋아라. 훨훨 훨 깃을 치는 청산이 좋아라, 청산이 있으면 홀로래도 좋아라.
>
> 사슴을 따라 사슴을 따라, 양지로 양지로 사슴을 따라, 사슴을 만나면 사슴과 놀고,
>
> 칡범을 따라 칡범을 따라, 칡범을 만나면 칡범과 놀고 ……
>
> 해야, 고운 해야. 해야 솟아라. 꿈이 아니래도 너를 만나면, 꽃도 새도 짐승도 한자리 앉아, 워어이 워어이 모두 불러 한자리 앉아, 앳되고 고운 날을 누려 보리라.

이상의 시와는 달리, 박두진의 시를 3.4조나 4.4조의 율격으로 시행

을 나누지 말고, 산문의 리듬을 그대로 유지하고, 시 행 안에 "행 안의 쉼"을 지키는 방식으로 시행을 나누어 보자.

해야 솟아라. 해야 솟아라.
말갛게 씻은 얼굴 고운 해야 솟아라.
산 넘어 산 넘어서 어둠을 살라 먹고,
산 넘어서 밤새도록 어둠을 살라 먹고,
이글이글 앳된 얼굴 고운 해야 솟아라.

달밤이 싫여, 달밤이 싫여
눈물같은 골짜기에 달밤이 싫여,
아무도 없는 뜰에 달밤이 싫여 ……

해야, 고운 해야,
늬가 오면, 늬가사 오면,
나는 나는 청산이 좋아라.
훨훨훨 깃을 치는 청산이 좋아라,
청산이 있으면 홀로래도 좋아라.

사슴을 따라 사슴을 따라,
양지로 양지로 사슴을 따라,
사슴을 만나면 사슴과 놀고,

칡범을 따라 칡범을 따라,
칡범을 만나면 칡범과 놀고 ……

해야, 고운 해야. 해야 솟아라.
꿈이 아니래도 너를 만나면,
꽃도 새도 짐승도 한자리 앉아,
워어이 워어이 모두 불러 한자리 앉아,
앳되고 고운 날을 누려 보리라.

위와 같이 박두진의 산문시를 정형시의 모습으로 갖추어 놓았을 때 가장 눈에 띠는 특징으로 같은 낱말의 반복이 시행에 많이 나타난다. 앞의 이상의 시 「절벽」에서와 같이, 행마다 일정하게 같은 낱말들이 반복하여 나타나며 리듬감을 준다. 그리고 영어의 각운과 같이 시행의 끝에 같은 낱말들이 반복하여 사용되고 있다. 시조에서와 같이 "행 안의 쉼"을 통한 산문 리듬의 대립적인 의미는 없지만, 현대 영시에서와 같이, "행 안의 쉼"을 통한 구어적인 산문의 리듬감이 정형시의 시의 리듬과 대립하고 있다.

"행 안의 쉼(caesura)"의 기능을 한 눈에 볼 수 있는 작품은 윤동주의 「서시」이다. 이 시는 마치 시조의 정형률을 변형하여 놓은 듯하다. 시조는 고대 영시와 같이 "행 안의 쉼"이 있고, 쉼을 가운데 두고 나누어진 두 문장은 문맥상 대조의 의미를 지니는 것이 보통이다.

죽는 날까지 하늘을 우러러
한 점 부끄럼이 없기를,
잎새에 이는 바람에도
나는 괴로워했다.
별을 노래하는 마음으로
모든 죽어 가는 것을 사랑해야지
그리고 나한테 주어진 길을

걸어가야겠다.

오늘 밤에도 별이 바람에 스치운다.

위의 시를 "행 안의 쉼"의 시조의 운율을 도입하여 행 가름을 해보자.

죽는 날까지 하늘을 우러러 / 한 점 부끄럼이 없기를,
잎새에 이는 바람에도 / 나는 괴로워했다.
별을 노래하는 마음으로 / 모든 죽어 가는 것을 사랑해야지
그리고 나한테 주어진 길을 / 걸어가야겠다.

오늘 밤에도 / 별이 바람에 스치운다.

위와 같은 운율의 형태라야 전통적인 시조의 운율이다. 그러나 산문 리듬을 유도하는 "행 안의 쉼"의 문장 구조는 윤동주의 시에 와서 자연스럽게 시의 리듬으로 흡수되어 있는 형태이다. 다시 말하여 "행 안의 쉼"을 통하여 분리된 두 어구들이 대립의 의미를 지니지 않는다. 그러나 윤동주의 시에서 가장 우리의 흥미를 끄는 것은 전통적인 시조의 리듬을, "행 안의 쉼"이 있어야 하는 부분에서 행 가름을 하여 시조의 리듬을 단절시키는 방식으로 시를 썼다는 점이다.

참고문헌

Anthony Easthope, *Poetry as Discourse*, 1983.

Clifford H. Prator · Robinett Betty Wallace, *Manual of American English Pronunciation*, 2009.

Geoffrey N. Leech, *A Linguistic Guide to English Poetry*, 1968.

Paul Fussell, *Poetic Meter and Poetic Form*, 1979.
Roger Fowler, "*Prose Rhythm and Metre*", ed. Roger Fowler, Essays on Style and Language: Linguistic and Critical Approaches to Literary Style, 1966.

가사의 운율은 어떻게 형성되었는가?

윤덕진

1. 들어가는 말

가사의 원의가 노랫말이라고 한다면 노래로서의 역할이 가사의 운율 형성에 작용하는 바를 밝히는 일이 가사의 운율이라는 문제를 해결하는 첫 번째 걸음이 되어야 할 것이다. 그동안 가사의 운율에 대한 논구가 여러 각도에서 이루어진 가운데 "4음4보격" 이라는 마지막 규정에 이르렀다. 이 짧은 규정 가운데에는 여러 가지 의미와 그 의미를 산출한 경로가 내재되어 있다. 물론, 이 규정이 시작품으로서의 기본 단위인 시행을 구성하는 방식에 대한 것임은 췌론의 여지가 없다. 가사의 한 시행이 네 마디로 분절되어 율독되는 사실은 수많은 가사 시행을 일일이 예거하지 않더라도 일반화될 수 있는 사항이다. 문제는 4음이라는 항목인데 이 항목을 문자 그대로 받아들인다면 같은 시행 내에서도 불균정한 음수의 마디로 인한 당착을 겪게 된다. 현재까지 이른 한국시가 운율론의 최종 단계는 음보론이며, 이 이론의 근간은 등장성

(Isochronism)이다. 등장성의 사전적인 의미는 "지속되는 시간 단위들의 동일함(The equality of successive temporal units)"[1]과 같이 일정한 운율 단위에 해당하는 균등한 음량을 전제로 한다. 그러므로 등장성을 전제로 했을 때에 "4음4보격"의 4음은 2~5(이상)음까지 포괄하는 대표 단위이다. 곧, 4 미만의 음은 늘이어서, 4 초과의 음은 줄이어서 율독하는 장치를 통하여 모든 시행 내의 마디를 4음으로 균등하게 정량화하는 방안을 4음을 기준음으로 하여 설정한다는 것이다.

등장성에 입각한 음보율 이론은 정병욱에 의하여 제창되면서 이전의 음수율 이론의 평면적인 접근을 탈피할 수 있었다. 음수율은 3·4조라는 율조의 기본 유형이 제시되던 때부터 이질적인 음수의 결합이라는 사실을 중시하였으면서도[2] 시행 내의 음수를 고착적으로 규정하려는 시도에 매이어 평균 음수의 산출을 목표로 삼는 계량적인 접근에 머무르고 말았다. 이에 반하여, 정선생의 모색은 서로 다른 음수의 마디(음보)들이 한 시행 내에서 공존하는 사실을 설명하려는 구체적인 발상에서 출발하여, 일단 그 마디들이 공존하는 원리를 등장성에 놓으면서도 각 시행의 음보수가 변화함으로써 야기되는 변화를 놓치지 않고 추적하여 이 변화의 요인을 장르 발전과 같은 거시적인 데에 결부시키는 시각의 전환을 가져올 수 있었다.[3] 음보율이라 명명되는 이 시각의

---

1 Princeton Encyclopedia of Poetry and Poetics, Princeton University Press, 1974, p.408.

2 3·4조의 발견은 한국시가의 운율 문제를 논하던 첫 단계부터 "3·4조 4·4조가 국문학의 시가 운율의 기본 형태"라는 일반적인 동의가 있었지만, 이질적인 음수의 결합에 의한 리듬의 창출이라는 관점은 동량 음보를 중심에 놓는 등장성 이론에 덮여 발전되지 못하였다. 그런 점에서 성기옥이 창안한 층량보격에서 운율론의 새로운 국면이 열릴 가능성이 있었으며, 이 가능성을 보다 적극적으로 모색하려는 의지가 성호경 등에서 드러나기도 하였다. 성호경이 『한국시가의 형식』(새문사, 1999)에서 펼쳐 보인 새로운 율격론에 대한 모색은 음보율의 대안을 마련하기 위한 것으로 받아들일 수 있다.

3 정병욱, 『한국고전시가론』(신구문화사, 1982)의 제1편 「고시가 운율론」 제5장 "시가 형태의 구성방법" 에서 우리 시가의 대표적인 음보 유형인 3음보와 4음보를 각기 고려시대와 조선시대의 미의식을 반영한 것으로 보면서 그 추이를 예증하였다.

전환은 후학들에 의해 계승되면서 보다 더 확장되는 모습을 보이는데, 특히 성기옥의 운율론은 음보율을 기반으로 한 정선생 이래의 이론화 과정을 완결 단계화시키는 데에까지 이르렀다. 성기옥은 기저자질로서 음수와 휴지를 설정하고 등장성을 강화하는 장치로서 장음, 정음 등등의 수의적 자질까지 보완한 바탕 위에 한국시가의 통사적인 자료들을 재배열하여 율격 유형을 산출해 내는 데에까지 이르렀다. 그가 산출한 여러 가지의 율격 모형[4]은 어느 시기의 자료이던지 대입 가능한 일반화를 획득하였고, 층량보격과 같은 새로운 율격 모형을 창출한 뒤에는 보다 의욕적으로 근현대시에까지 적용되었다.[5]

모든 일반화한 이론은 그 적용 미급의 미세한 구석을 사각화하기 마련이며, 그렇게 추상화한 이론 모형은 구체적인 현상의 어느 부분을 은폐하게 되어 있다. 근현대시에까지 확장되어 적용되는 성기옥식 율격 모형은 그 통사적 맥락을 전통이라는 개념에 두고 있다. 전통 시가에서 산출된 율격 모형이 근현대시에도 적용된다는 이 설명 경로는 명석한 가운데에 남는 의문의 여운을 주는데, 근현대시뿐만이 아니라 일반적으로 시의 창조에 기반이 되는 작자의 개성이라는 문제와 결부된 의문이 그 첫 번째 것이다. 모든 시인들이 창작에 임할 때에 근거하는 형식적 전제는 의례히 전통과 관련된 유형화된 모형이어야 하느냐는 질문이다. 한시의 운과 율을 기반으로 하는 규범은 이에 대한 하나의 답이 될 수 있다. 그러나 이 경우에도 일정한 운과 율은 그에 귀속되는 수많은 개별자를 지니는 하나의 일반 모형이라는 사실이 검증되어야 충분한 대답이 될 수 있을 것이다. 시인이 택하는 운과 율의 계열은 관례적인 규범이지만 그가 최종적으로 낙점하는 실제 시어는 그의 개성

---

4 2~5음격이 각기 2~5보격에 대응하는 11가지 동량보격 유형과 4·5음 2보격과 4·4·5음 3보격의 층량보격 유형.

5 성기옥, 「현대시와 율격」, 『한국시가율격의 이론』, 새문사, 1986.

과 작품의 특별한 성격에 의하여 선별되는 것이기 때문이다. 우리 시가의 음보율을 엄격하게 적용하려면 할수록 3·4조와 같은 이질적인 음수의 결합에서 드러나는 구체적인 율조의 실상에서는 멀어지기 때문에 성기옥의 완결 단계에 이른 음보율 이론에서 설정한 율격 유형은 전통적 요인으로 지적된 일반화된 맥락은 정확히 짚어낼는지 모르지만 작품 개별마다 실현되는 구체적인 음성적 특질은 사상할 수밖에 없는 추상화된 이론 모형에 그칠 염려가 있다. 성기옥식의 율격 유형 산출과 그 적용으로 마감되는 운율론은 최종적으로 작품의 개성에서 도출되는 미학적 특질을 포착해 내지 못하고 모든 작품들을 일정한 율격 모형에 귀속되는 일반화의 경로에 두고 보는 추상적 이론 모형이 되고 만다는 것이다.

도입부에서 노랫말이라는 가사의 원의에 충실하기 위한 운율론 모색을 암시했거니와 한국시가 운율론의 향방은 운율을 산출하기 위한 노래와 시의 관계 규명이 필요한가의 여부로 양분되어 오지 않았는가 한다. 순수한 언어 예술로서 시의 본령에 충실하자는 쪽은 대체적으로 문학의 고유한 학문 영역을 고수하려는 가운데 그 방향에 적합한 이론적 일반화를 모색해 나왔다. 한편, 악보나 연행 관습과 같은 시가 생성의 실제적 배경을 중시하는 쪽은 노랫말의 실현은 결국 연행에 의하는 것이므로 작시법 자체가 음악적인 것과는 분리될 수 없다는 입장을 표명하였다. 시상을 떠올리고 그를 시어로 정착시키기까지의 과정인 작시법은 현재적인 구체적 정황 속에 실현되기 때문에 매 작품마다 고유한 작시법을 보유하기 마련이며, 이 고유한 과정을 이해하지 못하고서는 구체적인 운율론에 당도할 수 없다는 점에서 후자의 입장을 지지할 수밖에 없다. 다만, 구체적인 운율론이라고 해서 무조건 열려 있는 즉흥적 실현에 의지한다고 한다면 이론적 일반화의 문제가 몰각되기 때문에 개별 사항을 포괄하는 유형화를 염두에 두어야 할 것이다.

고려속요 3음보격의 변화를 내포하는 경쾌와 시조 가사 4음보격의 안정을 내포하는 장중의 인상을 미학적으로 대비한 사례가 있었거니와, 이러한 장르 전반에 거친 표면적인 인상에만 의지하여서는 작품 개별이나 작자 개성에 따른 미학적 변이를 추적할 수 없다. 성호경은 그 동안의 운율론의 성과를 정밀하게 분석하여서 그 한계를 극복하는 방안을 리듬 유형의 미학적 효과에서 찾고자 하였다. 다음과 같은 견해가 새로운 운율론 모색의 기초가 된다고 할 수 있다.

> 일반적으로 다음절(多音節)은 과음절(寡音節)보다 더 장중한 느낌을 주며 더 강조되는 경향이 있고, 악센트가 작은 것에서 큰 것으로 향하는 것은 '증가하는 원동력'으로서 긴장을 초래하는 요소이며, 큰 것에서 작은 것으로 향하는 '감소하는 원동력'은 그 이완을 초래하는 요소이다. 이런 점에서 '3 · 4조' 등의 '단-장의 상승 리듬'은 앞 음보보다 뒤 음보에 강조가 더 주어지며 시적 긴장을 상승시키고, '4 · 3조' 등의 '장-단의 하강 리듬'은 그 반대로 긴장의 이완을 초래한다고 할 수 있을 것이다.[6]

운율의 미학적 기초를 운율 단위의 고정 체계가 아니라, 운율 단위들 간의 역동적인 관계 속에서 찾는 포괄적인 시각은 새로운 운율론의 대안 마련에 충분한 지남이 된다고 본다. 최근에 손종흠에 의해 이루어진 논의는 운율 단위의 생성 기반을 따지는 바탕 위에서 실제 작품 속에서 이루어지는 이들 단위들 간의 관련을 모색하여 세세한 미학적 특징을 포착해낸 점에서 성호경의 논의보다 한 단계 더 진전한 성과로 볼 수 있다. 그가 속요의 3음보 구성을 통하여 예거한 다음과 같은 운율의 실현 과정은 운율론의 실질적인 대안이 어떤 방향을 가지는가를 명시하고 있다.

---

6 성호경, 『한국시가의 형식』, 새문사, 1999, 22~23면.

제1음보는 행 단위의 시상을 일으키는 首句가 되어 화자의 정서를 담을 수 있는 첫번 째 공간을 마련한다. 이렇게 마련된 공간은 크게 두 가지 미학적 구실을 하는 것으로 보이는데, 하나는 추상 과정을 통해 형성한 언어적 의미를 내포의 극대화라는 방법을 통해 창조적으로 확장하는 것이고, 다른 하나는 특수한 결합 방식을 통해 제2음보와 일정한 미학적 관계를 형성하는 것이다. (…중략…) 제1음보가 제2음보와 결합하는 기본적인 방식은 동일한 성질과 형태를 반복하는 모양이 중심을 이루며 강조를 기본으로 한다. (…중략…) 제1음보와 제2음보는 기본적으로 나열식 표현법을 취하면서 화자가 나타내려고 하는 바를 강조하면서 제3음보로 연결시켜 마무리하는 구실을 하는 것으로 볼 수 있게 된다. (…중략…) 제1음보와 제2음보의 결합 방식을 내용적인 측면에서 보면, 첫째 동일한 내용을 반복하는 경우, 둘째, 서로 상반되는 내용으로 對가 되도록 하는 경우, 셋째, 외연을 좁히고 내포를 넓히는 한정의 수법으로 하는 경우 등으로 나눌 수 있다. (…중략…) 3보격을 중심으로 하는 속요의 음보율이 가지는 미학은 내포의 극대화를 중심으로 하는 추상 과정에서 얻어진 내용의 강조가 제3음보에서 화자가 드러내 보이고자 하는 정서와 만나 개괄화함으로써 내용과 형식이 예술적으로 아우러진 행으로 거듭 나도록 하는 데에 있는 것으로 파악할 수 있고, 이것이 음보의 미학적 특성이 됨을 알 수 있게 된다.[7]

위와 같은 구체적인 대안 모색이 출발 되어 있는 상황에서, 가사의 경우를 통한 운율론의 적정한 적용이 어떠해야 하는 가를 모색해 보고자 한다. 가사는 노랫말로서 일정한 악곡에 의해 연행된다는 전제를 기반으로 하면서, 시어로서의 의미 관련과 장르 관습의 축적이 운율 형식에 끼친 영향들을 점검하여 가사의 운율 본질을 밝히며, 나아가

7 손종흠, 『속요형식론』, 박문사, 2010, 203~205면.

다른 장르에 까지 확산되는 가사 운율 영향력의 본의가 무엇인가를 모색하는 데에까지 논의를 발전시켜 보고자 한다.

2. 악곡을 통하여 실현되는 운율의 사례와 그 유형화

현전하는 고려속가의 전승 경로를 알려주는 여러 자료는 민요로부터 상승하여 궁중 악장으로 정착한 모습을 보여주고 있다. 『시용향악보』나 『대악후보』에 악보화 되어 실린 모습들은 정악으로서의 아정한 곡태를 드러내고 있다. 이 모습은 본디 민요로서 향유되던 단계에서는 멀어진 것으로 보인다. 유장한 박절과 규격 있는 선율 가운데에는 구전 연행의 희미한 흔적만을 추상해 볼 수 있을 따름이다. 반복구, 조흥구 등등의 첨가 부분은 원사와의 거리를 떼어 놓은 채 궁중악으로 편입되는 과정을 암시하고 있다. 사정이 이러하기 때문에 악곡화되는 과정에 생성되는 시어의 모습을 직접 들여다보기가 어렵다. 이 과정을 더욱 소상히 들여다보기 위하여 그 제작서부터 연행까지의 전체 과정이 자료화되어 전하는 선초 악장, 특히 한글 창제 후의 시험적인 한글 사용이라는 전제를 부대한 『용비어천가』가 우리의 필요에 수응하는 자료로 생각된다.

『용비어천가』는 제작 당시로부터 이를 악곡화하려는 의도가 개입하였기 때문에 시어의 배열이 악곡화의 의도에 맞추어져 있다는 추론을 가능하게 하였다.[8] 이 추론은 일정한 단위에 대응하는 모습을 보여

---

8 김수업, 「〈용비어천가〉의 가락이 지닌 뜻」(김학성 · 권두환 편, 『고전시가론』, 새문사, 1984) 304면에서는 노랫말은 절대적으로 음악의 질서 아래 재조직된다고 보았다.

주는 권점의 배열에 대한 해석으로 더욱 구체화되었는데, 예를 들면 하권점을 기준으로 일정한 악단이 종지하는 것으로 본다던가, 매장의 두 절이 각기 3분되는 악곡 구조에 대응하면서 시조 시형에 근접한다든가,[9] 또는 국문시가의 리드미컬한 2음보 대응의 형식적 관심이 권점에 의한 4분 형식으로 나타났다고 보는[10] 사례들이다. 조흥욱은 한 구에 배당되는 정간수가 들쭉날쭉함을 지적하였으면서도, 대체적으로 고른 배분을 한다는 논지로 3분설을 이끌어나갔다. 이 견해는 시조 시형과의 연계를 모색한 점에서는 어느 정도 구체화된 가설로 인정할 수 있지만, 고른 배분의 원인이 되는 요인을 시형식 자체에만 미루고, 시행이 형성되는 방식에는 관심을 돌리지 않았다는 점에서 운율 문제를 다루는 데에는 직접 관련이 되지 않는다. 김대행의 관점은 한국시가 운율의 기본 유형을 2음보로 상정한 바탕 위에서 용비어천가의 한 시행이 2음보 대응의 4분 형식으로 나타남을 주목하면서, 두 시행이 한 절을 이루는 현상을 시조 시형의 초 · 중장 결합에 비의하여, 시조가 정형화되기 이전의 모습을 『용비어천가』에서 읽어 내었다. 다른 곳[11]에서 2음보 대응 현상을 충분히 언급한 때문인지 『용비어천가』와 관련하여서는 두 시행 한 절 형성에만 집중하였다. 운율 문제와 관련하여서는 기본 단위나 유형을 도출하는 일이 우선하므로 여기서는 2음보 대응 현상에 대한 논지를 앞세워 검토하기로 한다.

김대행은 한국시가 율격의 대표적인 특질을 2음보 대응 연첩의 규칙성에 두고, 그 사례를 보다 일반화하기 위하여 현대시를 예거하였다.[12]

문학(노랫말)의 가락은 악곡의 가락을 따져 도움 받을 수 없다는 입장이다.

9 조흥욱, 「용비어천가와 시조 형식의 상관성에 대하여」(『한신논문집』 제2집)에서 〈취풍형〉과 〈치화평〉의 악보를 정리하여 한 절이 3분 되는 현상에서 가곡창과의 연계를 추정하였다. 시조 시형과의 관련은 주 10) 김대행의 논문에서도 모색되었다.

10 김대행, 「용비어천가의 권점에 대하여」, 『국어교육』 제49집, 국어교육연구회, 1984, 122면.

11 김대행, 『한국시가구조연구』, 삼영사, 1976.

(1)
산에는 / 꽃 피네 / 꽃이 / 피네 //
갈봄 / 여름 없이 / 꽃이 / 피네 //

(2)
松花가루 / 날리는 //
외딴 / 봉우리 /
윤사월 / 해 길다 //
꾀꼬리 / 울면 //

(3)
해야 / 솟아라 // 해야 / 솟아라 // 맑앟게 / 씻은 얼굴 // 고운 해야 / 솟아라 // 산 넘어 / 산 넘어서 // 어둠을 / 살라 먹고 // 산 넘어 / 밤새도록 // 어둠을 / 살라먹고 // 이글이글 / 애띤 얼굴 // 고운 해야 / 솟아라 //

위의 사례들의 시행(//로 경계 표시)이 모두 가운데 휴지를 경계로 균등하게 양분되어 있는 구조로 율독되는 것은 의심의 여지가 없다. 양분된 그 둘은 이른바, "동일한 기식 단위"의 콜론인 것이다. 이들을 악보화했을 경우에 재확인되는 균등한 단위의 존재는 이 모형에 어떤 절대적인 권위를 부여하게 한다. 문제는 각기 균정하다고 여기는 단위 내에 들어 있는 세부 내용의 문제이다. 위의 사례의 해당 음보 내의 음수를 기호화하면,

(1)
3 / 3 / 2 / 2 //

12 위의 책 35, 81, 82면 등지에서 2음보 대응 연첩의 사례로 예거된 것들임.

2 / 4 / 2 / 2 //

(2)
4 / 3 //
2 / 3 //
3 / 3 //
3 / 2 //

(3)
2 / 3 // 2 / 3 // 3 / 4 // 4 / 3 //
3 / 4 // 3 / 4 // 3 / 4 // 3 / 4 //
4 / 4 // 4 / 3 //

와 같이 일반적으로 앞뒤가 불균정한 것으로 드러난다. 등장성을 기반으로 하는 음보율의 운율 체계로는 이 불균정을 근본적으로 해소할 수 없다. 이 불균정은 경계를 중심으로 기울어 있는 음량의 분포상을 가리킬 터인데 문제는 그 분포상의 지적이 아니라 그 분포상을 야기한 원인, 또는 계기에 대한 것이다. 비대대율의 원인은 변화의 추구이며 그 변화는 리듬을 야기한다. 리듬이 시간적 반복에 의한 것이라면 같은 음량이라 할지라도 앞뒤에 놓이는 순서에 따라 그 성격이 변화할 것이다. 더구나, 다른 음량의 선후 배분이라면 이 앞 뒤 소리의 배열은 필연코 일정한 관계 속에 연쇄되기 마련이다. 음보율의 다음 단계를 모색하기 위해서는 이 관계를 규명하는 일이 필요하며, 그 일의 귀결은 리듬을 추출하는 데에 이를 것이며, 이 일이 작시법과 관련된 최종항은 리듬이 관여하는 시행이 주는 전체적인 인상일 것이다. 이 인상을 동양의 한시 시학에서는 "소리(聲)"라 했거니와, 운율론의 최종 목표는 이 소리를 밝히는 데에 두어져야 할 것이다.

악곡을 통하여 실현되는 운율에 대한 모색이 시행 율독의 전체적인 인상이라고 할 수 있는 소리(聲)에 귀착되어야 한다는 전제를 가지고, 다른 악곡—특히, 동질적인 시행의 반복을 수용하는 장가의 악곡과 관련된 검토가 필요한 단계이다. 이번 대상은 송강의 「장진주사」를 잡는 것이 적절할 듯하다. 「장진주사」의 갈래 규정이 사설시조와 가사 사이를 넘나들 수 있었던 연구사에서 보는 것처럼 이 노래는 단형 시가가 장형시가화 하는 경로를 내포하고 있기 때문이다. 이 노래는 실제로 『삼죽금보』라는 19세기 후반의 거문고 악보에 기보되어 있는데, "흔잔 먹셔 / 이다 // 쏘 흔잔 먹셔 / 이다"(초 · 이장)를 16정간 4대강(/ : 대강 경계. // : 장 경계) 에, "곳것거 산노코 / 무진무진 먹사이다 / 이 몸 주근 후에 / 지게 우희 거적 더퍼 / 주리혀 믹여가나 / 뉴소보댱에 / 백복시마 우러예나 / 어욱새 덕새 / 덥가나무 빅양수페 / 가기곳 가면 / 누른 히 흰 둘 / 굴근 눈 ᄀᆞ는 비예 / 쇼쇼리 ᄇᆞ람 불제 / 뉘 흔잔 먹세 하리"를 삼장 14대강에, "ᄒᆞ믈며"를 사장에, "무덤 우희 / 진나비 ᄑᆞ람 불제 / 뉘우춘들 / 엇디리"를 오장 4대강에 배설해 놓고 있다. 여기서 삼장 14대강의 가사 배열 방식을 보면 2음보씩 나누어져 있는 모습이 균정한 단위의 반복상을 드러내고 있다. 이혜구는 이 부분을 가곡 5장 형식의 확대형으로 보면서, 사설시조형의 작품들에서 중장 확대 부분을 처리하는 刻의 방식으로 연행되었으리라고 추정하였다. 이혜구는 『용비어천가』의 3장~124장도 刻에 의하여 처리되었으리라고 결론지었거니와, 요컨대 刻의 용법은 동질적인 단위의 반복을 수용하면서 장형화를 가능하게 한다는 것이다.[13]

이혜구의 장형화에 대한 논의는 악곡 상태를 명시한 드믄 예인 가사

13 이혜구, 「용비어천가의 형식」, 『아세아연구』, 1965, 58~61면.

「서호별곡」까지 미쳐 있거니와, 가곡 형식과 연관을 가지며 생성된 가사의 연행 방식에 대한 중요한 지침을 제공하였다. 「서호별곡」은 원래 작자 허강에 의해 지어진 「서호사」를 양사언에게 보내어 악곡화한 것이다. 악곡화의 형태는 삼강팔엽의 악조 표시가 되어있는 악절별 배열로 드러나거니와, 여기에 이르기까지의 경로가 허목에 의하여 기술되어 있다.[14] 그 기술을 참조하면서 두 양식 사이의 관련을 따져보면, 「서호사」에서 「서호별곡」으로 양식 이동하면서 운율체계가 보다 긴밀한 쪽으로 옮겨진 상태를 확인할 수 있다.[15] 이에, 단순한 방식의 낭음에서 악곡 체계를 갖춘 가창으로 옮겨 가면서 운율 구조가 더 긴밀해진다는, 곧 악곡의 직접적인 영향을 받아 운율이 형성된다는 원리를 내세워 볼만하다. 악곡의 직접적인 영향이란 악곡의 단위에 대응하는 운율 구조가 생성됨을 말한다. 가사의 경우에는 4보격이 4악절에 대응할 수 있는 관계를 예거할 수 있다. 위의 「장진주사」의 경우에 그 관계가 반영되어 있다. 이러한 4보격은 악곡과 율조와의 관련이 단순할 경우에 성립되는 경우이고, 여러 가지 유형에 따른 악곡과 율조의 관련은 복잡한 양태를 지니고 있다.

「서호별곡」의 악조로서 제시된 삼강팔엽이란 선율까지 관련된 각기 독립된 악곡 형식을 가리키는 것이지만, 서로 다른 박절에 의한 완급의 어울림도 그 가운데 포함되어 있을 것이다. 이에 대하여는 이혜구가 여러 방식의 박절에 따른 말놓임새의 다름을 지적한 연구를 참조

---

14 公以先贊成公 爲小人所制當乙巳事歿於窮阨心痛恨 以爲非命 哭之幾滅性 旣闋三年 以善行除典艦別提 終身不出 一時稱西湖處士 有「西湖記勝」作二百韻 又有「西湖詞」六闋 蓬萊楊使君載之樂府 爲三腔八葉 總三十三節 謂之「西湖別曲」 後公多刪改增益 與樂府所載不同 盖其詞寓意千古 間有悲惋獨歎 蓬萊擊節歎之 比之李白長作云 楊氏所傳舊本 家傳本爲二本 並有之 公諱某字某甫 別號松湖 七十三歿 今九十年 上之六年立冬節 不肖孫 穆再拜 (許穆, 「西湖詞跋」)

15 졸고, 「서호별곡의 가사 형성과정 연구」(『동방고전문학연구』 제4집)에서 「서호사」와 「서호별곡」의 시행 대조를 통하여 연행 방식에 따른 운율 구조의 변화를 추적하여 보았다.

할 만하다.[16] 판소리를 대상으로 하여 평균 속도인 중머리에서 중중머리, 휘모리로 빨라지면서 말놓임새가 달라지는 모습을 도식화하여 보여 주었는데, 이를 보면서 악곡의 박절이 운율 성립에 직접 작용하는 관계를 파악할 수 있다. 악곡의 빠르기가 해당 음악의 성격을 결정짓는 중대한 요인임을 생각할 때에 그에 따라 생성되기 마련인 운율에는 의미상으로만 관련되지 않는 작품의 분위기를 조정하는 본질적 요인이 들어 있다는 생각이 따르게 된다.

3. 의미 분절에 의한 가사 운율의 제양상

위의 항에서 살펴본 바는 주로 노랫말로서의 본의를 실현하는 악곡과 관련한 가사의 운율 문제였다. 이 경우는 시어의 음성적 실현이라는 조건이 반드시 전제되어야하는데, 이렇게만 본다면 내면 의식 속에서 조탁되는 순간에 이루어지는 시어의 형성 과정은 부차적인 것으로만 다루어질 염려가 있다. 모든 시는 반드시 노래 불리어져야 한다는 조건이 근대시의 형성 과정에서 부인되었음을 잘 알고 있을 뿐만 아니라, 근본적으로 시는 언어를 재료로 한다는 사실이 시장르를 규정하는 선재적 명제가 되기 때문에 의미와 관련되는 운율의 문제를 따지지 않을 수 없다. 언어가 음성적 측면뿐만 아니라 의미적인 자질에 의해 성립된다는 사실을 부인할 수 없다면, 시의 운율에 있어서도 의미가 관여하는 부분을 남겨두어야 한다. 여러 운율론에서 시의 기본 단위로

16 이혜구, 「한국음악의 특성」, 『한국사상대계』 I , 성균관대 대동문화연구원, 1973.

설정한 시행이란 결국 문장과 다른 것이 아니며, 문장이란 일정한 의미를 담고 있는 독립된 단위로서 그 안에는 한 의미를 성립하기 위한 규율이 엄존한다. 이 규율과 시인의 의식이 만나는 통로로서의 운율이라는 문제를 따로 다루어 볼 필요가 있다.

다음은 가사의 시원이라고 할 수 있는 시행 반복의 단순한 형태를 드러내고 있는 사례이다. 여기에서 일정한 의미가 통어하는 시행의 성립 과정을 잘 볼 수 있을 것이다.

> 먹디도 됴홀샤 승경원 션반야
> 노디도 됴홀샤 대명뎐 기슬갸
> 가디도 됴홀샤 부모다힛 길히야[17]

농암 이현보의 모친 안동 권씨가 동부승지를 제수하고 근친 오는 아들을 기다리며 지은 노래이다. 아들의 승진에 대한 기쁨을, 그 끝나지 않는 지속에 대한 바람을 독립되어 있는 세 행으로써 排設하였다. 이 행들은 종지형이 "~이야"라는 감탄형으로 통일됨으로써 유장한 기쁨의 지속을 표시하고 있다. 그러나 행과 행 사이에는 어떤 관련이 있다기보다는 다만 되풀이를 통한 강세만이 행간에 존재한다. 가사의 원형적 모습을 보이는 이 작품을 통해 구와 구가 대응하여 행을 형성하고 그 행은 같은 구조를 가진 다른 행들에 의해 연계되면서 이루어지는 어세를 감지할 수 있다. 곧, 시행의 반복을 가능하게 하는 구조는 행간 경계나 구간 경계의 상동성에 의지하며, 이 상동성의 표징이 같은 시어로 드러나고 있다.

이 작품의 시어 성립에 대하여 실제 청자인 농암의 설명을 들어보

---

17 「宣飯歌」『聾巖集』 권3 雜著, 「愛日堂戲歡錄」.

면, “아마 어머니가 어려서 홀로 되어 외숙 문절공 집에서 길러졌기에 승지 벼슬이 귀하고 현달한 줄 알며, 또 당시 궁안의 상어로서 지금까지도 정원의 관원이 아침 저녁으로 먹는 밥을 선반이라고 함을 기억하신 것이 바로 이 말이다”[18]와 같이 작자인 어머니의 의식에 투영된 대상을 핵심이 되는 시어를 통하여 역추적하고 있다. “션반(宣飯)” 은 이 작품의 주제어라고 할 만 한데, 어머니는 이 시어를 첫줄에 놓음으로써 아들의 현달에 대한 깊은 이해와 동감을 표명하는 것으로 말문을 터놓았다. 흔히 시의 발상이 한낱의 단어(詩眼이라고 통칭된다)로부터 비롯됨을 알고 있는데, 이 시의 눈이 한 문장의 가지로 퍼져나가는 과정에 운율이 작용한다고 할 수 있다. “승경원 션반이 먹디도 둏다”라는 평서문의 주어부와 술어부를 도치함으로써, 비일상적인 정서의 반영물이 되게 하면서 평서문 그대로의 반복이었더라면 사실의 나열에 그쳤을 세 문장에 정서의 증폭이라는 미감이 관여하도록 하였다. 이런 작품 내적 현상으로 말미암아 평범할 수도 있었던 진술이 특수한 담화로 변화하였으며, 그를 가능하게 한 것은 “됴홀샤”라는 감탄 종결형 어미였다. 이 어미의 사용이 같은 자리에서 반복됨으로써 운율이 마련되는데, 일종의 압운이라고도 할 수 있는 반복 현상이 운율의 기초가 된다는 원리를 환기하고 있다. 또한, 운율이 관여하여 생성되는 의미는 대상에 대한 지시적인 사항이 아니라 정감이 작용하는 상태에 관한 것이라는 사실도 이 현상이 알려주는 바이다.

주어부와 술어부가 대응하는 구조 가운데, 이들 통사적 단위를 규정하면서 동시에 두 단위의 관련을 표지하는 어미에 의한 분할이 자연스러운 운율 단위를 형성하는 모습을 보았다. 이 운율 단위는 놓이는 차제에 따라 시간적 계기를 가지는데, 시작과 이음의 사이에 어떤 간헐

18 蓋慈氏早孤. 養于外叔文節公家. 知承旨貴顯. 且記其當時內間常語. 至今政院官員. 朝夕供餉. 稱爲宣飯是已(위의 책)

이 개재하기 마련이다. 쉼을 호흡 운동의 사이에 있는 간헐로 본다면, 운율 단위 사이의 간헐도 쉼으로 규정할 수 있다. 운율 단위는 음성에 의한 실현 부분과 그 부분들 사이의 묵음으로 표징되는 쉼으로 이루어진다. 가사의 운율 단위는 묵음으로 시작되어 묵음으로 마무리 되는 흐름 사이에 네 부분으로 드러나는 유성 부분과 세 부분의 묵음으로 이루어진 시행을 기준으로 한다. 이 시행은 일정한 의미를 담지하는 한 문장에 상응하고, 시행의 연첩은 이들 문장들 사이의 관련에 의한 더 큰 의미 단위를 형성해 나간다.

앞서 악곡과 관련된 경우는 비교적 초기 작품들을 대상으로 하였지만, 의미와 관련된 문제를 다루는 이번 경우에는 악곡으로부터의 거리가 멀어진 단계의 낭음낭송에 적합한 단계의 작품을 끌어내어 의미 단위가 확대해 나가는 모습을 보기로 한다. 20세기를 지나서 이루어진 여성가사로서 가사발전사가 압축되어 있는 모습을 간직하고 있기도 한 작품이다.

01 무러보셰 무러보셰 울울함만(鬱鬱含晩) 져 창숑(蒼松)아
02 츈풍화류(春風花柳) 란만(爛熳)ᄒᆞᆯ 졔 구든 마음 구지 직혀
03 셩식불변(聲色不變) 언건(偃蹇)ᄒᆞ니 쟝부웅심(丈夫雄心) 네 아니며
04 하일산즁(夏日山中) 말근 바람 락락뎡뎡(落落亭亭) 웃득 셔셔
05 지지엽엽(枝枝葉葉) 울창(鬱蒼)ᄒᆞ니 호걸긔상(豪傑氣像) 네 아니며
06 황국단풍(黃菊丹楓) 구츄시(九秋時)에 릉샹고절(凌霜高節) 거오(倨傲)ᄒᆞ여
07 신긔(神氣) 가쟝 름렬(凜烈)ᄒᆞ니 렬ᄉᆞ정죠(烈士貞操) 네 아니며
08 엄동셜한(嚴冬雪寒) 찬 바람에 굿셴 졍신(精神) 령락(冷落)ᄒᆞ여
09 젹갑창염(赤甲蒼髥) 특연(特然)ᄒᆞ니 신ᄌᆞ충졀(臣子忠節) 네 아니냐
10 네 지죠(志操)와 네 츙심(忠心)은 셰한 후(歲寒後)에 더욱 안다

11 우로은ᄐᆡᆨ(雨露恩澤) 아니며는 네가 엇지 ᄉᆡᆼ장(生長)ᄒᆞ며
12 풍상질고(風霜疾苦) 아니며는 네가 엇지 늘것스며
13 ᄇᆡᆨ운명월(白雲明月) 아니며는 네가 엇지 한가(閑暇)ᄒᆞ리
14 우로텬은(雨露天恩) 갑흐랴고 죵남산 하(終南山下) 풍셜 즁(風雪中)에
15 인왕북악(仁旺北岳) 바라보고 국궁(鞠躬)ᄒᆞ고 셧는 모양(貌樣)
16 가지가지 츙절(忠節)이오 닙ᄉᆡ닙ᄉᆡ 츙심(忠心)이라
17 류슈광음(流水光陰) 변쳔(變遷)ᄒᆞᆫ들 네 빗 네 ᄯᅳᆺ 곳칠손야
18 풍상질고(風霜疾苦) 늘근 몸이 본ᄉᆡᆨ본심(本色本心) 불변(不變)ᄒᆞ니
19 쳔죵만죵(千種萬種) 초목 즁(草木中)에 너 갓튼 류(類) ᄯᅩ 잇는냐
20 ᄇᆡᆨ운명월(白雲明月) 됴커니와 ᄇᆡᆨ셜즁(白雪中)에 빗이 는다
21 창숑ᄇᆡᆨ셜(蒼松白雪) 두 글ᄌᆞ를 상합(相合)ᄒᆞ니 숑셜(松雪)이라

이 작품은 崔松雪堂(1855(철종 6년)~1939)의 자연 주제 작품 가운데 대표작으로서 특히, 작자의 당호와 관련되는 세계를 노래하고 있다. 익숙하게 접하는 소나무라는 자연물을 여성다운 섬세한 시각으로 관찰하여 자신의 의식과 조응하는 특질들을 잘 잡아내었다. 비록 암울한 시대이지만 높고 밝은 이상을 견지하려는 작자의 자세는 이전의 여성가사가 지녔던 순응적인 세계를 벗어나 새로운 시대에 대응하는 능동적이고 진취적인 작품 세계를 개척하였다. 이 작품의 주조를 이루는 반문하는 어세는 바로 이 능동적인 정신 자세의 반영이라고 할 수 있다. 이 작품은 흔히 가사의 단락 구성이 그러하듯 다음과 같은 3단으로 나누어진다.

01~10: 감정이 이입되어 있는 대상-蒼松-에 대한 반문으로 높고 굳은 절조를 확인한다. 10행에 이 단락 주제가 집약되어 있다.

11~20: 이 단락의 중심어는 16행에 모여 있다.(忠節, 忠心) 앞 단락과 마

찬 가지로 반문을 통한 확인이 이루어지고 있다.

21: 결사. 작자가 지향하는 세계를 백설 가운데의 蒼松(줄여서 松雪이란 당호가 됨)으로 표상함.

제1행에서 돈호한 제재 대상에의 접근이 마지막 제21행에 귀결하기까지의 전개가 이 작품의 전체 내용이다. 이 두 시행이 결국 이 작품의 주제를 담고 있으며 그들은 각기 시작과 마무리라는 기능으로 분담되어 있는 개별 시행이다. 나머지 19행은 그들이 놓인 위치에 따라 각각의 변태를 보이게 된다. 이들 시행을 이웃하는 시행들과의 관련으로 묶어본다면 다음과 같은 모습이 될 것이다.

1-2 · 3-4 · 5-6 · 7-8 · 9-10 / 11 · 12 · 13-14 · 15 · 16-17-18 · 19-20 / 21

본디 각기 단일한 의미를 지시하는 독립된 발화체였을 시행들의 성격은 그 놓인 상태에 따라 다르게 드러난다. 따로 놓인 시행들은 단락의 시작이나 종결에 관여한다. 혹은 제17행처럼 11~16행 단락의 종결구실과 18~20행의 서두 구실을 병행하는 경우도 있다. 둘 이상 결합된 시행들은 결합 행수에 따라 성격이 변화하며, 또 그 놓인 차제에 따라 다른 성격을 첨부하게 된다. 예를 들면 2~9행은 두 행씩 결합한 양태가 동일하지만 그 놓인 순차에 따라 어세를 달리하게 된다.(대체적으로 높은 번호로 가면서 높고 강한 어세가 첨부된다) 11~17행은 세 행씩 결합한 다른 경우이지만 11~13행보다는 14~16행이 주제에 근접한 어사를 사용하는 것처럼 보다 집중된 의식을 드러내고 있다. 이처럼 시행이 놓인 조건이 다름에 따라 시행 내부의 운율 상태도 영향을 받을 것이기 때문에 4음 4보격과 같은 추상적 이론 모형은 실제 연행과 관련된 정황에서는 거리를 가질 수밖에 없다. 요컨대 의미의 전개, 곧 시상의 발전이라는 측면에서 운율 문제를 다룰 때에 작품에 참여하는 모든 시행들의 내용이 다름에 따라, 그 의미를 음성적으로 실현하는 장치인 운율도 제각기 다른 상태로 드러난다는 결론에 당도하게 된다. 이 결론은 개인적 발화 단계의 임의적 음성 실현을 인정하는 차원이 아니라 모든 예술 작품의 개성으로 드러나는 새로운 형식의 창안이라는 차원에 해당하는 것이다. 특히, 시언어는 일상 발화와도 다를 뿐만 아니라, 다른 작가의 작품과도 구별되는 목소리를 요청한다는 점에서, 작품의 색다른 목소리를 산출하는 형식으로서의 운율 문제를 고려할 필요가 있다.

의미 분절로서의 운율 문제를 운율 체계로까지 이끌어간 연구는 뚜렷하게 드러나지 않고 있는 가운데, 김흥규가 주창한 새로운 율격 모형으로서의 "segmental metric"에서 의미 분절로서의 "segment"[19]가 율격의 기준 단위로서 제시된 것을 볼 수 있다. 김선생의 논의를 잠시 빌어오면,

> Segmental meter can be defined as a metric which gets metric reguralty by ordered sequence of segments consisting of syllables within a certain range. Observing Korean verses, every segment as metric unit is separated from adjoining segment by syntactic breaks. Unlike 'foot' in English meter which is a conceptual hypothesis for metrical analysis, segments in Korean meter are substantial units clearly marked in syntax and real speech.[20]

---

19 김선생에 의해 명시되지는 않았지만, 우리말에서는 어절 단위에 해당한다.

20 김흥규, 「A Perpective on Metric Typology and the Metric Type of Korean Verse」, 『욕망과 형식의 시학』, 태학사, 1999(논문 발표 실제 연도는 1986), 293~294면. 위 인용과 같은 내용을 1978년에 발표한 김선생의 「한국시가 율격의 이론 Ⅰ」(위의 책에 재수록)에서도 볼 수 있다. "한국시가의 율격 형성 자질은 통사적 분단이다. 영시의 경우에는 강세가, 희랍시의 경우는 장단이, 중국시의 경우는 성조가 율격 형성 자질이라고 하는데, 우리 시가의 경우는 통사적 분단이 그 역할을 담당한다.(위의 책, 33면)

운율 분석을 위한 개념적인 가설로서의 영미 율격론 음보와 다르게 한국 율격론의 어절은 통사 구문이나 실제 발화에서 뚜렷하게 드러나는 실질적인 단위라는 것이다. 여러 시기 동안의 율독 관습 안에서 쉽사리 확인되는 이 단위를 실착하고, 영미 율격론을 추수하는 추상적 이론 모형의 산출에 골몰하였던 기존의 율격 연구를 반성하는 김선생의 의견은 이미 다음과 같이 개진된 바 있다.

> 한국시가에서는 음보의 경계가 반드시 통사적 경계와 일치한다. 모든 통사적 경계가 다 율격적으로 유효한 음보 경계가 되는 것은 아니지만, 모든 음보 경계는 다 통사적 경계이다. 우리 시가를 율독하는 이들이 예외 없이 통사적 경계를 바탕으로 율격 단위를 나누면서도 이 점을 지적하지 않았던 것은 그것이 너무나도 자명하여서 주의하지 못했거나 새삼스럽게 언급할 필요가 없다고 생각했기 때문인 듯하다. 그러나 이 자명한 사실이 분명하게 인식 · 고려되지 않음으로 해서 우리 시가의 율격에 관한 연구는 기본적 판단 근거에서부터 혼선을 빚었다.[21]

김선생이 환기한 바를 발전시키는 방향은 추상적인 율격 이론 내에서보다는 구체적인 율격 수행[22]의 범위에서 찾아지리라 본다. 이에, 장르 형성 초기부터의 발전사에 따라 변화하는 가사 향유상에 관련된 다양한 자료를 통한 검증이 요청된다.

---

21 위의 책, 34면.

22 율격수행(metrical performance) 은 일정한 율격 능력(즉 내면화된 율격 능력)이 구체적인 언어 자료를 통해 실현되는 것으로서 어떤 작품의 낭독인 음성적 실현(oral performance)과는 다르다.(위의 책, 36면의 각주 24번)

4. 장르 관습에 의한 가사 운율 형성 과정

의미의 문제를 확대 시켜나가면 한 문장에서 실현되는 단일한 의미를 넘어선 국면으로 이어진다. 개인의 사상이나 집단의 이념과 같은 추상적인 내용은 문장을 통하여 구체적으로 제시된다. 가사의 시행을 형성하는 과정에도 이러한 추이가 있으며, 이 과정은 특정한 개인의 특수한 체험보다는 하나의 문화 관습으로 자리 잡은 가사 향유의 일반적인 방식에 의존할 것이다. 가사 발전 초기 단계의 불교가사 향유 사실에서 그러한 관습의 형성을 읽어 볼 수 있다. 불교의 포교를 위한 시가 장르의 활용은 일찍이 신라시대서부터 있어 왔다. 김동욱이 진작 발굴한 신라 행자승의 염불 타령이라는 사항을 여말 나옹화상의 불교가사에 연계시켜보는 것이 무리가 아닌 것은 두 가지 관행이 모두 대중 포교를 위한 방편으로 사용되었다는 공통점을 지니기 때문이다. 신라 행자승의 염불 타령에 관한 『삼국유사』의 기사[23]는 단순히 대중 포교를 위한 방편이었다는 사실만 알려주고 있지만, 후대의 기록인 『나옹집(懶翁集)』에서는 보다 구체적인 사항이 전해지고 있다.

나옹화상의 작품으로 알려진 「서왕가」를 비롯한 여러 편의 가사는 그 작자 고증 문제를 논하기 이전에 가사의 시원 작품으로서 지니는 몇 가지 특징을 지적할 필요가 있다. 우선 이 작품들은 불교계에서 통용 되던 사실에서 알 수 있는 것처럼 불교의 진리를 대중포교에 적합한 형태로 전달하고 있다. 포교라는 목적에 어울리게 작중 청자를 일반 부중으로 설정한 발화의 방향을 지니면서, 일상적인 친근한 비유를 통하여 회유하는 어조를 지니고 있으며, 드러나지 않는 주제 제시의

23 김동욱, 「신라 행자염불 및 설화」, 『진단학보』 제23호, 1962.

방법으로 넓은 사회적 동의를 꾀하고 있는 점 등등은 나옹의 여러 가사 작품에서 공통적으로 확인되는 사항이다. 나옹화상의 행적이 이런 특징들에 부합하는 면모는 너무 일반적인 논증의 경로에 서있기 때문에 그의 가사 작품에 직접 연계되는 관문으로 설정하기에 적합한 대상이 아니다. 국문가사는 아니지만, 그의 불교가송에 관련된 자료를 통하여 오히려 적절한 통로를 모색해 볼 수 있다.

『懶翁集』에 실린 「懶翁三歌」는 그 향유 사실에 대한 정보가 명확히 제시되어 있지는 않지만, 부기된 목은 이색의 발문(「懶翁三歌後」)을 보면, 불교계의 부중들에게 넓은 동감을 받을만한 기반을 지니고 있었던 것으로 보인다. 뿐만 아니라, 중국 불교계의 『永嘉集』에 수록된 가송에 비견할만한 작품성과 아울러 불교 송찬의 원류인 인도 범패의 본질에까지 이르는 당대적 보편성을 지닌 것으로 평가되고 있다.[24] 이러한 평가는 한국 불교계의 시가가 당도할 수 있는 최상의 경지에 해당하는 것인데, 균여의 「보현시원가」에 대한 당대의 해석에서도 읽을 수 있었던 내용이다. 한편, 『나옹집』의 행장과 「나옹화상어록」에는 수도 과정에서 지어진 여러 편의 게송류 한시가 실려 있는데 이들의 작품 성향은 대체적으로 문자에 집착하지 않는 禪覺의 해오 경지를 보여주고 있다. 즉, 형식적 규율을 초탈한 면모를 보이는데, 이러한 면모는 고려 불교계의 선시 가운데 일반화 되어 있는 것으로서, 당대 불교계 정신 영역의 높은 수준을 보여줄 뿐 아니라, 새로운 형식 모색이라는 문학적 측면의 관심도 끌고 있다. 문학사적으로 고려 선시가 지니는 의미를 밝힌 중요한 언급[25]에서 거론한대로, 고려 선시의 한시 규범에 대한 파

---

24 懶翁文字信手 未嘗立草 吐出實理 粲然寫出 韻語琅然 然於世俗文字 不甚解 亦可見焉 至於三歌 如出二人之手 必其研精覃思而作者也 不然何以倣永嘉句法哉 異日流傳西域 當有賞音者矣(이종욱 편, 『懶翁集』, 월정사, 1940, 제45장 前面)

25 조동일, 『한국문학통사』 제2권의 7.3. 「불교문학의 새로운 경지」에서 한시의 규범을 벗어나면서 국문시가에 근접하는 양상을 다양하게 제시하였다.

탈이라는 문학적 추구는 결국 당대에 통용되던 국문시가의 영역에 들어서게 되어 있었다.

한문에 현토하는 독서 방식은 자연스럽게 의미 분절을 형성하게 되며, 한시의 경우에는 통사적 분절이 곧, 율격적 단위를 형성한다는 한국시가 율격의 일반화 성향에 참여하게 된다. 나옹화상의 또 다른 가사 작품으로 알려진, 이두 표기의 「승원가」는 한시에서 국문시가로 옮겨가는 현토식 율독 방식을 충분히 반영하고 있으며, 같은 시기에 이루어진 신득청의 「역대전리가」를 통하여 현토식 율독 방식이 가사체를 형성하는데 기여한 사실을 다시 확인할 수 있다. 지금 남아 있는 여러 노랫말 가운데에서 현토식 율독 방식을 볼 수 있으므로, 이 율독방식이 가사에 관여한 경로를 쉽게 추론해 볼 수 있다. 다만, 관심을 놓지 말아야 할 사항은 두 개의 언어 사이에서 정신이 관류하면서 이루어지는 번역의 문제가 이 경로에 관여하고 있다는 사실이다. 한시를 형성하는 정신과 한시를 해체하는 정신 사이에서 새롭게 요청되는 형식적 추구가 국문시가인 가사로 귀착하였다는 점이다. 앞서의 「나옹삼가」 발문에서 이미 목은이 예리하게 지적하였듯이(至於三歌 如出二人之手) 당대의 보편 종교인 불교가 시가를 통하여 전파되는 길목에는 성속의 정신적 경지가 나누어져 있음에서 비롯하는 형식적 분화가 필연적으로 요청되었던 것이다.

다음에 다루어야 할 문제는 이러한 과정을 거쳐서 생성된 가사 형식이 반드시 4음보격으로 귀착되어야하는 이유이다. 4음보가 2음보의 단순 확대형이며, 2음보가 같은 운율 단위의 반복에 의지한다는 사실은 시가의 시원으로서의 민요와의 관련으로 이끌어질 수 있기에 가사 발생의 민요 기반설은 일반적인 설득력을 지닌다. 실제로 민요 가운데 2음보 형식의 시행 출현이 빈번하며, 그 시행의 연속체로 이루어진 서사민요도 실재한다. 지금도 전승되고 있는 여성가사의 향유 현장에서 서사민요의 틈입이 있다는 흥미로운 사실은 가사와 민요와의 관련을 보증하는 자료가 될 수 있다. 같은 단위의 단순 반복이 음률(리듬) 형성의 기초가 되며, 이러한 기본적인 음률이 사람을 고무 선동하는데 적합하기 때문에 집단의식을 반영하는 노래들이 대체로 단순 운율에 의지함은 일반적으로 알려진 사실이다. 「구지가」나 「황조가」와 같은 한국시가의 시원에 해당하는 작품들에서 볼 수 있는 단순 운율의 반복 양상은 노동요나 애정요의 성격을 지닌 시원형 가요에서 흔히 확인되는 사항이다.

종교 포교 과정의 가사들은 아마도, 이러한 시원 가요의 한 갈래인 제의의 노래에 근원을 대고 있을 것이다. 불교가사는 보다 발전된 단계의 사유에 의한 산물이지만, 그 형식적 기반은 제의가와 공유하고 있다고 본다. 다만, 원시 제의보다는 보다 고등화된 단계의 종교 체제가 관여하면서 그 형식적 상승도 수반되었을 것이다. 단순 운율의 반복에 의해 이루어지는 시행을 들여다보면, 같은 단위의 대위에 의한 구조적 균형이 드러나고 있는데, 이 대대적 상황이 중세 종교의 보편적인 성격을 반영하고 있다고 볼 수 있다. 天-神의 상위 모방 대상과 地-人의 하위 모방 주체 사이의 관련이 종교적 주제의 근간을 밑받침하는데, 이 관련이 운율의 기준 단위인 시행마다 재실현되는 과정에서 시행이 형성되는 것이라고 할 수 있다. 이를테면, 「사미인곡」의 "이 몸 삼기실 제 / 님을 조차 삼기시니"와 같은 시행에서, 앞 구에서는 자기 이야기를, 뒷구에서는 임금에 대한 이야기를 배설하여 시행 내의 이원 구조가 곧 현실 인간관계의 반영인 점을 들 수 있다. 이 구조는 시연이나 단락과 같은 상위 단위로 상승하면서 변모하는 양태를 가지지만 단위 내에 관여하는 이원 구조의 재현 방식은 동일하게 유지된다.

5. 맺음말–가사 운율의 확대 적용 전망

가사의 장르적 실체가 복합적이거나 혼합적으로 다변화되어 있다고 밝혀진 것은, 그 주제의 실현 방안이 어느 한 갈래에 한정되어 있지 않음에서 말미암는다. 소설과 관련을 가지면서는 화자의 경험을 내면적으로 통합하는 장면에서 활용되며, 판소리에 관여하여서는 다성적인 율조의 근간을 지탱하는 역할을 수행한다. 「추풍감별곡」과 같은 애정소설의 서두나 결말부에서 화자의 심회를 토로하는 장면에 들어가는 가사투의 언술이 지니는 전체 작품에의 영향력은 소설의 제명으로 가사의 가명이 채택된 데에서 읽을 수 있다. 또한, 판소리의 정화라고 할 수 있는 단가들에 가사체가 지배적인 사실도 이 영향력의 결과라고 할 수 있다. 문제의 소재는 가사는 무슨 동기로 이러한 영향력을 행사하는가에 있다. 바꾸어 말한다면, 4음보격 시행이 다른 유형의 시행으로 전환할 수 있는 잠재력의 정체란 무엇인가에 문제의 핵심이 놓여 있다. 전환이라고 했지만 대체적인 방향은 양적 확대라고 볼 때에, 우선 가사 작품에서 흔히 만나는, 2음보 추가 시행에 관심을 가지게 된다. 4음보의 근본이 2음보에 있다는 점을 감안하면, 2음보의 추가는 자연스러운 양적 확대라고 할 수 있다. 결국 6음보로 귀착하는 이 특별한 시행이 4음보격 시행과 달리 하는 성격은 3단위 구조라는 기수적 속성에 있게 된다. 그렇다면, 6음보는 3음보의 배수적 확대형으로 그 구조적 요인을 3음보와 공유해야 할 터인데, 그렇지 않은 까닭은 3음보격 시행의 마지막 음보는 시행을 완결하는 역할을 지님에 반하여, 6음보격 시행의 마지막 2보격은 다음 시행에 대하여 열려 있는 관계를 가지는 미결의 상태에 있기 때문이다. 결국 가사 시행의 가장 단순한 확대 방식인 6음보격으로의 전환은 다음 4음보격 시행과의 연관 속에서 다시 4음보로 환원될 수 있는 유동적인 상태에서 이루어짐을 알 수 있다.

안정적인 일원적 대대를 정신 구조의 중심에 놓는 가사의 양적 확대는 시행의 연속 반복에 의한 중첩에 크게 의지하지만, 때로 동요하는 정신이 반영되는 순간은 연속의 양상이 단순 반복을 벗어나 구조 바깥쪽으로 선회하기도 한다. 후기가사에서 많이 다루는 생활 정황의 사실 나열이나 억압 받는 내면의 분출 상황에서 시행의 제어 되지 않는 점층적 연계는 전기가사의 안정적인 전개와는 분위기를 달리 한다. 이러한 정향되지 않은 나열이나, 제어되지 않는 분출은, 사설시조의 중장 부분 확대 현상에서 나타나는 것과 같은 다종 음보의 혼효로 이어질 가능성을 가지고도 있지만 가사 장르 내에서 이 가능성이 실현되지 않는 것은 장가로서 끝이 열려 있는 개방적 구조에 기인한다고 본다. 사설시조는 단형 시조의 확대형으로서 다종 음보의 혼효를 견제하는 형식적 제한을 받지만, 가사는 행의 무한한 중첩이 허용되는 열려 있는 형식이기 때문에 작품 전개를 견인하는 구조적 중심을 시행의 정형성에 둘 수밖에 없기 때문이다.

개화기의 분출하는 파토스가 지리해보일 정도의 반복 형식으로 실현되는 모습을 알고 있는 우리로서는, 이 단순하면서 견고한 형식적 제한이 깨지면서 유동하는 시행의 모습이 어디로 귀결하는가를 쉽게 가늠할 수가 없다. 그러나 시행 내부에 들어서면 이질적인 음수의 마디들이 충돌하는 엄청난 리듬[26]의 변화가 감지된다는 사실을 경험한 사람은 그 향방이 어디이든가 두려움 없이 좇아가 볼 수 있을 것이다. 그런 점에서, 자유시의 파격을 전통 음보격으로만 제어하려 할 것이

---

26 이 리듬의 근원은 산문 리듬과 운문 리듬의 긴장 가운데 형성된다고 볼 수 있다. 가사의 장편화 성향을 산문의 정신에 운문의 형식을 가졌다고 설명할 때에 일어나는 논리적 모순이 이 긴장에서 비롯한다. 산문과의 관계 속에서 일어나는 형식 변화가 문화 충돌의 시대인 근대에서 어떻게 노정되는가는 다음 과제로 미룬다.

아니라, 가사의 복종하는 형식 속에 잠재한 자유 가운데 있는, 파격을 허용하는 여유를 통하여 전통과의 단절을 해소하는 자세가 필요하다고 하겠다. 이 해소의 문제 또한 새로운 운율적 대안에 의해 풀릴 것이라 전망한다.

「가사의 운율은 어떻게 형성되었는가?」에 대한 토론문

김유경

이 논문은 한국 고전시가 운율론의 전제가 고전시가의 '노래로서의 존재 방식'이어야 한다는 인식에서 출발한다. 운율론의 대상이 되어온 민요 · 속요 · 가곡창사 · 시조창사 들은 모두 노랫말이다. 또한 가사라고 일컬어지는 작품들의 상당수 역시 노랫말이다. (후기에 이르면 가창과는 유리된 장편의 가사 작품들이 등장한다고 생각하기 때문에 질문자는 이러한 단서를 달고자 한다) 존재 방식이 노래인 이들 작품의 실현은 '노래 부르기(연행)'에 의한 것이기에, 율격론에서도 이러한 점을 기반으로 하지 않으면 안 될 것이다. 개인 또는 집단의 창작 과정 곧, 시상을 떠올리고 시어를 선택하여 배열하는 과정 또는 재배열되는 과정에서 '노래로서의 존재 방식'이 바탕이 될 것이기 때문이다. 그러므로 그간에 이루어진 음보율론을 바탕으로 하여 악보에 기보된, 악곡으로서의 노랫말을 살핌으로써 운율론을 모색하는 일은 매우 타당하면서도 유효할 것으로 판단된다. 이러한 방법론에 동의하면서 몇 가지 질문을 드리고자 한다.

첫째, 2장에서 악곡을 통하여 실현되는 운율에 대한 모색이 시행 율독의 전체적인 인상이라고 할 수 있는 소리(聲)에 귀착되어야 한다고 하였다. 이 논의에서 '소리(聲)'는 한시 작법과 관련한 것으로 보이는데, 국문시가에서 이 소리(聲)의 속성과 분석 방법에 관한 필자의 견해를 밝혀주면 논지 이해에 큰 도움이 되겠다.

둘째, 19세기 후반의 「장진주사」의 음악적 실현은 『삼죽금보』에 기보된 형태를 통해 알 수 있다. 그렇다면 이 작품이 창작된 16세기 후반의 실현 방식은 19세기 후반과 동일했을 것인가? 달라졌을 것이라면 어떤 방향으로 변화가 이루어졌을 것인가? 그것이 율격 실행에는 어떤 방식으로 나타날 것인가에 관한 필자의 견해를 듣고 싶다.

셋째, 3장에서는 의미 분절에 따른 율격 실행의 차별성에 주목하였다. 20세기 송설당 작품을 대상으로 행의 결합 방식 분석을 통해, 작품에 참여하는 모든 시행들의 내용이 다름에 따라, 그 의미를 음성적으로 실현하는 장치인 운율도 제각기 다른 상태로 드러난다고 하였는데 과연 어떻게 다른 것인지 보충 설명을 부탁한다.

또한 제시된 송설당 가사의 경우 각 음보의 음수가 균일하다. 2장에서 논의된 음수의 불균정성으로 인한 리듬을 추출할 수 없다. 이 시기의 일부 가사들은 4음절을 기계적으로 준수하고 있는 것으로 파악되는데, 이러한 현상을 필자는 어떻게 해석하는지 견해를 듣고 싶다.

끝으로, 음악적 실현의 방식과 율독의 방식에서의 운율의 동일성 또는 차이의 정도에 관한 질문이다. 이 질문은 노랫말로서의 고전시가의 존재 방식에 동의하면서도, 가사의 경우, 그것이 음악적으로 실현되는 방식과 율독되는 방식이 공존한 것은 아닌가 하는 의문에 연유한 것이다. 또한 장르 형성 초기부터의 발전사에 따라 변화하는 가사 향유상에 관련된 다양한 자료를 통한 검증이 요청된다고 하셨는데, 송설당 가사의 향유 방식에 관한 정보가 있는지에 관해서도 알고 싶다.

「가사의 운율은 어떻게 형성되었는가?」의 토론 답변

윤덕진

정밀한 독해에 감사드리며, 질문 차례대로 대답을 드린다.

1

본 논문에서 "리듬이 관여하는 시행이 주는 전체적인 인상" 이라고 규정하였던 소리(聲)는 노래(시)의 원천으로서 음(音)과 아울러 청각을 통하여 감흥을 야기하는 감각적 효과로서 성률(聲律)을 가리킨다. 예컨대, 『악기(樂記)』에서 소리와 정서의 관계를 밝힌 대목에서 소리(聲)의 본질을 잘 드러내고 있다.

> 음악이란 음(音)으로 말미암아 생기는 것으로, 그 음은 사람의 마음이 외물(外物)에게 느낌을 받는 데에서 일어난다. 이런 까닭에 비애한 감정이 마음 속에서 일어나면 그 소리가 초조하고 나지막해지고, 즐거운 마음이 일어나면 그 소리는 넓고도 느긋하며, 기쁜 마음이 일어나면 그 소리는 높고

도 흥분되며 명랑하고, 성난 마음이 일어나면 그 소리는 거칠고 사납다. 공경하는 마음이 일어나면 그 소리는 곧으면서도 청백(淸白)하고 사랑하는 마음이 일어나면 그 소리는 화기롭고 온유하다. 이러한 여섯가지 반응은 사람의 천성이 다르기 때문이 아니라 외물에 자극을 받아 마음이 움직였기 때문이다.[1]

한편, 『문심조룡』 「악부」에서 "시는 음악의 정신이며, 소리는 음악의 육체이다[詩爲樂心 聲爲樂體]"라고 할 때에는, 성률(聲律)의 감각적 효과를 의식하였다. 이 생각은 뒤에 시의 문체와 산문의 문체가 다른 점을 성률(聲律)의 유무에 따른다고 한 말과 이어진다. 성률이 있어서 사람들로 하여금 거듭 읊조릴 수 있게 하고 감정과 생각을 펼쳐내어 지기(志氣)를 감발시키기도 하는 것이 산문과 다른 시의 효능이 된다는 말이다.[2]

음악의 본질이면서 시의 정신이 되는 소리란 결국 시의 형식적 요소들의 총체로서 청각적 통로를 거쳐서 감각화되는 실체를 말한다. 소리에 대한 기호로서 시작품의 가치를 논하였던 역대 시화의 인상주의적 시평은 시의 본질에 자리 잡은 소리의 실체에 기인한다. 국문시가의 경우에도 소리의 우열을 기준으로 작품의 가치를 평한 사례가 있다. 심수경의 『견한잡록』(1599)의 가사 관련 기사에서 「면앙정가」를 품평[3] 하는데 사용한 '가관(可觀)' '가청(可聽)' 등의 감상 평어들이 감각에 의해 통어되는 시가의 본질로서 소리나 형색을 논한 인상주의적 시평의 연장이라고 할 수 있다. 지봉 이수광의 「조천사(朝天詞)」에 관한 상촌 신

---

1 朱光潛, 정상홍 역, 『시론』, 동문선, 1991, 181~182면 재인용(원문생략).

2 蓋其所謂有異于文者 以其有聲律諷咏 能使人反復諷咏 以暢達情思 感發志氣(李東陽, 「滄洲 詩集序」, 이병한, 『중국고전시학의 이해』, 문학과지성사, 1992, 234면에서 재인용)

3 俛仰亭歌則鋪敍山川田野幽敻曠闊之狀。亭臺蹊徑高低回曲之形。四時朝暮之景。無不備錄。雜以文字極其宛轉。眞可觀而可聽也

흠의 제발(題跋)인 「書芝峯朝天錄歌詞後」에서 「조천사」의 음률에 대하여 평한 대목을 보면, "그 울림이 맑아 화사하되 바름을 잃지 않고 어여쁘되 훌륭함을 지나치지 않아서 높으면서도 졸아드는 단점이 없고 고우면서도 미미함에 떨어지지 않았으니 비록 근세에 가곡으로 이름난 이들이라도 모두 미치지 못할 것이다[其響瀏瀏 艶而不失於正 麗而不爽於雅 淸而不病於萎 婉而不落於靡 雖近世以歌曲名者 皆莫不及也]"로써, 정확한 의미나 심중한 교훈을 전달한다는 것보다도 연행을 예상한 성률 배합을 가장 중시하고 있음을 볼 수 있다.

2

『삼죽금보』가 19세기에 편찬되어서 16세기의 「장진주사」와 가지는 시간적 거리 때문에 연행방식에서 차이가 있지 않느냐는 의문은 다음과 같은 사항에 의하여 해소될 수 있다고 본다. 첫째, 「장진주사」 사설 늘임의 주요한 방식인 각(刻)의 기법이 17세기 이후의 사설시조 창법(농 · 락 · 편)에 활발히 적용되었다는 사실. (16세기에 송강에 의해 선도적으로 사용되었다가 17세기 이후 19세기에 이르기까지 지속되었다고 볼 수 있음) 둘째, 송강 5대손인 정진하와 그의 아들 정로의 청에 의해 북헌 김춘택이 「장진주사」를 번사하던 18세기 초반에, 정진하가 부르던 옛 노래의 가락이 중요한 매개 역할을 한 사실[4](송강을 추숭하는 후손인 정진하는 가문 전승의 원 「장진주사」를 불렀을 것이다)

4 김춘택, 「鷺山錄」, 『북헌거사집』 권4.

3

표층에는 4음으로 규격화 되어 있으나 이를 율독할 경우 시적 정황이나 율격적 조건에 따라 장음, 정음 등의 수의적 자질이 관여하여 5음 이상으로 늘어나는 마디가 섞이어 표층과는 다른 율성을 구현한다는 점을 말하였다. 이 점에서 종교가사나 개화기 가사의 작품성 저하 요인으로 꼽히는 단조로운 율성이라는 기준에 대한 재고가 필요하다고 본다. 송설당의 여러 작품들은 여성가사의 발전선상에서 지어졌으면서도 새로운 사회에 대한 관심과 전망을 담고 있는 점에서 새로운 율성을 창출했다고 본다. 이런 특성은 개화기가사의 역동적인 정념 분출이라는 맥락에서 이해하는 것이 적절한데, 그런 점에서 송설당 가사의 연행 방식은 여성가사의 가창 방식과 근대 매체에 실린 개화기 가사의 낭송(독) 방식의 양면을 구비했을 것으로 추측된다.

4

가사의 어느 부분까지가 본격적인 노래이고 독서 방식으로 일반화되어 있던 낭송에 해당하는 부분은 어디까지 인가 하는 차별을 위한 여러 기획이 노래로서 가사의 본질을 은폐하여 왔다는 점을 말하고 싶다. 이 어긋남은 노래의 범주를 오해한 데에서부터 비롯했다고 보는데, 노래의 종류에는 정격 가악의 복잡한 체계에 의한 가창곡(대엽조의 가곡이 대표적인 예), 단순한 반복 형식에 기반하는 민간가요류(조선 후기의 「상사별곡」 「백구사」 등의 유흥적인 가창가사들) 낭송에 의한 타령류의 노래(잡가의 「바위타령」 「곰보타령」 등등)이 각기 다른 선율 조법과 박절로써 구별되고, 여기에 「삼설기」같은 송서류까지 넣어서 보면 말을 늘인 모든 연행을 포괄하는 명칭이 노래임을 알게 된다. 노랫말이 시로서 지니는 운율은 노래에 쓰인 말들을 다시 일상어의 어조로 묵독할 때에 드러나는데, 이런 개별화된 운율과 노래로서 연행되는 과정을 거쳐 축적되는 관습으로서의 운율은 속한 층위가 다르다고 보아야 할 것이다. 체계 시학으로서의 규범적인 운율론이 전자만을 대상으로 하는 태도는 노래로서 기능하는 시어의 보다 근원적인 다른 측면을 간과하기 때문에 추상적인 이론 모형 산출로써 그 임무를 제한 받을 수밖에 없다고 본다.

詩/歌의 위계화와 歌의 위상을 둘러싼 諸論

박애경

1. 이중언어 시대 詩歌와 詩 / 歌의 존재양상

詩歌란 말 그대로 시와 가를 합해 이르는 말이다. 시와 가를 하나의 실체, 즉 '詩歌一道'로 사유하는 관습은 『詩經』에 전범을 두는 동양 시가의 전통 안에서 형성된 것이다. 그런데 현재 학제 분류에서 시가라 하면 향가, 고려속요, 시조, 가사, 잡가, 민요 등 국문이나 借字로 표기되거나 전승되어 온 국문시가의 하위 갈래들만을 지칭하는 경우가 대부분이다. 여기에서 문제가 되는 것이 한문으로 표기된 한시이다. 한시가 엄연히 '시'인 만큼 시와 가의 복합체로서의 시가의 범주에 포함되나, 학적 범주로서의 '시가'는 국문으로 기록, 전승되며, 가창, 음영, 낭송의 방식으로 구연된 시가를 일차 대상으로 삼기 때문이다.[1] 그 이

1 이러한 점은 고전시가와 한시를 분리하는 고전문학 교육과 연구의 제도화에도 반영되어 있다고 할 수 있다. 시가를 본격적인 학문적 연구 대상으로 삼는 시발점이 된 도남 조윤제의 『조선시가사강』(1937년 동광당서점 발행)에서 한시를 배제한 것도 시가

유는 장르 실현 방식의 차이에서 일차적으로 찾을 수 있다.

시와 가의 복합체인 시가는 '노래'라는 구연의 방식을 통해 그 의미가 최종적으로 실현되고, 전승방식도 다분히 구비적이라 할 수 있다. 가집이라는 형태를 통해 기록의 대상이 된 것은 한글이 창제되고도, 또 이백 여년이 흐른 후의 일이었다. 말하자면 오랜 시간 국문시가는 주로 노래, 즉 '歌'의 요구를 충족시키면서 존재해왔다는 것을 의미한다. 이 점은 부분적으로는 詩唱 혹은 음영의 형태로 향수되었지만, 주로 문집을 통해 전승되면서 기록문학의 일부로 존재해왔던 한시와 구분되는 지점이라 할 수 있다. 한시를 둘러싼 詩評이나 詩話의 존재는 이것이 엄연히 '시'로 존재해왔다는 것을 의미하는 것이라 할 수 있다. 요컨대, 시가는 '국문으로 된, 창사와 가락이 합쳐진 하위 갈래들의 총체'인 동시에 노래로 불린 '국문시가'를 의미한다고 할 수 있다.

그런데 국문시가와 한시 사이에는 장르 실현 방식의 차이 뿐 아니라, 보다 중대한 '표기 언어'의 문제가 자리 잡고 있다는 점을 간과할 수는 없을 것이다. 주지하다시피 우리의 문학은 한문과 국문 문학이 공존하는 이중언어 시대를 거치면서 축적되어 왔다. 이 과정에서 '한문학은 공동문어 중심의 식자층 문학, 국문 문학은 구어 중심의 기층 (혹은 여성)과 소통하는 문학'이라는 공식이 확고히 자리 잡고 있었던 것이다. 우리 문자가 만들어지기 전에는 한자를 빌어 기록하거나, 차자 방식으로 표기해왔고, 우리 문자인 한글 창제 이후에도 眞書의 지위를 가진 것은 어디까지나 한문이었던 것이다. 따라서 한문과 국문 (당대 입장에서 보자면 언문)은 단순한 표기체계의 차이를 넘어서, '리터러시 literacy'의 경계를 의미할 뿐 아니라, 특정 집단의 의식과 굳게 결합되어 있었던 것이다.

의 범주와 관련하여 주목해야 할 대목이라 할 수 있다.

이처럼 한문문학과 국문문학이 이원적으로 존재하는 상황은 일차적으로 언어 간의 분리라는 현상 뿐 아니라, 문어와 구어의 분리에 따른 언문의 불일치를 초래했다고 할 수 있다.[2] 리터러시의 장 안에서 통용되는 문어와 민간의 생생한 생활 감정을 담아낸 구어의 분리는 한자가 공동문어로 권위를 누렸던 동아시아 근대 이전의 공통적 상황이기는 하다. 그렇다고 해도 민간의 언어를 번역의 과정을 거치지 않고 곧바로 문자로 옮길 수 있어, 일상 언어와 문학 언어 사이에 간격이 심하지 않았던 중국[3]이나, 헤이안 시대부터 '가나'라는 차자 표기를 자국어 문자로 삼아 널리 활용했던 일본에 비해 우리나라는 언문의 불일치 문제가 한결 첨예하게 대두되었다고 할 수 있다.

이렇게 본다면 국문시가와 한시라는 영역 주위에는 표기 체계의 차이라는 근본적 문제 뿐 아니라, 구어와 문어의 불일치, 시와 가의 분리라는 문제가 중첩되어 있다고 할 수 있다. 그런데 국문시가와 한시는 이러한 위상과 향유 집단의 차이에도 불구하고, 공존하고 때로는 영향 관계를 주고받으며 표기 체계의 차이로 인한 거리를 좁히려 애써왔다. 동양의 유교문화권에서 觀風의 차원에서 민간의 노래를 널리 채집하여, 기록으로 남겼다는 것은 주지의 사실이다. 그런데 '번역'의 과정을 거쳐야 비로소 기록의 대상이 되는 한글 창제 이전의 노래는 한자를 빌어 기록되거나, 한문학 양식에 맞추어 번역되는 과정을 거쳐 문자로 정착되는[4] 방식으로 표기 체계의 차이를 극복해 왔다.

한글 창제 이후에도 식자층 사이에서는 한글로 된 텍스트를 영구 보존하기 위해 혹은 공적 권위를 보태기 위해 한문으로 번역하였다. 조

---

2 한문문학과 국문문학이 이원적으로 존재하는 상황과 언문 불일치에 대한 조선 식자층들의 문제의식을 진단한 것은 다음 논의가 자세하다. 안대회, 「조선 후기 이중언어 텍스트와 그에 대한 논의들」, 『대동한문학』 24집, 대동한문학회, 2004.

3 위의 글, 217면.

4 김문기 · 김명순, 『조선조 시가 한역 양상과 기법』, 태학사, 2005, 14면.

선 중기부터 19세기에 이르기까지 꾸준히 지속된 시조의 한역이나 송강 정철(鄭澈, 1536~1593)의 「思美人曲」과 「續美人曲」을 김상숙(金相肅, 1717~1792)이 한역한 것이 그 대표적 예라 할 수 있다.[5] 뿐만 아니라 자신의 시가를 스스로 한역하여 텍스트를 한문과 한글로 이원적으로 창작하는 양상이 나타나기도 하였다. 국문시가의 한역, 즉 가에서 시로의 번역 뿐 아니라, 애초에 한시와 시조 혹은 가사를 동시에 창작했던 사대부들이 엄연히 존재해왔다는 사실은 한시와 국문시가의 관계를 다시금 숙고하게 한다.

이 글에서는 이중언어 시대 시가의 존재양상을 시와 가의 위상을 짚어보고자 한다. 특히, 한문을 능숙하게 구사하고, 한시 창작에 익숙했던 사대부 층이 굳이 한글로 된 시가를 창작했거나 관심을 가졌던 원인을 물으면서, 한글로 전승된 국문시가의 존재 의의와 가치, 그리고 시와의 관계를 점검해 보고자 한다. 또한 시와 음악이 결합되어 구연된 국문시가를 '詩歌'로, 한시와 국문시가가 이원적으로 존재하면서, 양자가 공존하고, 교섭하던 관계 양상을 '詩 / 歌'로 구분하여 표기했다는 점도 아울러 밝혀둔다.

---

5 국문시가의 전반적 한역 양상에 대해서는 위의 책을 참조할 것. 시조의 한역에 대해서는 조해숙, 『조선 후기 시조 한역과 시조사』, 보고사, 2006을 참조할 것. 향가의 한역에 대해서는 정소연, 「〈普賢十願歌〉의 漢譯 양상 연구」, 『어문학』 108집, 한국어문학회, 2010; 김혜은, 「향가와 한시의 장르적 상보관계 고찰」, 『열상고전연구』 32집, 열상고전연구회, 2010을 참조할 것. 익재 이제현과 급암 민사평의 고려속요 한역에 관한 논의는 이우성, 「高麗 末期의 小樂府: 高麗俗謠와 士大夫 文學」, 『한국한문학연구』 1집, 한국한문학회, 1976; 박성규, 「益齋의 '小樂府' 論」, 『동양학』 25집, 단국대 동양학연구소, 1995를 참조할 것.

2. '歌'로서의 국문시가와 그 의의

이중언어 시대, 국문시가의 전반적 위상을 살피기 위해서는 국문시가를 남겼거나, 이에 관심을 가지고 채집하거나 비평했던 문인들의 의식을 살펴볼 필요가 있다. 국문시가에 대한 비평의식이 본격적으로 나타나는 최초의 문헌이라 할 수 있는 『균여전』에서는 시와 가의 질서를 다음과 같이 설명하고 있다.

> 그러나 詩는 중국 글자로 엮어서 다섯 자, 일곱 자로 다듬고, 歌는 우리말로 배열하여, 삼구육명으로 다듬는다. 그 소리를 가지고 논한다면 參星과 商星이 동서로 나뉘어 쉽게 식별할 수 있는 것처럼 현격한 차이가 나지만 文理를 가지고 말한다면 창과 방패가 어느 것이 강하고 약한지 단정하기 어려운 것처럼 서로 맞서는 정도이다. 그러나 비록 서로가 시의 수준을 자랑한다고 하나 함께 義海로 돌아가기는 마찬가지임은 인정할만한 것으로 각각 제 나름의 구실을 하고 있으니 어찌 잘된 일이 아니라고 하겠는가? 허나 한스러운 것은 우리나라의 공부하는 벼슬하는 선비들은 唐什을 이해하여 읊조리는데, 저 중국의 박학하고 덕망 있는 선비들은 鄕謠를 이해하지 못한다는 것이다.[6] (밑줄 강조는 필자)

위 인용문은 균여의 「보현십원가」를 한역한 최행귀(崔行歸, ?~?)가 남긴 글로, 시와 가에 그의 인식을 찾아볼 수 있다. 여기에서 시란 한

6 然而詩構唐辭 磨琢於五言七字, 歌排鄉語, 切磋於三句六名, 論聲則隔若參商, 東西易辨, 據里則敵如矛盾, 强弱難分, 雖云對衒詞鋒, 足認同歸義海, 各得其所, 于何不臧? 而所恨者, 我邦之才子名公, 解吟唐什, 彼土之鴻儒碩德, 莫解鄉謠. 『均如傳』 第八 譯歌現德分者. 인용문 번역은 赫連挺, 최철 · 안대회 역주, 『譯註 均如傳』, 새문사, 1986을 따랐음.

시, 특히 당시를 말하고, 가란 우리말 노래인 향가를 지칭하는 것임을 알 수 있다. 여기에서 알 수 있듯이, 최행귀는 당시와 향가를 각각 문자(唐辭)와 우리말(鄕語), 시와 가, 동일 문자 권 내 보편적 전승과 지역 내 전승으로 존재를 규정하고 있어, 그 차이를 엄연히 전제하고 있다. 그럼에도 불구하고 그는 그 뜻과 깊이에 있어서는 시나 가가 한가지라는 보고 있다는 점을 주목해 볼 수 있다. 그의 생각은 좁게는 번역의 대상이 된 균여대사의 「普賢十願歌」를 위시한 사뇌가의 격조와 우수성에 대한 자긍심을 표현한 것이고, 넓게 보면 시와 가는 모두 마음에서 비롯되었으므로 그 뜻이 지향하는 바는 하나라는 詩歌一道 정신의 표현으로 보인다. 그런데 자국 내에서 이미 명성을 얻은 뛰어난 작품을 굳이 한역한 이유는 무엇일까? 다음 글에서 이유를 짐작할 수 있다.

> 그 지어진 것을 詞腦라고 부르나니 가히 貞觀 때의 시를 능욕할 만하고, 그 정치함은 賦 중 가장뛰어난 것과 같아서 黃帝, 明帝 때의 賦에 비길 만하다. 그러나 중국 사람들이 보려 할 때에는 서문 외에는 알기 어렵고, 우리나라 선비들이 들을 때에는 노래에 빠져서 쉽게 외우고는 그만이다.[7]
> (밑줄 강조는 필자)

여러 논자들이 언급하였듯이, 최행귀는 균여 향가의 깊이에 중국의 문인들도 공감하기를 원했고, 자국의 선비들도 노래라 하여 그저 귀로만 듣고, 입으로만 외우고 마는 것이 아니라, 오래 기억하기를 염원하여 번역했던 것이다. 여기에서 주목할 부분은 균여의 향가와 비교대상이 되는 것은 '貞觀之詞'와 '惠明之賦'라는 것이다. '貞觀之詞'란 당 태종 연간의 시이고, '惠明之賦'란 당 태종 이후의 화려한 藻飾을 숭상하

---

7 其爲作也, 號稱詞腦, 可欺貞觀之詞, 精若賦頭, 堪比惠明之賦 而唐人見處, 於序外以難祥, 鄕士聞時, 就歌中而易誦『均如傳』第八 譯歌現德分者.

던 陸機 등 일군의 시인의 賦를 지칭하는 것이다.[8] 역자 최행귀가 균여의 사뇌가가 詩나 賦와 같은 격조를 가지고, 오래 기억되기를 바라며 한역했다는 것을 알 수 있는 대목이다. 우리나라 선비들이 노래만 취하여 구송만 하고 마는 것을 '절반의 이로움만 얻는 것'이라 하며 꺼린 데에서도, 균여의 사뇌가가 노래만이 아닌 시로서도 기억되기 원했던 역자의 인식을 알 수 있다. 최행귀의 이러한 인식은 사뇌가에서 가장의 주요한 표지가 되는 後句를 번역하지 않은 데에서 단적으로 드러나고 있다. 요컨대 최행귀의 한역은 언어체계가 다른 텍스트 간의 번역이라는 의의 외에, '가에서 시로의 번역'이라는 의의 또한 지니고 있다고 할 수 있다. 따라서 최행귀의 한역은 「普賢十願歌」의 작품성에 대한 경의와 동시에, 歌가 가진 원천적 한계성을 보여준다고 할 수 있다.

국문시가가, '가'로 구송될 뿐, 기록과 보존의 대상이 되지 못하는 것은 자국의 문자를 가지지 못한 시대적 상황을 반영하고 있다고 할 수 있다. 그렇지만 한글 창제 이후에도, 문사들 사이에서 한글은 文이 아닌, 구어로 기억되고 있었다.

> 중국의 노래는 風雅를 갖춰, 재적에 오르지만 우리나라의 소위 가라는 것은 단지 손님을 맞이하는 잔치에나 쓰이는 娛樂으로 족하고 풍아재적으로 사용한즉 적당치 않으니, 이는 대개 語音이 다르기 때문이다. <u>중국의 音은 말이 文이 되나 우리나라 음은 번역되기를 기다려야 문이 되는 고로, 우리 동방에 彦文에 재주있는 자가 부족한 것은 아니나 樂府.新聲처럼 전해지지 않았으니</u> 가히 개탄할 만하고, 또 조야하다 이를 만하다.[9](밑줄 강조는 필자)

8 최철 · 안대회 역주, 앞의 책, 62면 주51)과 52)를 참조할 것.

9 中國之歌 備風雅而登載籍 我國所謂歌者 只足以爲賓筵之娛 用之風雅卽不焉 蓋語音殊也 中華之音 而言爲文 我國之音 待譯乃文故 我東非才彦之乏 而如樂府新聲無傳焉 可慨而亦可謂野矣 萬曆癸丑長至 放翁書于黔浦田舍. 申欽 「放翁詩餘」 序, 진본 『靑丘永言』, 조선진서간행회.

여기에서 드러나듯, 문사들에게 文이란 어디까지나 한문이었던 것이다. 따라서 중국 민간의 노래는 곧바로 채집되어 악부, 신성으로 전해지지만 우리의 노래는 번역 (여기에서는 漢譯)되어야만 문자성을 갖추고, 기록의 대상이 될 수 있다는 것이다. 그렇기 때문에 국문으로 된 시가는 표기체계와 향유방식의 한계로 인해, 大雅之堂에 오를 수는 없다고 진단했던 것이다. 『청구영언』을 편찬한 김천택(金天澤, ?~?)이 '노래는 적은 기예에 불과하다'고 했던 것 역시, 문인 앞에 선 자신에 대한 겸양의 표현인 동시에 詩와 歌, 문자와 구어, 眞書와 諺文으로 위계화된 문화 상황의 압축적 표현으로 보인다.[10] 요컨대 시는 漢文으로 씌어지고, 기록과 보존의 대상이 되는 반면, 가는 국문으로 구송되거나 노래로 불리다 시간이 흐르면 사라지고 마는 존재로 인식되었던 것이다. 국문시가를 본격적 비평의 대상으로 삼고, 그 의의를 인정한 홍만종(洪萬宗, 1643~1725) 역시 "우리나라 사람이 지은 가곡은 오로지 방언을 쓰고 사이사이에 한문자를 섞어 대략 諺書로써 세상에 돌아다녔다. 대략 방언의 사용은 그 나라 풍속에 있는 것으로 부득이 그럴 수밖에 없었다"[11]라 하여 歌는 문자성을 갖추지 못한 존재로 인식하고 있다. 신흠과 홍만종은 공통적으로 시와 가, 문과 언의 차이를 인식했지만, 歌가 가진 표현의 잠재력 또한 인정하고 있었다.[12] 이처럼 한 문화권 내에서 공식 문어로 예우 받았던 한문과 생활 감정을 생생하게 표현할 수 있었던 자국어 간에 간극을 인식하고, 그 차이를 조정하고자 다양한 모색이 이루어졌

---

10 김천택의 겸양은 국문시가를 적극적으로 옹호한 이정섭에 의해 극복되고 있다. 이에 대한 자세한 논의는 2장 3절과 3장을 참조할 것.

11 我東人 所作歌曲 專用方言 間雜文字 率以彦書 傳行於世 蓋方言之用 在其國俗之不得不然也. 洪萬宗, 『旬五志』 下.(원문은 『한국사상대전집』 24, 동화출판공사, 1977에서 인용) 홍만종의 이러한 시가관은 기본적으로 신흠의 시가관을 계승했고, 이후 김천택에 의해 「蔓橫淸類」 序 『靑丘永言』에 거의 그대로 수용되고 있다.

12 이는 신흠이 쓴 「書芝峯朝天錄歌詞後」와 이에 대한 동감을 표한 『순오지』의 시평에서도 극명히 드러나고 있다.

던 것이 이중언어 시대 시와 가가 처한 전반적 정황이라 할 수 있다.

1) 詩餘와 感發

그렇다면, '歌'란, 노래란 무엇일까? 이에 대한 답을 찾기 위해, 시가뿐 아니라 유교의 예술 이념을 집대성한 『詩經』으로 눈을 돌리지 않을 수 없다.[13] 『시경』의 지향을 보여주는 毛序[14]에는 시, 가, 무로 이어지는 감정의 고양 상태를 잘 보여주고 있다.

> 시라는 것은 뜻이 가는 바이니, 마음에 있을 때에는 뜻이라 하고 말로 드러내면 시라 하는 것이다. 정이 마음 속에서 움직이게 되면 말로 나타나는데, 말로는 부족하기 때문에 차탄을 하게 되고, 차탄해도 부족하기 때문에 길게 노래하고 되고, 길게 노래해도 부족하기 때문에 자신도 모르는 사이에 손을 너울거리고 발을 구르게 되는 것이다.[15]

시와 가는 모두 사람의 마음에 근원을 둔다. 그 마음이 외물에 감응여 뜻을 언어로 표현하면 시, 정을 더 곡진하게 표현하면 노래가 된다는 것이다. 말하자면 시 혹은 단순한 말이나 차탄보다 더 고양된 情의 울림이 노래로 표현되는 것이다.

시와 가가 모두 마음에 근원을 두고 있다는 『詩經』의 性情論은 조선

---

13 『시경』이 한국 시론 및 시가론에 끼친 영향에 대해서는 金興圭, 『朝鮮後期의 詩經論과 詩意識』, 고려대학교 민족문화연구소, 1982; 윤인현, 「한국 詩歌論에서의 『詩經』詩 이론의 영향」, 『한국한문학연구』 44집, 한국한문학회, 2009을 참조할 것.

14 毛序는 子夏 序의 정통을 계승했다고 여겨지고 있다. 『시경』 해석에서 毛序의 위상에 대해서는 김흥규(1982), 20~22면, 윤인현(2009), 147~148면을 참조할 것.

15 詩者志之所之也 在心爲志 發言爲詩 情動於中 而形於言 言之不足 故嗟歎之 嗟歎之不足 故永歌 永歌之不足 不知手之舞之 足之蹈之也. 『毛詩』 序.

의 문인들에게도 영향을 미쳤다. 『大東風謠』의 서문을 쓴 조선 후기 문인 홍대용(洪大容, 1731~1783)은 '노래란 그 정을 말한 것이다. 정이 움직여 말로 표현되고, 말이 글로 완성되니 이를 노래라고 부른다'고 하였다.[16] 노래란 마음의 움직임이고, 언과 문, 시와 가가 일치되는 경지라는 것은 시와 가가 분리되지 않은 『시경』의 정신과도 상통한다. 따라서 노래의 본질에 접근하기 위해서는 '노래가 무엇일까?'라는 질문보다 '왜 노래 불렀느냐?'[17]라는 질문을 던지는 것이 더 효과적이라 할 수 있다. 여기에서 특히 문제 삼는 것은 문자를 자유자재로 구사했던 문인들, 즉 노래 외에 자신의 마음을 드러낼 통로를 가진 이들에게 노래가 어떤 의미였냐는 것이다. 이들은 직접 국문시가를 창작하거나, 편찬자로 참여하거나, 채집하고 번역하는 등 여러 경로로 국문시가에 대한 관심을 드러내 왔다.

조선 중기의 문인이자 시인인 신흠(申欽, 1566~1628)은 '가'를 짓게 된 내적 동기를 自序에서 밝히고 있다.

> 내가 전원으로 돌아온 것은 실로 세상이 나를 버리고 나 또한 세상에 싫증을 느껴왔기 때문이다. 돌이켜보건대, 영화와 현달이란 한삿 두엄디미나 쭉정이처럼 하찮게 여겼고, 다만 사물에 우의하여 읊조리는 고질적 습관이 있어, 마음에 품은 것이 있으면, 문득 詩章으로 형용하거나, 그 나머지에 방언으로 엮고, 가락을 붙여 언문으로 기재하여 왔을 뿐이니, 이는 下里曲이나 折楊曲에 불과할 뿐 대아지당 일반에는 오를 수 없지만, 유희의 자리에 나서면 혹 볼만한 것이 아주 없지는 않다.[18](밑줄 강조는 필자)

---

16 歌者言其情也, 情動於言, 言成於文, 謂之歌. 洪大容, 『大東風謠』 序, 『湛軒書』 內集 卷三, 한국고전번역원, 『한국문집총간』 283권, 72면.

17 윤덕진, 「노래로서 가사의 본 모습 찾기」, 『열상고전연구』 32집, 열상고전연구회, 2010, 486면.

18 余旣歸田 世固棄我 而我且倦於世故矣 顧平昔榮顯已慷粃土苴 惟遇物詠風 則有馮

여기에서 가의 본질이 내적 독백, 정서의 직접적 토로라는 것을 알 수 있다. 사물과 만나 마음의 움직임이 일어날 때, 이를 표현하는 것에는 시나 노래나 한가지이다. 그런데 노래란 말이나 시보다 더 고양된 감정을 드러내는 표현의 통로이자, 시에서 미처 다하지 못한 감정이나 저의를 시의 나머지에 실현하는 것이다. 이는 "말로는 부족하기 때문에 차탄을 하게 되고, 차탄해도 부족하기 때문에 길게 노래하고 되고(言之不足 故嗟歎之 嗟歎之不足 故永歌)"라고 하여, 노래가 가진 감동의 원천에 대해 논했던 毛序의 논리와도 상통한다고 할 수 있다. 즉 신흠에게 歌란 詩로 다하지 못하는 감정을 드러내는 통로이자 民風에 더 가까워지는 방식이었다고 할 수있다.[19] 방축과 유배라는 신흠의 개인적 불행은 그가 노래에 깊은 관심을 가지고, 창작하게 된 내적 정황을 잘 설명해 주고 있다.[20]

노래가 시로 다 하지 못한 소회를 시의 나머지에 실현하는 것이 '詩餘'라는 것을 입증하듯 신흠은 자신이 남긴 시조 30수를 일컬어, 「放翁詩餘」라 명명하였다. 19세기 중엽 편찬된 것으로 보이는 가집 『동가선』 서문에서도 '노래란 곧 시의 그 나머지'[21]라는 구절이 보이는 것으로 보아, '詩餘로서의 歌'라는 관점은 비단 신흠에게만 국한된 것은 아니라 할 수 있다. 그런데 詩餘란 시와 별개로 존재하는 정서적 실체가 아니라, 사물과 대면하는 주체의 마음을 더 곡진하게 드러낸다는 점에

夫下車之病 有所會心 輒形詩章 而有餘繼以方言而腔之 而記之以諺 此僅下里折楊 無得於騷壇一般 而其出於遊戲 或不無可觀. 申欽 「放翁詩餘」 序, 진본 『靑丘永言』, 조선진서간행회.

19 박애경, 「고전시가와 근대성 재론」, 『한국고전시가의 근대적 변전과정 연구』, 소명출판, 2008, 16면.

20 조성진, 「신흠의 악부인식과 민족시가의 재인식－신흠의 樂府體詩와 「放翁詩餘序」 등을 중심으로」, 『한국시가연구』 25집, 한국시가학회, 2008, 83～88면. 이 연구에서 신흠의 '詩餘'를 '詩章之餘'로 풀고, 詩章으로서는 도저히 해소하지 못한 그 무언가를 표현한 것이라는 점을 지적하여, '詩餘'에 대해 필자와 유사한 관점을 취하고 있음을 밝혀둔다.

21 歌者詩之餘也 『東歌選』 序. 심재완, 『시조대전』, 세종문화사, 1984에서 재인용.

서 서정의 본질을 적극적으로 구현했다고 할 수 있다. 따라서 한시로도 고양된 정서의 표출이나 소리를 살리는 데, 크게 제약을 느끼지 않는 문인들은 굳이 국문시가를 창작하지 않았던 것이다. 국문시가를 남기지 않았던 문인 윤기(尹愭, 1741~1826)가 詩作에 대한 태도를 드러낸 다음 글을 살펴보면, 시와 노래가 정서 표출이라는 점에서 본질적으로는 다르지 않음을 보여주고 있다.

> 나는 원체 노둔하고 성품 또한 소략하여 비록 과시라 해도 공교하지 못했다. 사와 율에서도 마음을 다잡고 눈을 부릅뜨고, 최고의 소리를 얻고자 애쓴 바 없었다. 그런 고로 혹 경물을 만나더라도 보는 대로 생각하여 우연히 시가 이루어졌고, 마음이 이끄는 대로 읊조리고 사실에 근거하여 말하고, 소일 삼아 읊조리는 나머지에 거칠게나마 말 밖에 다하지 못한 저의를 남겼을 뿐이다.[22]

위의 글을 살펴보면, 詞律을 짓는 윤기의 태도가 시조를 지었던 신흠의 태도와 그리 멀지 않다는 것을 알 수 있다. 말로 다하지 못한 저의를 신흠은 가로 남겼던 반면, 윤기는 시로 남겼던 것이다. 요컨대 시와 가 사이에 감정의 고양의 정도와 밀도의 차이는 있지만, 그 내적 동기는 다르지 않다는 것이다.

노래가 이렇듯 시보다 더한 내면의 진실한 독백을 담아낸 만큼, 그 울림 또한 강하다 할 수 있다. 강한 울림을 동반하는 노래는 '분개하는 자는 이로써 이를 풀게 하고, 울적한 이는 이로써 이를 펴지게 하며, 즐거운 자는 이로써 흥을 일으키고, 한가한 자는 이로써 소요하게'[23] 하

---

22 僕姿旣鈍滯, 性又踈略, 雖於科詩, 亦不能工, 至於詞律, 則又未嘗劌心鉥目, 務得梁楚之聲, 故雖或境與心會, 思以事觸, 偶爾成篇, 而率皆隨意而占, 據實而道, 自以爲排遣諷詠之餘, 粗有言外不盡底意. 尹愭, 「答人論文書」, 『無名子集』 文庫冊五, 한국고전번역원, 『한국문집총간』 256권, 251면.

는 힘을 지니고 있다. 그 단초를 「방옹시여」를 남긴 신흠의 시조 한 수에서 찾아볼 수 있다.

> 노래 삼긴 사룸 시름도 하도 할샤
> 닐러다 못 다 닐러 불러나 푸돗든가
> 眞實로 풀릴거시연은 나도 불러 보리라 (144)[24]

신흠은 스스로 고질병이라 일컫던 표현의 욕구를 한편의 노래로 남겼다. 차마 말로는 풀지 못한 시름을 풀기 위해 노래를 한다는 독백이 담긴 시조를 통해, 문학과 道學 사이의 거리를 좁히고자 했던 문장가인 신흠과는 다른 모습을 드러내고 있는 것이다.[25] 문장가 신흠과 風人 신흠의 다른 모습은 다음 시조에서도 보이고 있다.

> 내가슴 헤친 피로 님의 양즈 그려내어
> 高堂素壁에 거러두고 보고지고
> 뉘라셔 離別을 삼겨 사룸 죽게 하는고 (131)

감정의 여백이 보이지 않는 과장된 비애의 표출은 풍류방을 중심으로 향유되었던 여창가곡의 정서와 닮아 있다.[26] 이 작품 어디에도, 인

---

23 憤惋者由是而洩之 幽鬱者由是而暢之 樂者由詩而興起 閒者由詩而消遣 『東歌選』 序. 심재완, 『시조대전』, 세종문화사, 1984에서 재인용.

24 괄호 안의 번호는 『청구영언』 이본 중 가장 선행본으로 추정되는 진본 『청구영언』의 작품 번호임. 신흠의 시조는 서문과 함께 따로 엮었으며, 원작에 7언, 3장으로 된 한역을 부기해 놓았는데 한역시는 다음과 같다.
始作歌者 正多愁 言不能盡 歌以解 歌可解愁 吾亦歌

25 가사의 본질을 '공적 객관성으로부터 벗어난 자유로운 사적 정서의 유로'라 한 언급 역시 국문시가의 본질이 공적 면모와는 다른 페르소나의 구현이라는 것을 주목한 것으로 볼 수 있다. 윤덕진, 앞의 글, 497면.

26 실제로 신흠의 위 시조의 발상과 정서는 『가곡원류』(국립국악원 본) 729번 작품에 계

조반정 이후 古文의 순정함을 지키려 했던 문장가의 면모는 드러나지 않는다. 이는 시와 문이 하지 못하는 노래의 힘, 즉 위무와 풀이의 힘을 보여준 것이라 말 할 수 있다. 앓고 있던 홍만종을 위로하기 위해 모인 문인과 기녀들이 絶句를 읊다가, 鄭斗卿이 노래도 부르고 춤도 추자고 제의하며 즉석에서 시조를 지어 불렀다는 일화[27]는 노래가 가진 '풀이'의 힘을 여지없이 보여준다고 할 수 있다.

'詩餘'로서의 가는 이렇듯 정서적 독백이라는 서정의 본질, 시가 가진 표현의 본질을 실현한 것이라 할 수 있다. 그리고 이러한 정서적 표현은 가락을 입어, 소리의 잠재성을 실현하면서 극대화된다. 松江의 가사를 편찬한 이선(李選, 1631~1696)의 발문에는 음률에 맞는 시어가 자아내는 소리가 어떤 정서적 효과를 불러일으키는 지를 상세하게 기술하고 있다.[28]

> 공의 시는 청신하고, 놀랄 만큼 빼어나 인구에 회자되었는데, 가곡은 더욱 절묘하여, 매번 듣고, 인후를 울려 높이 읊을 때마다 성운이 청초하고, 그 뜻이 홀연히 초월한 듯한 기상이 있어 나도 모르는 새 표표히 허공에 나르는 듯, 바람을 가르는 듯 하고, 임금을 사랑하고, 나라를 걱정하는 마음이 아스라이 辭語에 드리워 사람으로 하여금 울울히 느끼고, 일으켜 찬탄하게 하는데 미치니 공이 아니고서는 하늘이 낸 충의와 세간의 풍류에 어느 누가 능히 끼어들 수 있겠는가?[29]

승되고 있다. 『가곡원류』 소재 작품은 다음과 같다. "늬 ᄀᆞ슴 슬어난 피로 님의 얼골 그려늬여 나 자는 房안에 簇子 삼아 거러두고 술ᄯᅳ리 님 싱각 날 제면 簇子나 볼까 하노라". 여창가곡의 정서에 대해서는 다음 논의를 참조할 것. 신경숙, 「19세기 여창가곡의 작품세계」, 고한연 편, 『19세기 시가문학의 탐구』, 집문당, 1995.

27 洪萬宗, 『旬五志』 下.

28 표현론의 측면에서 송강가사를 비평하고, 수용했던 사례는 다음 논의를 참조할 것. 김진희, 「송강 가사의 수용론적 연구」, 연세대 박사논문, 2009.

29 公詩詞淸新警拔, 固膾炙人口, 而歌曲尤妙絶, 今古每聽, 其引喉高詠, 聲韻淸楚, 意

물론 송강의 가사 3편에 대한 상찬은 시어와 음률에 두루 해박한 작가가 거둔 성취의 결과라 할 수 있다. 그렇지만 '가'로 불렸을 때의 청각적 인상은 '글자의 운은 청탁이 잘 분별되고, 악곡으로 노래하면 율려가 잘 어울리는'[30] 우리말이 가진 잠재성을 실현한 결과라는 점을 주목해야 한다. 즉, 시에서 미처 드러내지 못한 情이 소리를 온전히 살린 우리말의 성조와 가락과 어울리면서 비로소 발현되었다고도 볼 수 있다. 이것이 平仄과 押韻을 가진 한시와 더불어 국문시가가 공존할 수 있었던 이유이자, 시로 다하지 못한 정서를 드러낼 수 있었던 요인이라 할 수 있다.

2) 感應과 敎化

시와 가는 모두 마음에 뿌리를 둔다. 마음에는 뜻, 본성과 다종다양한 감정을 포함하고 있다. 그런데 이것이 언어의 외피를 입고, 자연스럽게 음향절주를 갖추는 순간 이것은 노래가 되고, 독백은 타인과의 소통으로 이어지게 된다. 이것이 시가가 가진 정서적 감응력이라 할 수 있다. 시가가 가진 감동의 힘은 모두에 언급한 『毛詩』 서에서 이미 드러난 바 있다. 그런데 여기에서는 시가가 가진 감동의 힘을 집단과 일국의 운명, 일국의 정치와 결부짓고 있다.

> 情이 말소리에 나타나 문채를 이룬 것을 일러 音이라 한다. 잘 다스려지는 音은 편안하면서도 즐거우니, 그 政事가 화평한 까닭이요, 잘못 다스려

旨超忽, 不覺其飄飄乎如憑虛而御風, 至其愛君憂國之誠, 則亦且藹然於辭語之表, 至使人感愴而興嘆焉, 苟非公出天忠義間世風流, 其孰能與於此, 李選, 「松江歌辭後跋」, 『芝湖集』 卷之六, 한국고전번역원, 『한국문집총간』 143권, 442면.

30 『訓民正音』 鄭麟趾 序. 윤덕진, 「노래 속에서 찾는 향가 해독의 길」, 『향가의 깊이와 아름다움』, 보고사, 2009, 180면에서 재인용.

진 세상의 음은 원망하면서도 노여워하니, 그 정사가 어그러진 까닭이며, 亡國의 음은 애처로운 생각에 잠기게 하니 그 백성이 곤궁한 까닭이다. 그러므로 得失을 바로잡고 天地를 움직이고 귀신을 감동시키는 데에 詩보다 가까운 것이 없으니, 先王이 이로써 부부의 도리를 바로잡고, 효도하고 공경하는 마음을 이루어 주며, 인륜을 두텁게 하고, 교화를 아름답게 해 나가며, 풍속을 미풍으로 옮겨갔다.[31](밑줄 강조는 필자)

'득실을 바로 잡고, 천지를 움직이고 귀신을 감동시키는(正得失動天地感鬼神)' 시가의 힘은 感發에서 感應으로, 감응에서 교화와 風敎로 이어지는 동양적 시가관의 요체를 압축하여 보여주고 있다. 詩歌樂의 원천을 마음에 두면서, 이를 일국의 운명과 결부짓는 시가관은 음악과 정치의 필연성을 언급하면서, 禮樂刑政 간의 불가분리성을 논의한 『樂記』의 영향이 보이는 대목이기도 하다.[32] 시와 노래, 음악으로 감동을 올바른 방향으로 이끌도록 조직하고, 이를 통치에 반영하고자 한 『詩經』과 『樂記』가 경전의 지위를 가지면서, 詩와 歌와 樂 그리고 예술과 정치, 예술과 논리는 하나의 논리로 자연스럽게 합치되었다.

시와 음악과 정치의 불가분리성은 조선조에 들어서면서 성리학적 문예관으로 확고하게 자리잡게 되었다. 선초 대표적 관료문인인 권근(權近, 1352~1409)이 『樂記』의 주석에 관심을 기울였다거나,[33] 성종 조

31 情發於聲, 聲成文, 謂之音, 治世之音, 安以樂, 其政和, 亂世之音, 怨以怒, 其政乖, 亡國之音, 哀以思 其民困, 故正得失動天地感鬼神, 莫近於詩, 先王, 以是經夫婦, 成孝敬, 厚人倫, 美教化, 移風俗. 『毛詩』序.

32 『樂記』의 다음 구절은 『詩經』과 『樂記』와의 관계를 짐작케 한다. "凡音者, 生人心者也. 情動於中, 故形於聲. 聲成文, 謂之音. 是故治世之音安以樂, 其政和. 亂世之音怨以怒, 其政乖. 亡國之音哀以思, 其民困. 聲音之道, 與政通矣." "人生而靜, 天之性也, 感於物而動, 性之欲也." 『樂記』 第一樂本.(원문 인용은 김승룡 편역주, 『樂記集譯 1』 『樂記集譯 2』, 청계, 2002의 것을 따랐음)

33 권근의 악기 주기과 관련한 논의는 금장태, 「양촌 권근의 「악기」 편 해석과 예악론」, 『한국유학의 악론』, 예문서원, 2008을 참조할 것.

의 관료문인인 성현(成俔, 1439~1504)이 왕명을 받아 편찬한 『樂學軌範』 序에서 『樂記』의 영향이 강하게 나타나는 것[34]이 한 예라 할 수 있다. 조선 건국 초기 집중적으로 창작된 신제 악장은 인간의 마음에 근본을 두는 시와 가가 정치와 어떻게 통합하는 지를 잘 보여주고 있다.[35]

시와 마음, 성음과 마음 간의 필연성에 대한 옹호는 朱熹의 심성론에 바탕한 『詩經』의 해석이 더해지면서,[36] 시가를 통해 '性情之正'을 이룰 수 있다는 예교적 시가관으로 확고하게 자리 잡게 되었다. 그런데 한문이 공식 언어로, 문학 언어로 확고하게 자리 잡고, 詩文이 곧 출사의 통로가 되는 시대에 시와 노래는 자연스럽게 만나기 합치되기 어려운 상황에 놓였다고 할 수 있다. 또한 『樂記』의 예악관에 의해 제작된 (중국의) 樂府나 雅樂은 語音의 차이로 혹은 시속의 음과 맞지 않아 교화를 효과적으로 이루어 낼 수 없었다. 바로 이 점 때문에 문인들은 언문의 불이치를 고민하면서 '시속에 맞으면서도, 유익한' 시와 노래를 찾아내기 위해 고심해왔던 것이다.

퇴계 이황(李滉, 1501~1570)의 「도산십이곡(陶山十二曲)」은 시가를 통한 교화의 필요성과 시와 가의 분리라는 당대 상황에 대한 고민과 모색의 결과라 할 수 있다. 먼저 그는 시속에 통용되는 「한림별곡(翰林別曲)」류의 노래에 대한 유감을 표하고 있다. 그가 보는 시속의 노래는 대체로, '교만하고 방탕하며 점잖지 못할 뿐 아니라 장난기까지 있는' 노래이다 보니, 불공한 뜻만 있고, '溫柔敦厚'한 내용은 적은 것을 개탄하고 있다.[37] 그가 시가가 도달해야 하는 바람직한 경지로 본 溫柔敦厚

---

34 成俔, 『樂學軌範』 序, 『국역악학궤범』 1, 민족문화추진회, 1985.

35 국가적 차원에서 행해진 언해 사업 역시 風敎라는 목적에서 크게 어긋나지 않는다고 볼 수 있다.

36 朱熹의 詩經論은 다음 논저를 참조할 것. 김흥규(1982), 18~32면.

37 大抵多淫哇不足言. 如翰林別曲之類, 出於文人之口, 而矜豪放蕩, 兼以褻慢戲狎, 尤非君子所宜尙. 惟近世有李鼈六歌者, 世所盛傳, 猶爲彼善於此, 亦惜乎其有玩世不恭之意, 而少溫柔敦厚之實也. 李滉, 「陶山十二曲跋」, 『退溪先生文集』 卷之四十三.

란, 시의 내용이 진실된 것이면서도 인정을 곡진하게 드러내어 사람의 마음을 감동하게 하여 이를 바른 데로 이끌 만한 실속이 있다는 것을 의미한다.[38] 퇴계의 이러한 시가관은 '溫柔敦厚'야말로 시가 지향해야 할 교화의 궁극으로 보았던 주희[39]의 영향이 드러나는 대목이라 할 수 있다. 즉, 퇴계는 '마음을 움직여 타고난 성정을 잘 보존하는' 교화론적 시가관을 국문시가 창작을 통해 구현하고자 했던 것을 알 수 있다. 이어 그는 시와 가, 언과 문이 분리된 상황에 대해 진단하고 있다.

> 노인은 평소 音律을 알지는 못하나 그래도 세속의 음악은 듣기 싫어하였다. 한가히 살면서 병을 돌보는 사이에 무릇 情性에 감동이 있는 것을 매양 시로 나타내었다. 그러나 지금의 시는 옛날의 시와는 달라서 읊을 수는 있어도 노래하지는 못한다. 만약 노래하려면 반드시 시속말로 엮어야 되니, 대개 나라 풍속의 음절이 그렇게 하지 않을 수가 없는 것이다.[40]

이 글에서 한시는 음영은 가능하나, 가창은 오직 이속의 말, 즉 한글로 된 '歌'만이 가능하다는 것을 적시하고 있다. 그런데 歌가 공적 자아를 드러내기보다는 주로 연회나 오락의 소일거리로 소용되다 보니, 성정의 올바름에서 멀어져간다고 보았던 것이다. 그리고 歌가 교화의 기능에서 멀어지는 것은 문인들의 소작인 「한림별곡」이나 「육가」도 마찬가지라는 인식을 보여주고 있다. 노래가 시의 격조에 미치지 못할 뿐 아니라, 시속에 영합하는 상스러운 말로 엮어졌음에도 그가 굳이 익숙지 않은 국문시가 창작을 시도한 것은 '노래'의 유용함과 정서적

---

38 鄭堯一, 「韓國 古典文學理論으로서의 道德論 硏究」, 『漢文學批評論』, 集文堂, 1994, 20면.
39 溫柔敦厚 詩之教也. 『朱子語類』 권 80, 장1, 김흥규(1982), 17면에서 재인용.
40 老人素不解音律, 而猶知厭聞世俗之樂, 閒居養疾之餘, 凡有感於情性者, 每發於詩, 然今之詩異於古之詩, 可詠而不可歌也, 如欲歌之, 必綴以俚俗之語, 蓋國俗音節, 所不得不然也. 李滉, 「陶山十二曲跋」, 『退溪先生文集』 卷之四十三.

감응력을 충분히 인지했기 때문이라고 할 수 있다. 그렇기 때문에 그가 비판의 대상으로 삼은 이별의 「육가」의 형식을 모방하여, 「도산십이곡」을 지었던 것이다. 그는 가창 뿐 아니라 춤까지 염두에 두고 이 노래를 지었던 것으로 보인다.

> 아이들로 하여금 노래하게 하고 안석에 기대어 그것을 들으며. 또한 아이들에게 스스로 노래하고 춤추게 하여 그럭저럭 비루함을 씻어낼 수 있을 것이며, 감발하여 융통할 수 있다면, 노래하는 자와 듣는 자가 서로 이로움이 없지 않을 수 있겠는가.[41]

시, 가, 무는 『毛詩』 序에서 밝혔던 감정의 고양 단계와 일치하고 있다. 말하자면, 「도산십이곡」은 '감동'과 '교화'를 일치시키고자 했던 고대 악론을 당대 현실에 맞게 구현하고자 한 결과라 할 수 있다. 퇴계는 이 작품을 통해 시에서 가로, 가에서 무로 점차 정서의 고양을 이루는 가운데, 자연스럽게 윤리적 교화의 경지를 구현하고자 하였던 것이다. 말할 것도 없이 이러한 시도는 마음을 움직이고, 인간 간의 소통을 매개하는 노래의 효용에 대한 자각에서 비롯된 것이라 할 수 있다.

3) 觀風과 上下通情

노래가 민간의 풍속을 살피는 관풍의 방식으로 소용된 것은 민간의 노래를 채집하여, 전범으로 삼은 『시경』과 악부 이래 오래된 관습이었

---

41 欲使兒輩朝夕習而歌之, 憑几而聽之, 亦令兒輩自歌, 而自舞蹈之, 庶幾可以蕩滌鄙吝, 感發融通, 而歌者與聽者, 不能無交有益焉. 李滉, 「陶山十二曲跋」, 『退溪先生文集』 卷之四十三.

다. 『시경』 중 민간의 노래를 모은 '風'은 민간의 노래에 관심을 가질 수 밖에 없는 이유를 보여주고 있다.

① 윗사람이 風으로써 아랫 사람을 교화해 나가고, 아랫 사람은 풍으로써 윗 사람을 풍자해 나가되, 문을 주로 하여 넌지시 겸하니, 말하는 사람의 죄를 묻지 않고, 듣는 사람은 족히 경계가 되니, 그러므로 이르기를 '풍'이라고 한다.[42]

② 시경의 이른바 風이라는 것은 이항의 가요에서 나온 것이 많으니 이른바 남녀가 서로 더불어 읊조리면서 각기 그 정을 말한 것이다. 오직 周南과 召南만 친히 문왕의 성덕을 입어 교화되니, 모두 성정의 올바름을 얻었기 때문에, 그 말로 드러나는 것이 즐겁되 음란하지 않고, 슬프되 애상에 이르지 않는다.[43]

방향은 다르지만, 두 글은 모두 민풍의 중요성과 가치에 대해 논하고 있다. 공자가 스스로 '思無邪'[44]라 평했던 했던 『시경』의 가장 앞머리에 '風'이 놓였다는 것은 민풍의 중요성을 가시적으로 드러낸 것이라 할 수 있다. 그렇기 때문에 諷諫과 敎化의 妙를 발휘하고, 이를 통해 궁극적으로 통치질서를 구축하고자 했던 의도를 드러낸 毛序나, 성정을 올바르게 지켜나가 윤리적 교화의 전범으로 삼고자 했던 朱熹의 序나 한결같이 노래를 통해 상하가 소통하는 경지를 이상으로 생각하였다. 요컨대 풍은 민간의 자연스러운 노래가 곧 시가 되고, 이것이 통치와 교화의 모범이 되는 『시경』의 정신을 대표적으로 보여준다고 할 수 있다.

---

42 上以風化下, 下以風刺上, 主文而譎諫, 言之者無罪, 聞之者足以戒, 故曰風.

43 凡詩之所謂風者, 多出於里巷之歌謠之作, 所謂男女相與詠歌, 各言其情者也. 唯周南召南, 親被文王之化以成德, 而人皆有以得其性情之正. 故其發於言者, 樂而不過於淫, 哀而不及於傷. 『詩經集傳』序.

44 子曰, 詩三百, 一言以蔽之, 曰思無邪. 「爲政篇」『論語』.

『시경』에서 촉발된 觀風의 중요성은 樂府라는 제도와 樂府詩라는 장르로 계승되었다. 그러나 우리나라의 경우 앞서 누차 언급했듯, 중국과는 다른 언어체계를 가지고 있었기에 민간의 노래가 곧 시로 기재되어 보전되기 어려운 환경이었다. 그럼에도 불구하고, 왕명으로 향가를 수집했던 기록이 전하는 것으로 보아,[45] 민간의 노래를 널리 수집하여 풍속을 살피고, 통치의 모범을 삼고자 한 시도는 있었던 것으로 보인다. 『高麗史樂志』에 가명만 전하고, 가사는 전하지 않는 삼국의 노래는 관풍의 차원에서 수집되었으나, 한문으로 번역될 기회를 얻지 못하고, 사라진 노래들이라 할 수 있다.

따라서 민간의 노래를 체계적으로 수집했던 내력은 고려 말 이제현(李齊賢, 1287~1367)과 민사평(閔思平, 1295~1359)에 의해 제작된 小樂府에 와서야 확인 가능해졌다고 할 수 있다. 이들이 남긴 소악부는 고려속요 가창에서 주요한 기능을 담당하는 조흥구와 후렴구가 사라진 정연한 칠언시이다. 즉, 고려속요 가창의 현장성과 표지를 포착한 번역이라기보다는, 고려속요에서 영감을 받아, 재창작한 텍스트에 가깝다고 할 수 있다.

한글에서 한문으로, 가에서 시로, 구어에서 문어로 다중의 번역을 수행한 이제현의 작업은 이후 국문시가를 한역한 이들에게는 전범으로 자리 잡았던 듯하다. 그 자취를 40수의 시조를 7언시로 한역하고, '小樂府'라 명명한 신위(申緯, 1769~1845)의 自序에서 찾아볼 수 있다.[46]

고려 이익재 선생이 노래를 채집하여 칠언절구로 만들어서 이름하기를

---

45 王素與角干魏弘通 至是常人內用事 仍命與大矩和尙 收集鄕歌 謂之三代目, 「羅記 11」 眞聖王 二年 『三國史記』.

46 조선조 국문시가의 한역 내역은 김문기 · 김명순, 앞의 책, 26~29면을 참조할 것. 이 저서에 따르면 16세기 중반부터 19세기에 이르기까지 20명의 문인이 시조의 한역에 참여하였다.

소악부라 하셨으니 지금 선생의 문집 속에 있는데, 대부분 오늘날 관현가 들에게도 전하지 않는 노래들이지만 그 노랫말이 없어지지 않은 것은 이 시에 힘입은 것이니, 문인의 글 짓는 일이 참으로 중하지 아니한가?[47]

이들이 국문시가를 한역한 이유는 대개는 뛰어난 작품을 문자로 남겨 영구히 남기려는 의도에서 비롯되었지만, 洪良浩의 경우처럼 민풍을 살피기 위해, 노래를 모으고, 이를 최대한 구어에 가깝게 번역한 사례도 보이고 있다.[48]

국문으로 된 가집의 편찬에 가담하거나 협조한 이들 역시 노래가 민풍을 살피는 유효한 방식이었다는 점을 밝히고 있다.

① 옛날 민풍을 살피는 자로 하여금 시가 아닌 노래로 했음을 나는 알고 있거늘 노래를 어찌 적은 기예라 할 수 있겠는가?[49]

② 만약 노래를 잘 살피는 자가 진실로 그가 남긴 자취에 구애되지 않고, 드러난 뜻으로 가리키는 바를 미루어 안다면, 사람으로 하여금 기뻐하고, 감발하여 백성답게 하고 풍속을 이루는 떳떳함에 돌아가게 한다는 점에서 애초에 고금이 다르지 않았다.[50]

첫 번째 인용문은 저촌 이정섭(李廷燮, ?~?)이 쓴 『청구영언』 후발문 중 일부이다. 그는 노래가 적은 기예에 불과하다는 김천택의 겸양에

---

47 高麗李益齋先生, 採曲爲七絶, 命之曰小樂府, 今在先生集中, 擧皆今日管弦家不傳之曲, 而其辭之不亡, 賴有此詩, 文人命筆, 顧不重歟. 申緯, 「小樂府」 序, 『警修堂全藁』 권1, 원문 및 서지사항은 안대회, 앞의 글, 227면에서 재인용.

48 홍양호의 시조 한역의 의미에 대해서는 조해숙, 앞의 책, 87~123면을 참조할 것.

49 使古觀民風者采之 吾知不于詩而于歌, 歌其可 少乎哉. 『靑丘永言』 磨嶽老焦 後跋.

50 苟善觀者不泥於迹而以意逆志, 則其使人歡欣感發而要歸於作民成俗之義者, 初無古今之殊焉. 洪大容, 『大東風謠』 序, 『湛軒書』 內集 卷三, 한국고전번역원, 『한국문집총간』 283권, 72면.

대해 이와 같이 반문하면서, 歌의 가치를 옹호하고 있다. 두 번째 인용문은 국문으로 된 가집으로 보이나 현재 전하지 않는 『대동풍요』 편찬 내력과 가치를 언급한 홍대용의 서문이다. 두 글에서는 공통적으로, 시와 가가 갈라지면서 시는 본래의 자연스러움을 잃고 기교에 치중하여 고답과 매너리즘에 빠져 있다는 진단을 내리면서, 백성들의 삶의 정서를 자연스럽게 드러낸 가의 가치를 재확인하고 있다. 이들이 지적하고 있는 가의 미덕은 바로 민간의 삶과 정서를 꾸밈없이 드러낸다는 데 있다. 이들은 가를 통해 백성들의 삶의 모습과 풍속을 살필 수 있을 뿐 아니라, 시단에 팽배한 매너리즘을 극복하는 대안으로 삼을 수도 있다고 본 듯하다. 즉 민간의 노래가 통치와 교화의 차원에서 일방적으로 주시의 대상이 되는 것이 아니라, 지식층의 시문에 자극과 생기를 불어넣는, 진정한 의미의 '上下通情'을 이룰 수 있다고 보았던 것이다. 여기에서 그치지 않고 이들은 여항시인, 가객 등 신분이 다른 예인들과의 협업을 통해 가집 편찬이라는 중대한 실천을 이루어 내었다. 말하자면 '上下通情'의 이상을 이론과 실천, 양면에서 구현했던 것이다. 이들이 '歌'의 잠재성에 눈뜨게 한 추동력은 18세기 들어서면서부터 달라진 가의 위상과 문풍의 변화였다고 할 수 있다.

3. 詩歌一道 정신의 회복과 '歌'의 재발견

본래 노래와 시가 한 길이라는 '詩歌一道'의 정신은 소리를 오롯이 살린 국문시가가 존재해야했던 이유이기도 했다. 그러나 詩가 가창성을 탈각하고 歌가 문자성을 획득하지 못한 채, 멀어져 간 사이에 詩歌

一道의 정신은 점차 자취를 감추게 되었다. 문인들의 국문시가 창작이나 한역은 이러한 상황을 조금이나마 되돌리려는 모색의 일환이었던 셈이다. 그러나 시와 가로 위계화된 질서는 18세기 들어 활발해진 국문 가집의 편찬과 함께 점차 달라지게 되었다. 그 시작은 '詩歌一道' 정신의 회복이었다. 가집『青丘永言』의 서문에는 시와 노래가 본래 하나의 뿌리에서 나왔음을 역설하고 있다.

> 옛날의 노래는 반드시 시를 사용했다. 노래를 글로 기록하면 시가 되고, 시를 관현에 올리면 노래가 되니 노래와 시는 실로 한 길이었다.[51]

여항시인이었던 정래교(鄭來僑, 1681~1757)는『青丘永言』서문에서 본래 하나의 길로 통했던 시와 노래가 근체시 이후 점차 분리되면서 시에서 성률이 사라지는 과정을 진단하고, 소리의 회복을 위해 성률과 문예에 동시에 능통한 善歌者의 필요성을 역설하고 있다. 한문과 국문 간의 간극을 지적하면서 시와 가의 통합의 필요성을 언급했던 신흠과 홍만종의 논의는 김천택이 붙인『青丘永言』'蔓横清類' 序에 통합되어 수용되어 있다.[52]

> 우리나라 사람이 지은 가곡은 오로지 방언을 쓰고 사이사이에 한문자를 섞어 대략 언서로써 세상에 돌아다녔다. 대략 방언의 사용은 그 나라 풍속에 있는 것으로 부득이 그럴 수밖에 없었다. 그 가곡이 비록 중국의 악보와

---

51 古之歌者必用詩 歌而文之者爲詩 詩爲被之管絃者爲歌 歌與詩固一道也.『青丘永言』黑窩序.

52 이 부분은 홍만종의『순오지』조선 음률과 가곡에 대한 부분을 옮긴 것으로, 김천택의 독자적인 생각이라 할 수는 없지만, 개인의 저술이 아닌 가집의 시가론으로 수용되면서 '배치'가 달라진다는 점에서 18세기 전반기 국문시가의 위상과 관련하여 논한다는 것을 일러둔다.

> 나란히 비교할 수는 없다 하더라도 또한 볼만하고 들을 만한 것이 있다. 중국에서 말하는 가는 곧 고악부 및 新聲이니 관현에 올린 것들은 모두 이것이다. 우리나라는 곧 우리노래를 우리나라 말로 발하고 문어로써 협한다. 이것이 비록 중국과 다르나, 만약 그 정경이 모두 실려 있고 궁상의 음률이 모두 조화되어 있어서 사람으로 하여금 영탄하고 방종하게 하며 手舞足蹈하게 한다면 그것이 마찬가지이다.[53](밑줄 강조는 필자)

정래교의 글과 윗글은 시와 가가 분리되었고, 가가 시의 격조에 미치지 못한 상황을 일부 시인하면서도, 歌 역시 사람들을 감발케 하고, 세도에 유익함을 가져다 줄 수 있다는 점에서 시 못지않은 가치를 지니고 있다고 주장하였다. 나아가 정래교는 가집에 실린 노래를 악부에 올려 교화에 일조할 것을 제안하기도 하였다.[54] 즉 그는 詩歌一道의 전범을 『시경』의 정신을 계승한 악부에서 찾았던 것이다.

중인 중에서도 하부에 속하는 吏胥層 가객이 중심이 되어 편찬된 가집은 구어와 문어의 차이를 해소하고, 시와 노래를 통합하려는 실천적 노력을 보여주고 있다고 할 수 있다. 『청구영언』의 편찬자 김천택은 가집에 序·跋文을 덧붙이는 등 사대부의 문집 체계를 따라, 시조를 한시의 격조로 끌어올리려는 의도를 보여주었다. 이들은 문집에 부분적으로 전하기는 하였지만 대개 부르는 '歌'로 존재하여 다분히 구비적 유동성을 지니고 있던 시조를 본격 기록의 대상으로 삼았다. 여기에서 주목할 것은 시와 가는 사람을 움직인다는 점에서 하나라는 詩歌一道의 정신을 신흠의 「書芝峯朝天錄歌詞後」와 이를 이은 홍만종의 『旬五

53 我東人所作歌曲 專用方言 間雜文字 率以彦書 傳行於世 蓋方言之用 在其國俗之不得不然也 其 歌曲雖不能與中國樂譜比竝 亦有可觀而可聽者 中國之所謂歌卽 古樂府暨新聲 被之管絃者俱是也 我 國則發之藩音 協以文語 此雖與中國異 而若其情境咸載 宮商諧和 使人詠歎淫泆 手舞足稻 則其歸 一也. 金天澤,「漫横淸類」序.

54 則登載樂府, 用之鄉人, 亦足爲風化之一助矣.『靑丘永言』黑窩序.

志』를 빌어 피력하고 있다는 것이다. 말하자면 김천택은 신흠과 홍만종에 의해 이론적, 비평적 차원에서 논의되던 歌의 위상을 가집 편찬이라는 실천적 행위를 통해 입증하고자 했던 것이다.

위 두 序文에서도 희미하게나마 알 수 있듯, 가집 편찬의 이론적 근거와 비평방식은 주로 한시 비평의 소양에서 비롯되었다고 할 수 있다.[55] 이것은 국문으로 된 시가에 대한 수집과 비평이 당대 문풍의 변화와 조응한다는 의미일 것이다. 신분의 고하를 시가의 품격과 연관시키지 않으려는 태도는 여항시인들과 공유하는 바이고,[56] 天機의 발현을 국문시가 옹호의 논리로 삼은 데에서, 당대의 문화적 경향을 공유하려는 의지의 일단이 보이기도 한다.[57] 시가 아닌 '歌'의 본질에 천착하여, 자국어로 된 시가 옹호의 논리를 펼치는 이론적 움직임은 이러한 흐름의 연장으로 보인다. 이들은 '歌'를 詩와 동등한 지위로 격상시키려 애썼던 가객들과는 다른 지점에서, 즉 시가 갖지 못한 '歌'의 독자적 지위를 인정하고, 그 가치를 인정하고자 하였다. 노래를 통한 관풍의 필요성을 역설한 이정섭과 홍대용은 가의 본질과 관련해서도 중요한 발언을 남기었다.

① 시가 어찌 반드시 주남.관저라야 하며, 노래가 어찌 순임금의 갱재뿐이리오. 성정에서 떠나지만 않으면 되는 것이다. 시는 시경 이후에 날로 옛날과 멀어져서 한.위 이후의 시 배우는 자는 한갓 용사와 자구의 꾸밈에 재

55 조규익, 『朝鮮朝 詩文集 序 · 跋의 硏究』, 숭실대 출판부, 1988, 131면.

56 여항인들의 시집인 『海東遺珠』 序를 쓴 홍세태(洪世泰, 1653~1725)에서 특히 여항인들의 신분의식이 나타나 있다.

57 18세기 문풍의 변화를 주도했던 한시의 변화를 선행 연구에서는 크게 3가지로 요약하고 있다. 첫째, 격식과 규범으로부터의 탈피, 둘째, 개성의 추구, 셋째, 진실한 표현과 사실적 묘사. 안대회, 『18세기 한국한시사 연구』, 소명출판, 1999. 이러한 변화상은 국문시가도 공유하는 것이다. 뿐만 아니라, 시풍의 변화를 이끈 이론적 실천이 시가론에 반영되기도 하였다.

빠른 것을 박식하다 하고 경치와 물색 꾸며내는 것을 공교롭다 했으며 심지어 성병을 따지고 자구를 다듬는 법이 나타나자 성정은 더욱 숨어버렸다. 우리나라에 와서는 그 폐단이 더욱 심하여 오직 노래 한 길만이 풍인이 남긴 뜻에 가까워져 정을 이끌고 연고를 펴내니 이어로 읊조리고 노래하는 사이에 유연히 사람을 감동시킨다. 민간의 노래 소리에 이르면 곡조는 비록 아름답고 세련되지 못하나 무릇 기뻐 즐기며 원망하고 탄식하고 미쳐 날뛰며 거칠게 구는 모습과 태도는 각각 자연의 진기에서 나온 것이다.[58]

② 노래란 그 정을 말한 것이다. 정이 움직여 말로 표현되고, 말이 글로 완성되니 이를 노래라고 부른다. 교졸을 따지지 않고, 선악을 잊어버리며, 자연에 의지하여 천기를 발하는 것이 노래의 미덕이다. (…중략…) 오직 그 입에서 나오는 대로 강조를 이루어 그 말이 가슴 깊은 곳에서 우러나오고 꾸미고 다듬을 겨를이 없이, 천진함이 그대로 드러난다. 나무꾼의 노래와 농요 역시 자연에서 나온 것이라서 수식하고 퇴고하여 말한 즉 옛것이며 천기를 잃어버린 사대부의 시보다 도리어 낫다.[59](밑줄 강조는 필자)

이들이 노래의 미덕으로 꼽고 있는 것은, 자연의 眞機이다. 진기란 '수식과 꾸밈이 없는, 있는 그대로의' 상태를 말한다. 이것은 수식과 기

58 詩何必周南關雎 詩何必虞廷賡載 有不離乎性情則幾矣 詩者風雅以降 日與背鶩 而漢魏以後學詩者 徒馳騁事辭以爲博 藻繪景物以爲工 甚至於較聲病鍊字句之法出 而性情隱矣 下逮吾東其弊滋甚 獨有歌 謠一路 此近風人之遺旨 率情而發 緣以俚語 吟風之間 油然感人 至於里巷謳歈之音 腔調雖不雅馴 凡 其愉佚怨歎猖狂粗莽之情狀態色 各出於自然之眞機 使古觀民風者采之 吾知不于詩而于歌 歌其可小乎 哉.『青丘永言』磨嶽老焦 後跋.

59 歌者言其情也, 情動於言, 言成於文, 謂之歌. 舍巧拙忘善惡, 依乎自然, 發乎天機, 歌之善也, 故詩之國風, 多從里歌巷謠 (…중략…) 惟其信口成腔而言出衷曲, 不容安排, 而天眞呈露, 則樵歌農謳, 亦出於自然者, 反復勝於士大夫之點竄敲推言則古昔而適足以斲喪其天機也. 洪大容,『大東風謠』序,『湛軒書』內集 卷三, 한국고전번역원,『한국문집총간』283권, 72면.

교에 묻힌 시에서는 사라져 가던, '歌'만이 오롯이 간직한 가치라고 보았던 것이다. 이들은 공통적으로 매너리즘에 빠진 詩作 경향에 대해 통렬한 비판을 가하고, 이의 대안을 자국어로 된 노래에서 찾았다. 이는 고답의 세계에 갇힌 시단에 대한 대안의 가능성을 민간의 노래에서 찾았다는 점에서, 시와 가로 위계화된 당대 문화 풍토에서 현격히 일탈한 모습을 보여주고 있다. 이정섭과 홍대용 이전에는 歌의 독자성과 번역 불가능성, 한문이 가진 공적 권위에 대해 회의적 입장을 표명한 金萬重의 그야말로 혁명적 선언이 있었다.[60]

『청구영언』에서 본격화된 가집의 편찬이 음악·문학사적으로도 의의 있는 일이라는 것은 익히 잘 알려진 사실이다. 그런데 가집의 편찬은 詩와 歌로 위계화된 질서를 바꾸고, 언문에 불과했던 한글의 지위를 바꾸는 데 기여했다는 점에서, 어문생활의 변화까지 예고하고 있었다고 할 수 있다.

4. 나오는 말

시와 가, 한시와 시가 간의 간극을 해소하려는 진지한 모색과 창조의 결과 19세기에는 한글로 된 가집의 전성시대를 맞이하게 되었다. 이 시기 창곡의 눈부신 발달에 따라, 가집 편찬의 전성시대를 맞이하게 되었다는 것을 주지의 사실이다. 그런데 전대에 보였던 진지한 시

60 鳩摩羅什有言曰 天竺俗最尙文 其讚佛之詞 極其華美 今譯以秦語 只得其意 不得其辭 理固然也 人心之發於口者爲言 言之有節奏者爲歌詩文賦 四方之言雖不同 苟有能言者 各因基言而節奏之 則皆足以動天地通鬼神 不獨中華也. 金萬重, 『西浦漫筆』 下.

가관이나 언어인식은 찾아보기 어렵다. 이는 한글로 된 시가가 기록의 대상이 된다는 것이 더 이상 문제가 되지 않을 정도로 가집 출판이나 한글 사용이 저변화된 양상을 반영하고 있다고 보아야 할 것이다. 19세기에 질적, 양적으로 증가하고 다양화된 가사 작품은 한글로 된 歌가 세태와 감정을 드러내는 문학 언어로 자리 잡기 시작한 저간의 사정을 보여준다고 할 수 있다.

'歌'의 발견을 통해 시와 가의 거리를 좁히려는 노력이 지속되는 한편, 한편 표기 자체의 중세적 성격으로 인하여 기층과의 소통에는 한계가 있을 수밖에 없었던 한자 문화권 내부에서도 의미 있는 변화가 일어나고 있었다. 18세기 이후 李亮淵, 崔成大와 같은 사대부 작가들에 의해 민요 취향의 한시가 다수 창작된 현상은 표기 방법, 담당층, 전승 방법 등에서 이질적일 수밖에 없었던 민요와 한시의 접근을 보여주는 상징적 사례라 할 수 있다. 민요풍 한시를 남겼던 최성대(崔成大, 1691~?)와 이양연(李亮淵, 1771~1853)은 자국 문학의 전통에 대한 재인식을 이론과 창작의 양 면에서 실천하며, 시가론을 개척한 논자들과 문제의식을 공유하고 있다. 이들의 시작을 통해 고답적인 한시의 영역을 확대하고, 결과적으로 새로운 기풍을 조성하였다는 것 역시 시와 가의 교섭이 거둔 성취라 할 수 있다.

시와 가, 양 방향에서 의미 있는 변화가 일어나기 시작하면서, 시와 가, 진서와 언문, 문어와 구어로 확고하게 위계화된 질서에도 변화의 조짐이 보이기 시작하였다. 물론 이러한 변화가 시와 가, 한글과 한문으로 구획된 전면적으로 바꾸지는 못하였다. 보다 근본적인 변화의 목격은 20세기 이후에야 가능했다고 할 수 있다. 그렇지만 신문, 잡지, 유성기 등 신매체가 본격적으로 등장하는 근대 이전에도 내부로부터 조용히 균열이 일어나고 있었다는 점만은 부인할 수 없다고 하겠다.

鄕歌 音步律考*

普賢十願歌를 中心으로

박재민

1. 연구사

우리의 고전시가연구에서 운율에 대한 논의는 가장 난해한 영역의 하나이다. 그러나 다행히 조윤제,[1] 정병욱,[2] 성기옥[3] 등을 거치면서 고전시가의 대표 장르인 고려가요나 시조 · 가사의 운율은 3音步 혹은 4音步라는 대체적인 동의가 이루어져 있다. 하지만, 여전히 민족 시가의 벽두에 놓여 있는 향가의 음보에 대한 논의는 여러 가지 사정[4]으로 인해 합의안 도출에 곤란을 겪고 있다. 3음보 혹은 4음보의 주장이 팽팽히 맞서고 있는 것이다.

향가의 율격을 3음보로 가정한 이는 정병욱이었다. 그는

* 이 논문은 『고전과해석』 제10집, 고전문학한문학연구학회, 2011.4에 수록된 것이다.

1 조윤제, 『韓國詩歌의 硏究』, 을유문화사, 1948.
2 정병욱, 『한국고전시가론』, 신구문화사, 1994.
3 성기옥, 『한국시가 율격의 이론』, 새문사, 1986.
4 주지하다시피 해독에 대한 이견의 문제가 가장 크다.

> 현재까지 시도된 이 종류(사뇌가—필자 주)의 시가에 대한 해독 방법이 3·4조 또는 4·4조라는 오인된 음수율의 기성 관념에 얽매여 무리한 해독을 기도하여 왔던 폐단이 없지 아니하니 앞으로 우리 민족의 고유한 운율 형태인 3음보 운율을 고려하여 새로운 방식의 해독이 출현될 것을 기대하는 바이다.
>
> —정병욱, 『한국고전시가론』, 36면

와 같은 언급을 통하여 향가의 기본 음보율이 3음보일 것임을 주창하였다. 김수업[5] 역시 三句六名의 난제를 푸는 과정에서 향가의 기본 율격을 다음과 같이 3음보로 단정한다.

> 이것을 말을 바꾸어 하면 신라노래의 가락은 소리의 덩이(음절)로서 이루어지는데 그것은 두 음절이 모여 한 음보(foot)를 만들고 그 음보 셋이서 한 줄을 이루는 이른바 3음보격이 된다는 것이다.
>
> —김수업, 「삼구육명에 대하여」, 135면

그러나 위의 주장들은, 정병욱의 경우 아무런 실증적 근거를 제시하지 않아 확신하기 어렵고, 김수업의 경우 무리한 해독과 分節을 통해[6] 도출되었다는 점에서 오히려 '향가 3음보설'에 대한 의구만 증폭시킨 감이 있다. 이렇듯 선대의 연구에서 선명한 결론을 내려주지 못했기에 후행

5 김수업, 「삼구육명에 대하여」, 『국어국문학』 68·69집, 1975.

6 그는 그의 3음보설을 뒷받침하기 위해 다음과 같은 해독과 분절을 시도하였다.
식볼∨불긔∨ᄃᆞ래 ‖ 밤듸∨노니∨다가 ‖ 드럿∨자리∨보곤 ‖ 가릐∨네히∨어라 ‖ 둘흔∨내해∨엇고 ‖ 둘흔∨뉘해∨언고 ‖ 본듸∨내핸∨마른 ‖ 아살∨엇디∨홀고 ‖ (위의 글, 137~138면)
하지만 위는 고려가요 「처용가」의 내용과 비교해 볼 때 恣意的인 해독이며, 강한 응집력을 가지는 용언의 어간과 어미(예 노니다가, 내핸마란), 체언과 조사(예 네히어라, 내해엇고, 뉘해언고) 등의 결합마저 恣意的으로 끊어 읽고 있어 공감을 얻기 어려운 견해라 하겠다.

의 연구에서 향가의 음보율은 늘 한국시가 음보율 논의의 걸림돌로 작용했다. 조동일[7]이 '향가는 민요에서 출발한 것'이란 설을 개진할 때도,

> 미해결의 문제가 있다. …… 민요의 기본 형식은 4음보 2행시인데, 향가도 4음보로 분석될 수 있는지 미지수이다. 향가의 음보수는 3음보라고 하는 견해가 있어서 문제가 복잡해진다. 그러나 지금으로서는 어느 결론이 타당한지 판별하기 어렵다. 이 글에서 제시하는 가설은 향가를 4음보로 해독할 것을 시사하고 있다 하겠으나, 이에 대한 자세한 고찰은 보류한다.
>
> —조동일, 『한국시가의 전통과 율격』, 39면

성기옥이 한국시가의 율격을 전체적으로 조망할 때도

> 향가의 운율적 양상을 제대로 파악할 수 없는 현재의 여건으로서는, 다른 전통적 운율형태의 경우가 다 그러하듯 우리가 거슬러 올라갈 수 있는 최상한 선이다. 따라서 향가를 향유하던 통일 신라 때에도 층량 3보격적 율동이 존재했었는지는 현재로서는 알 길이 없지만 ……
>
> —성기옥, 『한국시가 율격의 이론』, 275면

늘 향가에 관련된 부분은 위와 같이 보류된 채 제한적인 연구가 진행되었던 것이다.[8] 본고는 이러한 연구사적 흐름 위에서 향가의 음보율이 2음보일 것임을 구체적 시어 분석을 통해 점검해 본 결과물이다.

---

7 조동일, 『한국시가의 전통과 율격』, 한길사, 1982.

8 향가의 율격에 대한 보류 입장은 문학자들에게서만 보이는 현상이 아니다. 어학적 연구에서도 동일한 벽에 막혀 있다.
"鄕歌가 詩歌 作品이고 보면, 詩歌로서의 一定한 律調를 가지고 있을 것은 당연한 것이요, 이 律調가 해독의 평가 기준으로 공헌할 수 있을 것임도 당연한 것인데, 律調의 機制가 아직은 자세히 밝혀진 것이 아니므로, 解讀과 律調의 연구는 相互依存的인 관계에 서는 것이겠다. 김완진, 『향가해독법연구』, 서울대 출판부, 1980, 26면.

행 \ 작품[10]	15	16	17	18	19	20	21	22	23	24	25	평균	
												행단위	구단위
1	2[11]	2	2	2	2	2	2	2	2	2	2	20	50
2	3	3	3	3	3	3	3	3	3	3	3	30	
3	3	3	2	3	3	3	3	3	3	2	3	28	57
4	3	2	3	3	4	2	3	3	3	3	3	29	
5	3	3	3	4	4	3	4	3	3	4	4	35	67
6	3	3	3	4	4	3	3	3	3	3	4	33	
7	3	2	3	3	3	3	2	2	2	3	2	26	57
8	3	3	4	3	3	3	3	4	3	3	3	32	
9	2	3	2	2	3	3	3	3	2	2	3	26	56
10	3	3	3	3	3	3	3	3	3	3	3	30	

출처: 신재홍, 앞의 책, 165면, 표 5.

2. 연구사 반성

그런데 '향가는 3음보이다'란 명제를 모든 연구자들이 피상적 견지에서 주장한 것은 아니었다. 비교적 근래에 구체적 시어 분석을 통해 향가의 율격을 파악하려는 시도가 나타나기도 하였다. 바로 신재홍[9]의 작업이었는데, 그는 현전하는 향가 25수의 시어들을 해독·분석하여 '향가의 율격은 역시 3음보'라 결론 내린다. 그의 결론은 다음 표로 집약되는데 이 표에서 그는 「보현십원가」 11수 즉, 110행 가운데 74개행(검게 칠한 부분)을 3음보로 파악해 제시하였다. 약 3 / 4의 시행이 3음보로 구성되어 있다는 것이다.

15~25번의 작품에 이르기까지 각기 2~4개의 행을 제외하면 모두 3음보로 파악되어 있는 이 표는, 조동일이 언급한 "(향가 음보율) 미해결

9 신재홍, 「향가의 율격 분석」, 『고전문학과교육』 2집, 한국고전문학교육학회, 2000.

의 문제"에 대한 전면적 재검토라 할 만하며, 또, 일찍이 정병욱과 김수업이 시사하였던 '향가 3음보설'에 대한 구체적 검토의 성격을 띤다. 그러나 그의 주장을 유심히 살펴보면, 위의 표에 적잖은 문제가 있음을 발견하게 된다. 그가 말하고 있는 음보(音步)는 주로 '2音節' 정도의 크기로 구성된 것으로 기존 시가분야에서 상정하고 있는 '3音節 · 4音節'에 비해 볼 때 단위가 작으며, 또한 무리하게 분절한 곳이 적지 않아 '과연 이 단위들을 독립된 음보로 설정하는 것이 타당한가?'라는 의문을 낳게 하기 때문이다. 그의 음보 분절방식의 문제점을 구체적으로 지적하기 위해 그가 분석한 「普賢十願歌」의 첫째 작품을 거론해 본다.

> ᄆᆞᅀᆞ미∨부드로(2) ‖ 그리ᄉᆞᆯ본∨부텨∨알퓌(3)5 ‖
>
> 절∨드론∨모믄(3) ‖ 法界못∨박∨니르거라.(3)6 ‖
>
> 塵塵∨마락∨부텻뎔여(3) ‖ 뎔뎔∨마다∨모리ᄉᆞᆯ본, (3)6 ‖
>
> 法界∨ᄎᆞ신∨부텨(3) ‖ 九世∨다아∨禮ᄒᆞᅀᆞᆸ져.(3)6 ‖
>
> [아야,] 身語意業∨无疲厭(2) ‖ 이라부∨짓사∨못ᄃᆞ라.(3)5 ‖
>
> ―신재홍, 앞의 논문, 161면[12]

위 인용에서 행의 끝에 있는 괄호속의 숫자는 그가 파악한 각 詩行에서 보이는 '음보의 개수'이고 2 · 4 · 6 · 8 · 10행의 끝에 있는 5, 6, 6, 6, 5란 숫자는 그가 파악한 두 行씩마다의 '음보 총 개수'이다. 즉, 그는 1~2행의 음보수를 5개, 3~4행의 음보수를 6개, 5~6행의 음보수를 6개, 7~8행의 음보수를 6개, 9~10행의 음보수를 5개로 파악하여 '향가

---

10 작품 번호로 15~25까지가 부여되어 있는데 이는 「보현십원가」 1~11번 작품을 칭하는 말이다.

11 숫자는 음보이다. 해당 칸은 15번 작품의 1행은 2음보란 뜻이다.

12 가독성을 위해 '∨'와 '‖' 는 필자가 임의로 첨기했다. '∨'는 음보 구분 표시이며, '‖'는 행 구분 표시이다.

는 3음보를 위주로 하며 전체적으로는 2행씩 5 · 6 · 6 · 6 · 5의 음보율을 지닌 정형률의 시가'로 규정했다. 그런데 찬찬히 살펴보면 그의 음보 설정은 몇 가지 문제를 지닌다. 짚어보면,

첫째, 우리 고전시가에서 통상적으로 잡고 있는 1음보의 음절수는 대체로 2~5음절인데, 위의 인용에서는 최소 1음절에서 최대 4음절로 1음보를 잡고 있다. 과연 제3행 '절∨드룐∨모믄'이나 제4행 '法界못∨박∨니르거라'와 같은 분절에서 '절 · 박'과 같은 1음절을 1음보로 설정하는 것이 타당한 것인가?[13]

둘째, 우리 고전시가 혹은 일반적 음보율 연구자들이 음보를 설정할 때 가장 중요시하는 것 중의 하나는 음보의 緊密性[14]이다. 그렇기에 우리는 그간 '조사'나 '어말어미'와 같은 독립할 수 없이 긴밀히 연결된 어휘체는 예외없이 선행한 어휘체에 붙여 동일 음보로 처리해 오고 있다. 이러한 보편적 음보 설정의 관습을 외면한 채, 특정 장르를 위해 助詞—가령 3 · 4행의 '마다'[15]—를 독립 음보로 설정하는 것은 올바른 것인가?

셋째, 해독의 적절성이 문제가 된다. 제4행이나 제10행의 경우 과연 저렇게 끊어 해독한 것이 올바른 것인가? 잘못 끊어 해독한 것이라면

---

13 한국시가 자료에서 1음절로 1음보를 이루는 경우가 全無한 것은 아니다. 광범위한 자료 조사를 한 성기옥의 보고에 따르면 "간혹 단음절어로 한 음보를 이루는 자료의 예가 보이기"(성기옥, 앞의 책, 132면)도 한다고 한다. 그리고 그 예로, "偉 ~ 景 긔 엇더 ᄒᆞ니잇고"에서 '偉'과 '긔'를 1음절 음보로 판단하기도 하였다.(성기옥 외, 『한국문학개론』, 새문사, 1992, 97면) 그러나 이러한 사실이 신재홍의 음보 설정 방식에 적용될 수는 없다. 이렇게 되면 위 구절은 2음격 3음보가 되는 셈인데, 이러한 음보 양상은 우리 시가 자료에 나타나지 않는다고 한다.(성기옥, 『한국시가율격의 이론』, 새문사, 1986, 158면의 도표)

14 John Lotz("Metric Typology", *Style in Language*, ed. Tomas A. Sebeok)가 포착한 음보의 이러한 성격은 국내 학자들의 많은 지지를 받고 있으며 필자 역시 이에 이견이 없다.

15 음보 파악이 비교적 용이한 시조를 통해 볼 때도 신재홍의 분절은 무리한 것임을 알게 된다. 역대시조전서의 수록된 표제시 3,000여 수 중, 조사 '-마다'는 86회 가량이 나오는데, 어느 것도 독립 음보로 처리할 만한 것이 없음을 본다. 일례를 들면 다음과 같다. 가마괴 싹싹 ᄒᆞᆫ들 사ᄅᆞᆷ마다 다 주그랴.〈12: 初〉

그것에 바탕한 음보 역시 잘못 설정된 것이 아닌가?

위에서 지적한 것이 만약 정당하다면, 언급한 연구물의 결론 '향가는 3음보이다'란 명제는 심각한 결함을 가진 주장이 된다.

3. 음보의 等張性 확인과 두 자질

필자는 2장에서 '향가는 3음보이다'란 설은 막연한 가정에서 출발했거나, 잘못된 음보 설정을 통해 제기된 주장일 가능성이 높음을 지적했다. 그렇다면 향가는 어떤 음보 단위에 근접한 시형일까? 이에 대한 대답은 실제 작품의 해독과 분절을 통해 살피는 방법밖에 없을 듯하다. 그런데, 실제 작품의 분석에 앞서 우리는 '음보(音步, metrical foot)'에 대한 우리의 통상적 인식을 확인할 필요가 있을 듯하다. 위 신재홍의 3음보說이 우리의 의문을 사는 것도 음보의 개념에 대한 근본적 시각차에서 기인한 측면이 크기 때문이다. 따라서 먼저 우리 고전시가에서 일반적으로 말하고 있는 음보의 개념을 파악한 후 그 개념에 따라 향가의 행을 분절하는 것이 순서로 판단된다.

음보는 음절과 행의 사이에 위치하는 율격 단위이다. 즉, 유사 크기의 음절량이 모여 하나의 '等張한 시간 크기의 음보'를 이루고, 그 음보가 모여 하나 혹은 그 이상의 행을 이루게 된다. 일찍이 김석연[16]은 우리의 통상적 율독 근저에 유사한 크기의 시간 단위가 출현함을 다음과 같이 실증적으로 계측 · 제시한 바 있다.

16 김석연, 「시조운율의 과학적 연구」, 『아세아연구』 32, 1968. 도표는 이 논문의 18~20면에 수록된 내용을 재도표화한 것이다.

時調「동창이 밝았느냐」, 숫자는 소요시간 (단위: 秒)				
초장	동창이	밝았느냐	노고지리	우지진다
男(서울, 35歲)	0.915	1.085	1.11	1.11
女(경남, 40歲)	0.90	1.15	1.17	1.17
중장	소치는	아이들은	상기아니	일었느냐
男(서울, 35歲)	1.13	1.13	0.86	1.10
女(경남, 40歲)	0.85	1.06	1.11	1.11
종장	재넘어	사래긴밭을	언제갈려	하나니
男(서울, 35歲	1.05	1.51	1.34	1.08
女(경남, 40歲)	0.77	1.56	1.13	1.13

그는 이러한 계측을 통하여 시조의 한 음보는 대체로 1초 내외의 등장한 시간 크기[17]가 반복적으로 출현하는 패턴을 가지고 있으며, 이 단위가 시조 율독의 근저에 자리하고 있음을 보였다. 필자 역시 이 속성을 실측해 보기 위해 현대 음성분석 프로그램에 넣어 다른 시조를 율독해 보았고 역시 유사한 결론을 얻었다. 즉, 다음 시조

어뎌∨닉 일이여∨그릴 줄를∨모로던가∨
이시라∨ᄒᆞ더면∨가랴마는∨졔 구틔야∨
보닉고∨그리는 情은∨나도 몰나∨ᄒᆞ노라

—『역대시조전서』, 1965번

를 일반적 율독 형식에 맞추어 낭송해 보았고, 다음과 같은 그래프를 얻었다.[18]

---

17 물론, 1초라는 것은 그 당시 낭독자의 특성에 따라 조금 짧게도, 조금 길게도 율독될 수 있을 것이다. 중요한 것은 거의 균등한 시간의 길이를 한 음보로 전제한 체 유사 비율로 율독한다는 것이다.

18 율독한 이는 39세 경상도 태생의 남자이고, 그래프는 '프라트(praat)'라는 음성분석 프로그램을 통하여 얻은 것이다. 이 프로그램은 http://www.fon.hum.uva.nl에서 무료로

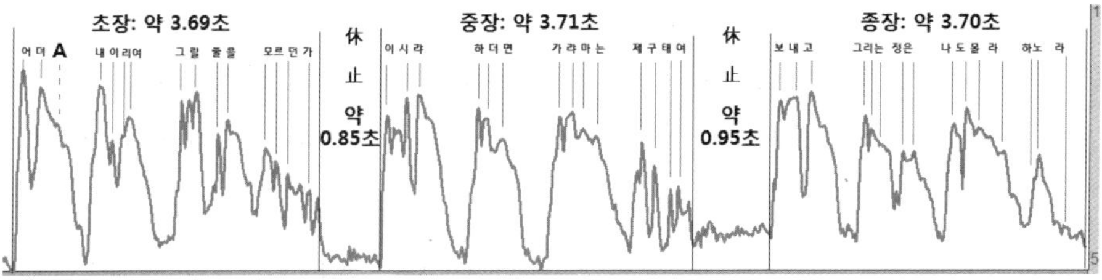

위 그래프에서 가로축은 시간의 흐름이고, 세로축은 音의 세기인데 이를 유심히 보면 우리가 대략적으로 감지하고 있던 음보의 속성이 뚜렷하게 드러난다. 즉, 시조의 율독은 중간 휴지를 기준으로 3등분되며 각각의 등분에 속하는 초장·중장·종장은 대체로 등장한 시간 — 이 율독자의 경우는 약 3.7초 — 에 걸쳐 지속되고 있다. 그리고 초·중·종장은 다시 각각 4개의 작은 음량 덩어리로 갈라지는데, 그래프의 꼭지점들이 음절의 출현 지점이고, 이 음절의 출현지점은 촘촘한 세로줄들에서 보이듯이 4덩이씩 뭉쳐 있다. 대체로 그 음량 덩어리는 하위 단위로 2~5음절을 가지고 있음을 본다. 이렇게 4등분되며 끊어진 2-5음절의 덩어리를 우리는 1음보라 칭하고 있으며, 이러한 음보가 중간 휴지를 단위로 할 때 4개씩 출현하므로 이를 우리는 4음보라 칭해 오고 있다. 이러한 관계 속에 있기에 음보는 '음절과 행의 사이에 있는 율격단위'란 말로 소략히 규정될 수 있는 것이다.[19]

배포하고 있다.

19 본고의 논지와 직접적으로 연관되지는 않지만, 위 그래프에서 주목해야 할 점이 몇 더 있다. 위 그래프를 보면, 초·중·종장을 구분하게 해 주는 休止부분의 시간적 크기가 0.85~0.95초로 나타나는데, 이는 시조 율독의 1음보에 해당하는 길이이다. 각 장의 길이 3.7초를 4음보로 나눈 그 크기인 것이다. 이 속성은 우리에게 음보 명명의 기준을 시사해주는 것이 아닐까 한다. 즉, 2음보·3음보·4음보를 말할 때, 그 음보수의 기준을 한 행에 두기도 하고(시조 율독의 경우), 2~3행에 걸쳐 두기도(「진달래꽃」을 3음보라고 하는 경우 혹은 행의 구분이 없는 가사의 경우) 한다. 시어의 배열형태만으로 음보를 명명하는 것은 그렇기에 모순이다. 율독의 휴지, 즉 1음보에 해당하는 휴지가 오는 곳을 기준으로 음보를 명명한다면 이런 형태상의 모순을 해결할 수 있지

그런데 여기서 해명해야 할 문제가 하나 생긴다. 율독자가 관습에 따라 율독하여 위와 같이 음보 양상을 얻었지만, 과연 어떠한 원리에 의해 모두에게 異見이 없는 분절들을 얻었냐는 것이다. 이에 대한 대답이 음보를 설정하는 자질이 될 것이다.

우선 지목될 만한 것은 音節의 量이다. 중장에서 보이듯이 3~4字 가량의 유사 비율의 音節量이 한 행에 나타나 있고 이를 있는 그대로 끊어 율독한 것이 각각의 음보가 되었다는 점에서 음절의 양은 음보의 유력한 자질 중 하나가 될 수 있다.

하지만, 이것만으로 위 그래프에서 보이는 음보 분절의 모든 것을 설명할 수는 없다. 왜냐하면 이 기준이 절대적이라면 초장의 '어뎌 닉 일이여'는 '어뎌∨닉 일이여'가 아니라 3字씩 맞추어 '어뎌 닉∨일이여'로 끊어야만 했을 것이기 때문이다. 즉, 그래프의 A지점에 '닉'가 왔어야 하는 것이다. 하지만 우리 모두는 그렇게 율독하지 않는다. 우리는 음절의 양이 아닌, 위 구절이 가진 의미적 긴밀성에 근거해 수식언 '닉'를 피수식언 '일'에 붙여 향유하는 것이다. 그렇다면 음보를 구성하는 보다 강한 자질은 통사적 · 의미적 緊密性이라 보아야 한다. 즉, '닉'라는 의미가 '어뎌'보다는 '일이여'에 더 긴밀히 엮이기에 그렇게 분절할 수 있다고 보는 것이다.

그러나 그것 역시 결론적 진술은 아닌 듯하다. 그것만으로는 종장의 '나도 몰나 ᄒᆞ노라'의 분절을 설명할 수 없기 때문이다. '나도 몰나∨ᄒᆞ노라'는 통사적 · 의미적으로 '나도∨몰나 ᄒᆞ노라'로 분절하는 것이 더 적절하다. 옛말 '몰나 ᄒᆞ다'는 하나의 동사체로 기능하기 때문이다.[20]

않을까 한다.

주목할 만한 또 다른 측면은 그래프의 높이에서 보이는 音步內의 음량 변화이다. 위 그래프의 세로축은 音量(소리의 크기, 데시벨)인데, 각각의 음보에서 거의 공통적으로 앞 음절은 세게, 뒷 음절은 약하게 율독하고 있음을 볼 수 있다. 이런 성량의 크기는 우리가 시가를 율독할 때 느끼는 리듬감의 한 요소임에 틀림없다.

그렇다면 '나도∨몰나 ᄒᆞ노라'가 '나도 몰나∨ᄒᆞ노라'로 읽히는 까닭은 어디에 있는 것일까? 그것은 또다시 音節量의 개입에 대한 혐의로 이어진다. 즉, 2음절:5음절의 비율보다는 4음절:3음절의 비율이 더 等長이기에 생겨난 현상인 것이다.[21]

4. 음보 구성의 메커니즘

필자는 위의 예를 통해 음보는 음절과 행의 중간에 해당하는 크기의 율격 단위로, 기본적으로 '음절의 양'에 근거를 둔 채 설정되지만, 이는 통사적 · 의미적 '緊密性'에 의해 조절될 수 있고, 이 긴밀성 또한 절대적인 것은 아니어서 때로는 '음절의 양'에 의해 언제든지 조절될 수 있는 자질임을 말했다. 그렇다면 이 두 자질은 순전히 恣意的인 판단에 의해 채택의 우선순위를 가지는 것인가? 그러나 만약 완전히 자의적인 판단에 의한 것이었다면 모두에게 異見이 없는 음보 분절은 불가능하지 않은가? 하지만 위의 시조를 통해 보건대, 분명 모두가 인정하는 분절은 존재한다. 그렇기에 필자는 이 두 자질이 어떤 일정한 질서 속에서 우선순위를 지닌 채 선택되고 있을 것으로 생각한다. 이 두 자질은 어떤 메커니즘 속에서 서로 교차하며 음보 설정에 기여하는 것일까?

---

20 그렇기 때문에 아래와 같은 작품에서 '몰나ᄒᆞ고'는 명백히 한 음보로 묶인다.
그룬 일∨몰나 ᄒᆞ고∨뉘우처∨다시 마라 ‖ 알고도∨ 쏘 ᄒᆞ면∨내죵내∨그ᄅᆞ리라 ‖ 眞實로∨허믈곳∨고티면∨어딘 사룸∨되리라 (0353)

21 중장의 마지막 음보 '졔 구틔야' 역시 마찬가지이다. 이 구절은 통사적으로 종장에 와야 하는 것이 정당한데, 그렇게 되면 중장의 마지막 음보에 해당하는 음절이 '0'이 되어 선행구와의 비율이 4 : 0이 되기에 이를 피하고자 통사적 불일치를 무릅쓰고 4음절을 끌어 그 곳에 위치시킨 것이다.

이 의문을 풀기 위해서 본고는 어떠한 경우에도 양보되지 않는―그것이 음절양의 요소이든, 긴밀성의 요소이든―음보적 자질을 찾을 필요를 느낀다. 어떤 경우는 음절양의 비율에 이끌려 긴밀성이 파괴되고, 어떤 경우는 긴밀성에 이끌려 음절양의 비율이 파괴되지만, 어떤 경우라도 흔들림 없이 자체 음보를 유지하는 핵심 영역이 없을까? 필자는 그 핵심 영역을 통사적·의미적 긴밀성의 일부 경우에서 찾을 수 있다고 본다. 주변의 음보가 가진 음절량이 부족하더라도 절대 빌려줄 수 없고, 자체 음보가 가진 음절량이 넘치더라도 결코 분리되지 않아, 전체 음보 수에 영향을 주지 않는 결합체는 바로 '체언+조사'·'어간+어미', '1음절수식언 + 피수식언'―이 된다고 본다.

이를 시조 음보 분할 양상을 통해 살펴보자. 시조 율독의 통상적인 음절양은 다음 그림과 같이 그려질 수 있는데,

초장	2―5音節	2―5音節	2―5音節	2―5音節
중장	2―5音節	2―5音節	2―5音節	2―5音節
종장	3音節	4―7音節	4―5音節	2―4音節

우리는 각각의 음보(네모칸)에 일정한 규모의 音節을 넣는 것을 선호하기에 가급적 이 비율에 맞추어 율독을 하려고 한다. 그리하여 1음보가 되기에는 모자라는 음절량을 가진 경우는 주변의 음절들을 차용해서라도 等長化하고 그 결과 평상적인 4음보로 해당 행을 유지하려 한다.

일례로, 중장의 제1음보가 4~5음절 정도이고, 제2음보가 0음절이 되는 ―3음보의 위험이 있는―경우가 있다면 다음 그림과 같은 상황이 되겠는데,

초장	2–5音節	2–5音節	2–5音節	2–5音節
중장	A 5音節	B 0音節	2–5音節	2–5音節
종장	3音節	4–7音節	4–5音節	2–4音節

이 때 우리는 제1음보 즉, A부분에서 몇 음절을 빌려 와 제2음보, 즉 B부분의 공간을 메움으로써 결국 3음보 파격이 될 뻔했던 상황을 4음보 정격으로 전환하는 데 성공한다. 이와 같은 원리, 즉, 음절양의 요소를 우선시하고 통사적 · 의미적 긴밀성을 희생한 예를 구체적으로 들어 보면 다음과 같다.

菊花야 너는 어니 三月東風 다 보닉고
落木∨寒天에∨네 홀노∨픠엿는다
아마도 傲霜高節은 너뿐인가 ᄒ노라

—『역대시조전서』, 0312

눈아 情∨다 술거라∨後ㅣ 나 情∨다 술거라
ᄆ옴은 춤는 거술에 보아 거러두고
아모리 울고 그린들 거 뉘 타술∨삼으리

—『역대시조전서』, 0678

그런데 이런 상황과는 달리, 아무리 음절양의 현격한 不等함을 해소하려는 욕구가 생기더라도 결코 분리하지 못하는 통사적 긴밀성을 가진 곳이 있다. 전술한 '체언+조사' · '어간+어미', '1음절수식언+피수식언'이 바로 그것이다. 위에 인용한 첫 시조와 같은 5음절을 가진 중장 첫 음보일지라도 이러한 곳들은 다음의 시조처럼 3음보로 읽게 되는 것이다.

> 오ᄂᆞᆯ이 오ᄂᆞᆯ이쇼셔 每日의 오ᄂᆞᆯ이쇼셔
> 져므려지도∨새지도∨마르시고
> ᄆᆡ양에 晝夜長常에 오ᄂᆞᆯ이 오ᄂᆞᆯ이쇼셔
>
> —『역대시조전서』, 2063

만약 위 시조의 중장 첫 구가 한자어로 된 5음절어였다면 우리는 그것을 2등분하여 율독할 것이다. 하지만, 이 작품의 경우 그렇게 하지 않는다. 그것은 이 부분이 음절양의 비율에 우선시되는 '강한 긴밀성'의 한 영역인 '동사어간+어말어미' 구조이기 때문이다.

이상의 내용들은 우리가 음보를 만들어내는, 그리고 파격음보가 생겨나는 메커니즘이라고도 할 수 있다. 처음엔 음절양과 긴밀성이 서로 조절되며 음보를 생성하지만, 강한 긴밀성을 지니는 구절은 율격적 파괴를 감수한 채 절대 음보를 유지한다는 것이다. 이 과정을 도식화하고 각 사례를 들면 다음과 같다.

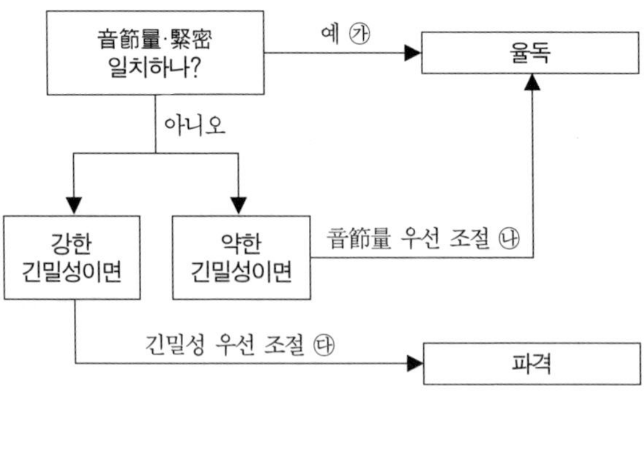

㉮ 音節量 · 緊密이 일치하는 경우

五百年 都邑地를 匹馬로 도라드니 ‖ 山川은 依舊ᄒᆞ되 人傑은 간듸 업다 ‖ 어즈버 太平烟月이 꿈이런가 ᄒᆞ노라

—『역대시조전서』, 2079

㉯ 약한 긴밀성: 音節量 우선 조절

萬物은∨오히려∨ 다 글어∨ᄒᆞ건이와

—『역대시조전서』, 0346 중장

㉰ 강한 긴밀성 : 긴밀성 우선 조절, 파격

쇼∨친구들이야∨날 더지고∨어더가리

—『역대시조전서』, 0243 중장

오늘이 오늘이쇼셔 每日의 오늘이쇼셔 ‖ 져므려지도∨새지도∨마르시고 ‖ 미양에 晝夜長常에 오늘이 오늘이쇼셔

—『역대시조전서』, 2063

위에서 간략히 설명된 이 메커니즘은 시조나 가사같이 4음보로 잘 알려진 시가의 율격분석에는 크게 중요한 역할을 하지 못할지도 모른다. 하지만 관습적 율격이 분명하게 밝혀져 있지 않은 시대－고려가요 · 향가－에 나타난 시가의 율격 분석에는 무척 유용한 측면이 있다. 즉, '어간 + 어미', '명사+조사', '1음절수식언 + 피수식언'의 결합체는 어떤 경우에도 2음보로 분리되지 않더라는 원칙은 시조를 통하여 도출된 원칙이지만 보편성을 가지기에 우리의 전통시가 모두에 적용될 수 있다는 점에서 음보 분절 논의에 대한 절대적 기준이 되어 줄 수 있다.[22]

5. 「普賢十願歌」의 음보 검증

필자는 3절에서 音節量과 緊密性을 기준으로 음보가 조절되며, 이러한 조절 속에서도 결코 흔들리지 않는 음보적 기준을 가진 어휘체가 있음을 논했다. 그것은 '어간 + 어미', '명사+조사', '1음절수식언 + 피수식언'이다. 이 기준은 普賢十願歌의 음보 분절 중 논란이 되는 부분에서 유용하게 활용될 것으로 기대한다. 그 점을 염두에 두며 「예경제불가」의 음보를 살핀다.

(1) 心未筆留 : 마ᄉᆞᄆᆡ 부드로(筆로)

이곳의 '心未'는 '마ᄉᆞᄆᆡ'로 읽혔을 것이 확실시된다. 후행한 '未'가 주로 'ㅁ'말음을 가진 순우리말에 붙는 것은 향찰의 확인된 어법 중의 하나이고, 선행한 心 역시 古語는 '마ᅀᆞᆷ'이기에 전체적으로는 '마ᄉᆞᄆᆡ'로 읽힌다. '筆留'의 '留'는 향찰과 구결에서 '-로'로 읽히는 字이다. 아마 '부드로'로 읽었을 것으로 예상되지만 '筆로'라 읽었을 가능성이 전혀 없는 것은 아니다. 이상 이 구절은 '마ᄉᆞᄆᆡ 부드로' 혹은 '마ᄉᆞᄆᆡ 筆로'. 음절양의 비율로 볼 때 음절수 3 · 3을 이루어 무리가 없고, 통사적 緊密性으로도 2개의 음보로 분할 가능하기에 2음보가 된다. 한편, 이 분절은 시가의 보편적 율독 전통에서도 어긋나지 않는다.[23]

---

22 현재 학계에서 음보율을 논할 때, 학자마다 다르게 끊어 읽는 구절이 있다. 「청산별곡」의 첫 구절 "살어리 살어리랏다 청산애 살어리랏다"이다. 성기옥이나 오세영같은 학자의 경우 이를 2음보로 파악하고 있지만, 일반적으로는 '살어리∨살어리∨랏다'로 분절하고 있다. 필자는 이것이 2음보라는 데 동의한다. 위의 메커니즘을 따를 때, '살어리랏다'의 '-리랏다'는 어말어미로 결코 선행하는 어간과 분리될 수 없는 어휘체이기 때문이다.

23 이러한 형태는 일반적으로 2음보인 것이다. "검거니 셰거니 一偏도 흔져이고"(0014:중)

(2) 慕呂白乎隱仏体前衣 : 그리숣온 仏体前이

'慕呂白乎隱'은 '그리숣온'으로 읽히는데, 해독의 이견이 없는 부분이다. '仏体前衣'는 '仏体 알피'로 읽히는데 이로 신재홍은 '慕呂白乎隱∨仏体∨前衣'로 끊어 읽어 3음보라 판단했다. 하지만, 이 구절은 2음보이다. 대응하고 있는 두 음보가 공히 4음절로 양적 유사 비율을 보이고, 통사적 긴밀성에서도 '부처 앞에'는 하나의 음보로 보아 문제가 없다. 시가의 율독 전통에서 살펴보아도 '**前에'와 같은 어휘는 1음보로 향유되었다.[24] 이상, 2음보.

(3) 拜內乎隱身萬隱 : 저누온 모믄(身만은)

'拜內乎隱'은 '저누온'으로 읽힌다.[25] '身萬隱'의 해독은 다소 논란이 있다. '萬'이 음차자인 것은 모두가 인정하는 바이지만, 이것이 '몸'의 말음 'ㅁ'을 위해 있는 것인지, 아니면 '만'이란 단음절어를 위해 있는 것인지 불명확하다. 전자로 읽을 경우는 '모만', 후자로 읽을 경우는 '몸 민온'이 된다. 결국 제3행은 '3 · 3' 혹은 '3 · 2'의 음절수를 가지게 되는데 음절양으로는 큰 문제가 없고 통사적 긴밀성으로도 2음보로 분리 가능한 것이기에 2음보로 판별된다. 신재홍은 이를 '절(拜)∨드룐(內乎隱)∨모믄(身萬隱)'으로 읽어 3음보로 보았으나, 차자표기에서 '內'는 'ᄂᆞ/노' 등의 음가를 위한 字이므로 '드룐'으로 읽는 것은 불가능하다.[26] 시가의 율독 전통으로 살펴보아도 일반적으로 2음보이다. 이상 2음보.

---

24 洋人쎄∨허는졀를∨大聖前에∨아니허니 (2601: 中)

25 '저숣은'으로 읽을 가능성도 있다. 어떻게 읽든 음보의 논의에서는 문제가 되지 않는다.

26 설령 그렇게 읽는다하더라도 '절드린'은 1음보이지 2음보가 될 수 없다. 우리 시가 전통에서 이런 형태의 구성, 즉, '1음절명사+2음절 술어'가 2음보로 읽히는 경우는 발견할 수 없다. 다음과 같이 1음보로 율독되는 것이다. "夜入伊(밤드리)∨遊行如可(노니다가)"(처용가)

(4) 法界毛叱所只至去良 : 法界毛ㅅ所ㄱ 니르거라

"法界∨毛叱所只(맛도록)∨至去良(니르거라)"로 읽을 것인가 "法界毛叱所只(法界못닥∨至去良(니르거라)"로 읽을 것인가에 따라 2 · 3 · 4의 3음보냐, 4 · 4의 2음보냐로 갈린다. '毛叱所只'의 의미는 '두루'로 추정되는데,[27] 통사적 긴밀성으로 보아서는 후행하는 '이르거라'와 호응되지만, 전술했듯이 이는 강한 긴밀성의 경우에 해당하지 않으므로 선행하는 음보에 결합시키거나, 혹은 따로 독립된 음보라 볼 수 있다. 이상, 3음보 혹은 2음보.

(5) 塵塵馬洛仏体叱刹亦 : 塵塵마다 仏体ㅅ 刹여

"塵塵馬洛"의 '馬洛'은 '마다'로 풀이된다. 동일 작품 6행의 '每如'와 같은 의미이다. 따라서 '塵塵마다'. '仏体叱刹亦'는 '부텻 刹여'로 읽힌다. 4음절 1음보로 보아 문제 없다. 선행하는 4음절 1음보와 후행하는 4음절 1음보는 음절양으로 보나 의미적 긴밀성으로 보나 각각 독립된 음보라 할 수 있기에 전체적으로는 2음보가 된다. 그런데 이 구절은 신재홍은 "塵塵∨馬洛∨仏体叱刹亦"로 읽어 3음보로 파악했다. 하지만 전술했듯이 '명사+조사'는 강한 긴밀성을 지닌 어휘체이므로 끊어 읽을 수 없는 곳이다. 이 같은 율독이 정당함은 전통 시가 작품에서도 흔히 확인된다.[28] 이상, 2음보.

(6) 刹刹每如邀里白乎隱 : 刹刹마다 모리숩은

"刹刹每如"는 '刹刹마다'로 읽히고, "邀里白乎隱"은 '모리숩온'으로 읽힌다. 두 음보가 모두 4음절로 같은 음절양을 지닌다는 점, 긴밀성으로도 각기의 음보로 성립한다는 점에서 5행과 마찬가지로 2음보가 분

---

27 박재민, 『구결로 풀어본 普賢十願歌 해석』, 연세대 석사논문, 2002.

28 㒸 쉰의∨져물가마는∨간디마다∨술을 보고 (0090: 初)

명한 곳이다.

(7) 法界滿賜隱仏体 : 法界 ᄎᆞ신 仏体

한자어 사이에 들어 있는 '滿賜隱'은 'ᄎᆞ신'으로 읽힌다. 전체적으로 해독하면 '法界 차신 부처'. 신재홍은 이를 2음절이 3개 중첩한 3음보로 보았지만, 우리 시가에서 2음보가 중첩하여 3음보를 이루는 유형은 나타나지 않는다.[29] 그렇기에 이 구절은 '法界∨滿賜隱仏体' 혹은 '法界滿賜隱∨仏体'의 두 가능성만 남는데, 율독의 일반성으로 볼 때, '法界∨滿賜隱仏体'로 읽힐 것으로 예상되며 이는 4음보격에서 흔히 나타나는 분절이다.[30]

(8) 九世盡良礼爲白齊 : 九世 다아 礼ᄒᆞᄉᆞᆸ져

"盡良"는 '다아'로 읽힌다. "礼爲白齊"는 '礼ᄒᆞᄉᆞᆸ져'로 확정된다. 신재홍은 '九世∨盡良∨礼爲白齊'로 끊어 3음보라 하였지만, 4음절어가 중첩되어 있다는 점, 시가 일반의 율독 관습이 그러하다는 점[31]을 볼 때, '2음보'가 분명하다.

(9) 身語意業无疲厭 : 身語意業 无疲厭

의미의 긴밀성으로 볼 때, "身語意業∨无疲厭"로 분절된다. 시조와 같은 전통장르에서도 7言詩는 이렇게 끊어 2음보로 율독된다.[32] 이상 2음보.

---

29 성기옥(앞의 책, 146면)에 따르면 "2음격 음보는 단지 2음보격만을 형성할 뿐"이라고 한다. 그의 선언으로도, 실제 우리 전통시가를 귀납적으로 살펴본 결과로도 '2음절 3음보'는 나타나지 않는다.

30 大監∨쥬신 붓치∨뵈옷시∨맛ᄌᆞ네다" (0812: 初)

31 기러기 다 ∨ 나라 가고 ∨ 셔리는 ∨ 몃 번 온고 (0397: 初)

32 剛毅果敢∨烈丈夫요∨孝親友弟∨賢君子ㅣ라 (역대시조전서: 0110 초장)

(10) 此良夫作沙毛叱等耶 : 이에 브질 사맛더라

'此良'는 '이에', '夫作'는 '브질', '沙毛叱等耶'는 '사모ᄶᅡ녀'로 읽힌다. 신재홍은 이를 '此良夫∨作沙∨毛叱等耶'로 해독하였지만, 필자의 판단으로는 '이에 부질 삼았더라(이것을 변함없는 것으로 여기겠다)'의 의미인 듯하다.[33] 의미의 긴밀성으로는 "此良∨夫作沙毛叱等耶"로 되는 것이지만 전술했듯이 특수한 경우의 통사적 긴밀성을 제외하고는 선행하는 음보에 부족한 음절을 빌려주어 음절양의 비율을 조절하는 것은 전통시가에서 흔히 보이는 일이기에 결과적으로는 "此良夫作∨沙毛叱等耶"로 율독된다. 이상, 2음보.

이상의 결과를 따르면 普賢十願歌의 첫 수 「예경제불가」는 제4행을 제외[34]하고는 모두 2음보로 구성된 것이라 하겠다. 1음보의 주된 음절 수는 4음절이 된다. 그렇다면 이런 현상은 첫 작품에서만 나타나는 것일까? 전체를 조사해 보면 다음과 같은 결과를 얻는다.

		보현 1	보현 2	보현 3	보현 4
1행	원문	心未筆留	今日部伊冬衣	火條執音馬	顚倒逸耶
	독법	마ᄉᆞ미 부드로(筆로)	오ᄂᆞᆯ 주비ᄃᆞᆯᄋᆡ	火條 심마	顚倒이라
	음보	2음보	2음보	1음보	1음보
2행	원문	慕呂白乎隱仏体前衣	南无佛也白孫舌良衣	仏前灯乙直体良焉多依	菩提向焉道乙迷波
	독법	그리ᅀᆞᄫᆞᆫ 仏体前ᄋᆡ	"南无佛여" ᄉᆞᆲ손 혀ᄋᆡ	仏前灯을 디티언대	菩提 아ᄋᆞᆫ∨길을 이ᄇᆞᆯ
	음보	2음보	2음보	2음보	2음보
3행	원문	拜內乎隱身萬隱	無盡辯才叱海等	灯炷隱須彌也	造將來臥乎隱惡寸隱
	독법	저누온 모ᄆᆞᆫ(身만은)	無盡辯才ㅅ 바ᄃᆞᆯ	灯炷ᄂᆞᆫ 須彌여	밍ᄀᆞ오논 아ᄎᆞᆫᄋᆞᆫ
	음보	2음보	2음보	2음보	2음보
4행	원문	法界毛叱所只至去良	一念惡中涌出去良	灯油隱大海逸留去耶	法界餘玉只出隱伊音叱如支
	독법	法界毛ㅅ所ㄱ 니르거라	一念아ᄀᆡ 솟나거라	灯油ᄂᆞᆫ 大海이로구나	法界남악 난임ᄶᅡ
	음보	2음보 or 3음보	2음보	2음보	2음보

33 이에 대한 자세한 해석은 『구결로 풀어본 보현십원가 해석』(박재민, 연세대 석사논문, 2002)를 참조하였다.

34 사실 제4행도 2음보의 가능성이 여전히 남아 있다. "毛叱所只"에 대한 해독에 달렸다.

5행	원문	塵塵馬洛仏体叱刹亦	塵塵虛物叱邀呂白乎隱	手焉法界毛叱色只爲於	惡寸習落臥乎隱三業
	독법	塵塵마다 仏体ㅅ 刹여	塵塵虛物ㅅ 모리ᄉᆞᆸ온	소ᄂᆞᆫ 法界∨못ᄃᆞ록하며	아촌 習∨디논 三業
	음보	2음보	2음보	2음보 or 3음보	2음보
6행	원문	刹刹每如邀里白乎隱	功德叱身乙對爲白惡只	手良每如法叱供乙留	淨戒叱主留卜以支乃遣只
	독법	刹刹마다 모리ᄉᆞᆸ은	功德ㅅ身을∨對ᄒᆞᄉᆞᆸ악	손에마다 法ㅅ供ᄋᆞ로	淨戒ㅅ主로 디니나곡
	음보	2음보	2음보	2음보	2음보
7행	원문	法界滿賜隱仏体	際于萬隱德海肹	法界滿賜仁仏体	今日部頓部叱懺悔
	독법	法界∨ ᄎᆞ신 仏体	ᄀᆞᆺ엄ᄂᆞᆫ 德海를	法界∨ᄎᆞ샨 仏体	今日 주비∨돈붓 懺悔
	음보	2음보	2음보	2음보	2음보
8행	원문	九世盡良礼爲白齊	間毛冬留讚伊白制	仏仏周物叱供爲白制	十方叱仏体閼遣只賜立
	독법	九世 다아 礼ᄒᆞᄉᆞᆸ져	ᄉᆞᆺ모ᄃᆞᆯ로 기리ᄉᆞᆸ져	仏仏 두루 物ㅅ供ᄒᆞᄉᆞᆸ져	十方ㅅ仏体 알곡샤셔
	음보	2음보	2음보	2음보 or 3음보	2음보
9행	원문	身語意業无疲厭	必只一毛叱德置	法供沙叱多奈	衆生界盡我懺盡
	독법	身語意業 无疲厭	비록∨一毛ㅅ德도	法供사 하나	衆生界盡 我懺盡
	음보	2음보	2음보	2음보	2음보
10행	원문	此良夫作沙毛叱等耶	毛等盡良白乎隱乃兮	伊於依波最勝供也	來際永良造物捨齊
	독법	이에 브질 사맛더라	모ᄃᆞᆯ 다∨ᄉᆞᆯᄫᆞᆫ 나여	伊於依波 最勝供여	來際 다아∨造物ᄇᆞ리져
	음보	2음보	2음보	2음보	2음보 or 3음보

		보현 5	보현 6	보현 7	보현 8
1행	원문	迷悟同体叱	彼仍反隱	皆仏体	我仏体
	독법	迷悟同体ㅅ	뎌 너븐	한仏体	우리 仏体
	음보	1음보	1음보	1음보	1음보
2행	원문	緣起叱理良尋只見根	法界惡之叱仏會阿希	必于化緣盡動賜隱乃	皆往焉世呂修將來賜留隱
	독법	緣起ㅅ理에 ᄎᆞ작보곤	法界아ᄀᆞᆺ 仏會아히	비록 化緣 다 뮈샤나	니건 누리 닷가샤론
	음보	2음보	2음보	2음보	2음보
3행	원문	仏伊衆生毛叱所只	吾焉頓叱進良只	手乙寶非鳴良尒	難行苦行叱願乙
	독법	仏伊衆生 못ᄃᆞ록	나ᄂᆞᆫ 돈붓 나ᅀᅡᆨ	소ᄂᆞᆯ 부벼 우러곰	難行苦行ㅅ 願乙
	음보	2음보	2음보	2음보	2음보
4행	원문	吾衣身不喩仁人音有叱下呂	法雨乙乞白乎叱等耶	世呂中止以友白乎等耶	吾焉頓部叱逐好友伊音叱多
	독법	내몸 아닌∨남 잇하리	法雨를 비ᄉᆞᆸ옷다라	누리예 머므ᄉᆞᆸ오ᄡᅡ녀	나ᄂᆞᆫ 돈붓 조초림ᄡᅡ
	음보	2음보	2음보	2음보	2음보
5행	원문	修叱賜乙隱頓部叱吾衣修叱孫丁	無明土深以埋多	曉留朝于萬夜未	身靡只碎良只塵伊去米
	독법	닷샬은 돈붓∨내 닷ᄉᆞᆫ뎌	無明土 기피 무다	새배로 朝우만 바미	모미 브ᅀᅡᆨ 드틀뎌 가ᄆᆡ
	음보	2음보 or 3음보	2음보	2음보 or 3음보	2음보
6행	원문	得賜伊馬落人米無叱昆	煩惱熱留煎將來出米	向屋賜尸朋知良闊尸也	命乙施好尸歲史中置
	독법	얻사리마다 ᄂᆞ미 없곤	煩惱熱로 봇가내ᄆᆡ	向屋賜尸朋知良闊尸也	命을 베폴 ᄉᆞᄉᆡ예도
	음보	2음보	2음보	?	2음보
7행	원문	於內人衣善陵等沙	善芽毛冬長乙隱	伊知皆矣爲米	然叱皆好尸卜下里

	독법	어찌 ᄂᆞᄆᆡ 善陵ᄃᆞᆯ사	善芽 모ᄃᆞᆯ 기른	伊知皆矣 爲米	그럿기홀 디누하리
	음보	2음보	2음보	2음보	2음보
8행	원문	不冬喜好尸置乎理叱過	衆生叱田乙潤只沙音也	道尸迷反群良哀呂舌	皆仏体置然叱爲賜隱伊留兮
	독법	안ᄃᆞᆯ 깃홀 두오릿가	衆生ㅅ田을 ᄒᆞ왁삼여	길 이ᄇᆞᆫ 群아 셔리혀	한仏体도 그럿하샤니로혀
	음보	2음보	2음보	2음보 or 3음보	2음보 or 3음보
9행	원문	伊羅擬可行等	菩提叱菓音烏乙反隱	吾里心音水淸等	佛道向隱心下
	독법	伊羅擬可 녀든	菩提ㅅ여름 오알ᄫᆞᆫ	우리 마ᅀᆞᆷ 물 ᄆᆞᆰ든	佛道 아ᄋᆞᆫ ᄆᆞᅀᆞᆷ하
	음보	2음보	2음보	2음보	2음보
10행	원문	嫉妬叱心音至刀來去	覺月明斤秋察羅波處也	佛影不冬應爲賜下呂	他道不冬斜良只行齊
	독법	嫉妬ㅅᄆᆞᅀᆞᆷ 닐와돌가	覺月발근 ᄀᆞᅀᆞᆯ羅波處여	佛影 안ᄃᆞᆯ 應ᄒᆞ샤리	他道 안ᄃᆞᆯ 빗겨녀져
	음보	2음보	2음보 or 3음보	2음보	2음보

		보현 9	보현 10	보현 11	원왕생가
1행	원문	覺樹王焉	皆吾衣修孫	生界盡尸等隱	月下伊底亦
	독법	覺樹王ᄋᆞᆫ	한 나ᄋᆡ 닷ᄀᆞᆫ	生界 다ᄋᆞᆯ둔	달하 이뎨 / 달하 뎌 믿헤
	음보	1음보	2음보	2음보	1음보 / 2음보
2행	원문	迷火隱乙根中沙音逸良	一切善陵頓部叱迴良只	吾衣願盡尸日置仁伊而也	西方念丁去賜里遣
	독법	이ᄇᆞᆫ을 불휘삼샨이라	一切 善陵 돈븟 돌악	나ᄋᆡ 願 다ᄋᆞᆯ 날 된이야	西方까지 가샤리고
	음보	2음보 or 3음보[35]	2음보	3음보	2음보
3행	원문	大悲叱水留潤良只	衆生叱海惡中	衆生邊衣于音毛	無量壽佛前乃
	독법	大悲ㅅ물로 저지악	衆生ㅅ 바ᄃᆞᆯ아ᄀᆡ	衆生邊ᄋᆡ 옴모	無量壽佛 前에
	음보	2음보	2음보	2음보	2음보
4행	원문	不冬萎玉內乎留叱等耶	迷反群无史悟內去齊	際毛冬留願海伊過	惱叱古音多可攴白遣賜立
	독법	안ᄃᆞᆯ 이옥이로ᄡᅡ녀	이ᄇᆞᆫ물업시 알리거져	ᄀᆞᇫ 모도로 願海이과	惱ㅅ곰 하다 가히 ᄉᆞᆲ고샤셔
	음보	2음보	2음보 or 3음보	2음보	2음보[36] or 3음보
5행	원문	法界居得丘物叱丘物叱	仏体叱海等成留焉日尸恨	此如趣可伊羅行根	誓音深史隱尊衣希仰攴
	독법	法界 가득 구믌구믌	仏体ㅅ바ᄃᆞᆯ 이룬 날ᄒᆞᆫ	이다 趣可伊羅 녀곤	다딤 기픈 尊에 우러러
	음보	2음보	2음보	3음보	2음보
6행	원문	爲乙吾置同生同死	懺爲如乎仁惡寸業置	向乎仁所留善陵道也	兩手集刀花乎白良
	독법	ᄒᆞᆯ 나도 同生同死	懺ᄒᆞ던 아촌 業도	아온바로 善陵道라	두손 모도 고초ᅀᆞᆸ아
	음보	2음보	2음보	2음보	2음보
7행	원문	念念相續无間斷	法性叱宅阿叱寶良	伊波普賢行願	願往生願往生
	독법	念念相續 无間斷	法性ㅅ宅앳 寶라	伊波 普賢行願	願往生 願往生
	음보	2음보	2음보	2음보	2음보
8행	원문	仏体爲尸如敬叱好叱等耶	舊留然叱爲事置耶	又都仏体叱事伊置耶	慕人有如白遣賜立
	독법	仏体ᄒᆞᆯ다 敬ㅅ호ᄡᅡ녀	예로 그럿 한일더라	또 仏体ㅅ 일이도다	"慕人 잇다" ᄉᆞᆲ고샤셔
	음보	2음보	2음보	2음보	2음보
9행	원문	衆生安爲飛等	礼爲白孫仏体刀	普賢叱心音阿于波	此身遣也置遣
	독법	衆生 安ᄒᆞ늘단	礼ᄒᆞᅀᆞᆸ손 仏体도	普賢ㅅ마ᅀᆞᆷ 阿于波	이 몸 버려 두고

	음보	2음보	2음보	2음보	2음보
10행	원문	仏体頓叱喜賜以留也	吾衣身伊波人有叱下呂	伊留叱餘音良他事捨齊	四十八大願成遣賜去
	독법	仏体 돈봇 기꺼샤로다	나의 몸伊波 남잇하리	이룻 남아 他事ㅂ리져	四十八大願 이루샤셔
	음보	2음보	2음보 or 3음보	2음보	2음보 or 3음보

즉, 전 작품을 대상으로 한 110행 중 88행, 다시 말해 약 80%의 시행이 2음보로 구성되어 있음을 보는 것이다. 이 수치는 향가의 주된 음보율이 2음보라 단정할 만한 의미있는 수치인데, 확인을 위하여 여타 장르의 음보율을 통계로 내어 보면 다음과 같다.

	고려가요	시조(진본청구영언)	가사
총작품수	14수	462수[37]	면앙정가 1수[38]
총시행수	259행[39]	1386행	69행
고유음보행수	122행[40]	1140행[41]	59행[42]
비율	약 47%	약 82%	약 85%

35 3음보로도 볼 수 있는 이유는 '불휘삼(은) 이라'로도 볼 여지가 있기 때문이다.

36 "惱ㅅ곰다가 숣고샤셔"로 읽을 여지가 있기 때문이다.

37 『진본 청구영언』은 원래 580수의 시조가 실려 있으나, 만횡청류로 분류된 사설시조를 제외하면 462수의 평시조가 남는다. 사설시조는 의도적 파격음보로 이루어진 것이기에 통계에서 제외했다. 만약 이를 포함시키면 시조의 정형 음보율 비율은 훨씬 더 떨어지게 된다.

38 가사는 전체를 검토하기가 하기가 곤란하므로, 「면앙정가」 한 수를 대상으로 하였다. 대략적으로 검토해 본 결과 「상춘곡」, 「관동별곡」보다는 정격률이 낮으며, 후대의 가사에 비해서는 정격률이 높은 듯하다.

39 행 분절은 최철, 『고려 국어가요의 해석』(연세대 출판부, 1996, 58~69면)을 따랐다. 단, 후렴구는 음악적 장치이므로, 노랫말의 행 합산에서 제외했다.

40 고려가요의 경우는 대체로 3음보를 기저로 하고 있다는 것이 학계의 통설이기에 3음보를 고유음보로 삼았다. 한편, 위 표의 음보 수치는 최철의 상게서에서 제시해 둔 음보값과는 다른 수치이다. 음보 파악에서 견해를 달리하는 부분을 필자가 수정하였기 때문이다. 예를 들어 「처용가」의 첫구절 '新羅聖代昭聖代'를 상게서에서는 '新羅∨聖代∨昭聖代'로 읽어 3음보 처리하고 있으나 본고에서는 '新羅聖代∨昭聖代'로 끊어 2음보 처리하였다.

음보 산정의 큰 두 원칙은 다음과 같다.

1. 여음구는 모두 제외하였다. 예를 들면, 「상저가」의 '히예, 히야해', 「사모곡」의 '아소 님하'와 같은 구절은 음보 산정에서 제외했다.

우리는 그간 고려가요는 3음보를 기저로 하고 있음과, 시조 · 가사가 4음보를 기저로 하고 있음을 정설로 인정해왔다. 이에 비해 향가의 음보가 4음보를 기저로 하고 있다는 점에 대해서는 여전히 의구어린 태도를 취해왔다. 하지만, 위 통계가 보여주듯이 보현십원가의 80%에 해당하는 행이 2음보로 되어 있는 사실은 결코 소극적으로 주장될 것이 아니다. 고려가요에 비해 거의 2배 가량의 높은 비율로 음보의 정격을 보여주고 있으며, 확고한 4음보로 알려진 시조 · 가사에도 사실상 동등한 비율로 음보의 정격성을 보여주고 있는 것이다. 즉, 향가는 2음보인 것이다.

---

2. 강한 긴밀성을 가지는 부분 —조사, 어미—는 새로운 음보로 독립시키지 않았다. 예를 들면, 「처용가」의 '가ᄅᆞ리네히로섀라'와 같은 구절을 상게서에서는 '가ᄅᆞ리∨네히로∨섀라'로 끊어 읽었지만, 본고에서는 '가ᄅᆞ리∨네히로섀라'로 끊어 읽었다. —셰라」는 어미이미로 한 개의 독립 음보로 성립될 수 없다고 판단했기 때문이다.

41 시조는 4음보를 고유음보로 삼았다. 한편, 파격행의 기준은 본고의 향가 음보 설정과 동일한 수준으로 했다. 즉, 본고에서 「보현 7」의 '새배로朝우만바미(曉留∨朝于萬夜未 or 曉留∨朝于萬∨夜未)'나 「보현 10」의 '이본물업시알리거져(迷反群无史∨悟內去齊 or 迷反群∨无史∨悟內去齊)'와 같이 2음보 혹은 3음보로 볼 수 있는 부분은 모두 파격으로 처리했는데, 시조에서 역시 이와 동일한 구성인 '白雪이ᄌᆞ자진골에('白雪이∨ᄌᆞ자진골에 or '白雪이∨ᄌᆞ자진∨골에'나 '濁醪溪邊에(濁醪溪邊에 or 濁醪∨溪邊에)' 등은 모두 정격이 아닌 것으로 처리하여 산정했다.

42 가사 역시 4음보가 정격이므로, 4음보를 대상으로 검토했다. 본고가 정산한 4음보에서 벗어난 행은 다음의 10개 행이다.

제1행: 无等山 ᄒᆞᆫ 활기 뫼히 동다히로 버더 이셔
제7행: 너ᄅᆞ바회 우희 松竹을 헤혀고 亭子ᄅᆞᆯ 안쳐시니
제8행: 구름 ᄐᆞᆫ 청학이 千里를 가리라 두 ᄂᆞ래 버렷ᄂᆞᆫ ᄃᆞᆺ
제9행: 玉泉山 龍泉山 ᄂᆞ린 믈히
제20행: 두르고 ᄭᅩ존 거슨 뫼힌가 屛風인가 그림가 아닌가
제26행: 佛臺山 魚登山 湧珍山 錦城山이 虛空에 버러거든
제31행: 오르거니 ᄂᆞ리거니 長空의 ᄯᅥ나거니 廣野로 거너거니
제34행: 籃輿ᄅᆞᆯ ᄇᆡ야 ᄐᆞ고 ᄉᆞᆯ 아ᄅᆡ 구븐 길노 오며 가며 ᄒᆞᄂᆞᆫ 적의
제44행: 瓊宮瑤臺와 玉海銀山이 眼低의 버러셰라
제67행: 岳陽樓上의 李太白이 사라 오다

6. 결론

본고의 결론은 다음과 같다.

① 그간 향가의 운율은 3음보 혹은 4음보로 추정되어 왔다. 이 중 3음보는 최근의 논문에서 구체적으로 검증되어 주장되었으나, 4음보는 구체적으로 검증되어 주장되지 않았다. 본고에서는 작품의 해석을 통하여 이를 구체적으로 검증해보고자 하였다.

② 음보를 결정하는 자질은 '音節量'과 '緊密性'에 있다고 보았다. 이 두 요소가 서로 조절되며 적절한 음보를 찾아 갈 수 있었던 것이다. 그러나 이 진행과정이 자의적인 것만은 아니다. 시조 음보의 관찰을 통해 어떠한 음보적 상황에서도 흔들리지 않는 강한 긴밀성을 지닌 곳을 지적했는데 이는 '명사+조사', '어간+어미', '1음절수식언 + 피수식언'이 바로 그것이다. 이것을 기준으로 한다면 율격의 정체가 분명하지 않은 장르라 할지라도 최소한의 논의 기반은 마련될 수 있다고 보았다.

③ 구체적인 어구 분석을 통해 「보현십원가」의 율격은 약 80% 정도의 시행에서 2음보로 구성되어 있음을 보았다. 이 수치는 현전 고려가요가 가진 3음보율 비율의 2배에 해당하는 수치이며, 시조 · 가사가 가진 4음보 율격의 실현 비율과 거의 동등한 수준이 된다. 이로 본고는 향가의 기저 음보율을 2음보라 결론 내렸다.

④ 한편, 이 논의는 향가 25수 중, 普賢十願歌의 음보율에 국한되어 있다. 즉, 이보다 이른 시기에 향유되었던 삼국유사 소재 향가의 음보에 대한 논의로는 나아가지 않았다. 삼국유사 소재 향가의 음보율은 후속 논의가 필요할 것으로 본다. 만약 그것 역시 2음보라면 향가의 음보율은 연원에서부터 소멸할 당시까지 엄격한 율격구조 — 혹은 엄격한 악곡구조 — 로 일관한 문학 장르였음을 확인하는 것이 되겠고, 만

약 그것이 2음보가 아닌 복합 음보라면 향가가 차차 일정한 정형성을 획득해나가며 진화한 장르란 결론을 내리게 될 것이다. 이에 대한 논의는 향후 작업으로 남긴다.